ステップ式 質的研究法

ステップ式
質的研究法

TAEの理論と応用

得丸さと子

海鳴社

もくじ

第一部　TAE を質的研究に応用する

第1章　質的研究と TAE……2
1. 質的研究と意味創造……2
   1.1. 質的研究は意味に関心を持つ　2
   1.2. 質的研究は意味を創造する研究である　3
   1.3. 質的研究と感受概念　4
2. なぜ TAE を提案するのか……5
   2.1. TAE とは何か　5
   2.2. フェルトセンスを明確に位置づける　6
   2.3. 手順が具体的で過程が可視化できる　8
   2.4. 背景理論との関係が明確で応用しやすい　9
   2.5. TAE がめざすもの　10
   2.6. TAE の原理　12
   2.7. 他の方法との折衷　14
3. TAE で何ができるか……15
   3.1. 体験から系統的に意味を創造できる　15
   3.2. 個が普遍に参加する（IOFI 原理）　16
   3.3. 日常的振り返りから研究まで使える　17
   3.4. フェルトセンスに媒介されるデータに使える　17

第2章　TAE とジェンドリンの意味創造理論……28
1. 実体化と普遍化のジグザグ進行……28
2. 体験過程は常に形式より複雑である……29
3. フェルトセンスの機能……30
   3.1. フェルトセンスはシンボルを呼び出す　31
   3.2. フェルトセンスはシンボルを選んで進む　31
   3.3. シンボルをフェルトセンスから分離し操作的に扱う　32

第3章　TAEを質的研究に応用する……………………………………… *34*
　1．全体構成………………………………………………………………… 34
　　14ステップの流れ　35
　　3つのパートの特徴　36
　2．パート1をはじめる前に……………………………………………… 40
　3．パート1………………………………………………………………… 43
　　ステップ1〜5　フェルトセンスから語る　43
　　ステップ1　フェルトセンスに形を得させる　44
　　ステップ2　論理以上のものを見つける　57
　　ステップ3　通常の定義で使っているのではないことに気づく　58
　　ステップ4　キーワードに意味させたいことを書く　62
　　ステップ5　キーワードに意味させたかったことを拡張する　64
　4．パート1　まとめ……………………………………………………… 66
　5．パート2をはじめる前に……………………………………………… 69
　6．パート2………………………………………………………………… 75
　　ステップ6〜9　側面（実例）からパターンを見出す　75
　　ステップ6　側面を集める　75
　　ステップ7　側面の詳細な構造を見る　78
　　ステップ8　側面を交差させる　83
　　ステップ9　自由に書く　88
　7．パート2　まとめ……………………………………………………… 91
　8．パート3をはじめる前に……………………………………………… 93
　9．パート3………………………………………………………………… 95
　　ステップ10〜14　理論を構築する　95
　　ステップ10　タームを選択し相互に関係づける　96
　　ステップ11　ターム間の本来的関係を探究する　104
　　ステップ12　恒久的なタームを選び相互に組み込む　108
　　ステップ13　理論を自分のフィールドの外に適用してみる　124
　　ステップ14　理論を自分のフィールドで拡張し適用する　130
　10．パート3　まとめ……………………………………………………… 136

第4章　TAEで文学作品を読む……………………………………*140*
 1．パート1…………………………………………………… 141
  ステップ1～5　141
 2．パート2…………………………………………………… 144
  ステップ6～8　144
  ステップ9　　　146
 3．パート3…………………………………………………… 147
  ステップ10　147
  ステップ11　149
  ステップ12 前半　150
  ステップ12 後半　152
  ステップ13　155
  ステップ14　155

第二部　TAEの背景としてのジェンドリンの意味創造理論

第5章　ジェンドリンの意味創造理論……………………………*158*
 1．身体（機能的身体）は秩序を持つ……………………………158
  1.1.　B-ENの循環プロセス　158
  1.2.　暗在的複雑性の中へと生起する　159
  1.3.　タイプa暗在と第一の普遍性　161
 2．直接照合は最小のシンボル化である……………………………162
  2.1.　人間は直接照合により体験過程を感じられる　162
  2.2.　直接照合　163
  2.3.　フェルトセンス　164
  2.4.　第二の普遍性（1）「この感じ」　165
 3．パターンは最も原始的なシンボルである………………………165
  3.1.　人間はパターンを見出す能力を持つ　165
  3.2.　二重化　166
  3.3.　パターンの分離と内／外の区別　167
  3.4.　パターンは暗在的複雑性によって機能する　168
  3.5.　第二の普遍性（2）パターン　169

4. パターンから言語が発達する……………………………170
   4.1. メッシュ　170
   4.2. シンボルの始まり　170
   4.3. 3つのタイプの推進　172
   4.4. クラスターと側面的交差　174
   4.5. 収集的交差とカテゴリー　175
   4.6. 語の使用による収集的交差　177
   4.7. 第三の普遍性　178
5. フェルトセンスとシンボルの7つの機能的関係………………179
   5.1. 直接照合　179
   5.2. 再認と解明　180
   5.3. 隠喩と理解　181
   5.4. 関連と言い回し　183
   5.5. 会話するということ　184
6. 創造的退行と直接照合体……………………………………185
   6.1. 創造的退行　185
   6.2. バージョニング　186
   6.3. モナド－ダイアフィル化による発展　188
7. 応答的秩序………………………………………………………190

練習ワーク
   練習ワーク1　リラックスのワーク　42
   練習ワーク2　ストローダンス　42
   練習ワーク3　色模様のワーク　43
   練習ワーク4　何かを何かに喩える　71
   練習ワーク5　「お気に入りの場所」を語る　73
   練習ワーク6　昔話からパターンを取り出し交差させる　73
   練習ワーク7　大切なもの　94
   練習ワーク8　文学ショートワーク　95

理論コラム
　　理論コラム1　直接照合と創造的退行　51
　　理論コラム2　類似性を創る　67
　　理論コラム3　共通組織を創る　92
　　理論コラム4　論理を立ち上げる　137

注……………………………………………………………209
参考文献……………………………………………………214
おわりに……………………………………………………217
索　引………………………………………………………219

第一部

TAEを質的研究に応用する

第1章　質的研究とTAE

　この本は、ユージン・ジェンドリン (Eugene T. Gendlin) とメアリー・ヘンドリクス (Mary Hendricks) の共同開発による TAE ステップ（Thinking At the Edge Steps）（以下 TAE ステップまたは TAE と省略します）＊を、質的研究のデータ分析法として活用することを提案するものです。

　この章では、質的研究を、意味を創造する研究であると特徴づけ、意味創造の過程を手順化した TAE ステップが、質的研究のデータ分析法として有用であることを述べます。

■ 1.　質的研究と意味創造

1.1.　質的研究は意味に関心を持つ

　近年、教育学、心理学、看護学、社会学など、さまざまな分野で質的研究がおこなわれるようになってきました。アプローチもデータ分析法も多岐に亘っています。GTA（グラウンデッド・セオリー・アプローチ）、M-GTA（修正版グラウンデッド・セオリー・アプローチ）、IPA（解釈学的現象学的アプローチ）、物語論的アプローチ、会話分析、エピソード記述、PAC 分析、自己観察法…と多くのアプローチやデータ分析法が紹介されています。

　質的研究のアプローチやデータ分析法をめぐる議論も活発です。やまだ (2007) の「質的研究は、理論的にも方法的にも多様な母胎から発生している。また、異種混交的で変容可能な性格をもっているので、一律に定義することは難しい[1]」という把握は、的を射ています。状況に応じて変容自在なとこ

＊ TAE の最も新しい本文は、『フォリオ』(Folio) Vol.19（2004）に掲載されています。2003年1月版がフォーカシング・インスティチュートのウェブページで（http://www.focusing.org）公開されています。ウェブ版と書籍版は、主にステップ10以降が大きく異なっています。『フォリオ』所収のもののほうが新しいようです。日本語訳としては、上記 URL で村里忠之氏によるものが公開されている他、得丸さと子・木田満里代共訳版が本書巻末の他『TAE による文章表現ワークブック』に収録されています。

ろが、質的研究の特徴だといえるでしょう。

しかし、さまざまな質的研究を通底する特徴もあります。ウィリッグ（2007）は、質的研究者には、「人がどのように世界を理解するのか、人が出来事をどのように経験（体験）するのか」という「意味に対する関心」が共通しているとしています[2]。

1.2. 質的研究は意味を創造する研究である

今日、質的研究と量的研究は対立するものではなく相互補完的なものであるとする考え方が広く受け入れられています。量的研究が、前提として、対象を切り分け測定し比較する基準となる「物差し」を必要とするのに対し、質的研究は「物差し」を創ることに向いています。戈木（2006）は「質的研究は、現象に関しての先行研究の蓄積が少なく、変数が把握されていないときに用いられる研究手法です[3]」と述べています。

このような質的研究の特徴を、西條（2004）は「仮説生成的[4]」と表現しています。しかし、西條自身も言うとおり、これは質的研究の一面を捉えるにすぎません。質的研究によって創られた「仮説」が、すべて量的研究によって検証可能とは限らないからです。それでもなお質的研究は「仮説生成的」ということができます。それは、質的研究は新しい「単位」を創るからです。その「単位」は言語シンボルによる「意味の単位」です。それは、ターム（用語）とか、概念と呼ばれるものです。

常に変化している人間や社会の現象を捉えるには、常に新しい「意味の単位」が必要です。ジェンドリンは「単位を創造するのは人間だけであり、我々は単位を創造し続けている。長く未解決のままの問題を解決するには、普通、新しい単位を創造することが必要である[5]」と述べています。

新しいタームを創ることができれば、そのタームを論理的推論に使い、仮説を作ることができます。質的研究によって創られたものではありませんが、新しいタームの例として、英語の「フリー（free）」とドイツ語の「アルバイター（arbeiter）」を組み合わせて作られた「フリーター[6]」をあげることができます。このタームによって、新しい労働形態を「指し示す」ことができるようになりました。このタームを使って、「フリーター増加の原因は長期雇用制度の崩壊である」という仮説を立て、検証することが可能になります。また、新しいタームを、「フリーターとは、年齢が15～34歳で、（1）現在就業している者については勤め先における呼称が『アルバイト』又は『パート』

である雇用者で男性については継続就業年数が1～5年未満の者、女性については……[7]」などと操作的に定義していけば、量的研究と接続させていくことも可能になってきます。

この例からもわかるように、「意味の単位」であるタームを創るといっても、全く白紙の状態から言語シンボルを創ることはできません。形の上でできることは、せいぜい既にある言語を組み合わせたり変形したりする程度のことでしかありません。しかし、たとえ形の上では「同一」の語であっても、そこに新しい意味を含み込ませることは可能です。例えば「妻」や「夫」の意味は、時代とともに変化しているともいえるでしょう。新しい状況で展開する新しい意味を含ませて定義すれば、既存の語も新しいターム、即ち新しい「意味の単位」として機能します。

まだ言語シンボルに収集されていない人間や社会の現象を豊かに含み込んだタームを立ち上げることができれば、その研究は新しい「意味の単位」を創造したということができます。質的研究は、本質的に意味創造研究であるといってよいでしょう。

1.3. 質的研究と感受概念

質的研究は意味創造研究です。新しい意味を創造し、絶えざる人間の営みに差し向けるところに、質的研究の本領があります。新しい意味の創造では、ある種の「感性」、即ち、身体的に感じられる感覚が重要な役割を果たします。

このことは、多くの質的研究を標榜する研究者たちによって、指摘されています。例えばフリック（2002）は、質的研究は「問題を大まかに示すだけの『感受概念』を出発点とする[8]」と述べています。フリック自身はこれについて詳しく述べていませんが、「感受」の語で示されるのは、研究者が、研究対象から感じ、受けとる「何か」です。感じるというからには身体感覚を伴うもので、「概念」というからには、単なる身体感覚以上の、知的で、研究の出発点にするに足る感覚であると考えられます。

一度でも質的研究に取り組んだことがある人なら、フリックの発言に思い当たるところがあるでしょう。質的研究では、「感性」「感覚」「直感」とでもいうべき「何か」を使います。

それは、研究の出発点に限りません。この「何か」を使わなければ、たとえば、類似するものを集めてカテゴリーを作ったり、作ったカテゴリーにラベル（名前）を付けたりすることは不可能です。最終段階で、ラベル（おそ

らく概念と呼ぶべきものになっていることでしょう）同士を相互に関係づけるときにも、この「何か」を使います。

　しかし、この「何か」が、濃淡の差こそあれ、アプローチや分析方法の中に明確に位置付けられていないことが多いのです。その結果、誠実な研究者ほど、自分のやり方でよいのだろうかと悩みを抱えることになってしまいます。この「何か」が明確に定義され位置づけられていないので、どのように有効活用できるのかの議論も進みません。どのような点に注意して使わなければならないのかもはっきりしないままです。そのため、その「何か」をつかむ能力を、磨いたり養成したりする道筋も見えてきません。

　TAEでは、この「何か」、即ち、身体的に感じられる「感受概念」が「フェルトセンス」（felt sense）＊として明確に位置付けられています[9]。それが可能なのは、TAE が背景に意味創造理論をもち、その中でフェルトセンスが機能的に定義されているからです。

■ 2. なぜ TAE を提案するのか

2.1. TAE とは何か

　TAE（Thinking At the Edge）は、うまく言葉にできないけれども重要だと感じられる身体感覚を、言語シンボルと相互作用させながら精緻化し、新しい意味と言語表現を生み出していく系統立った方法です。現象学の流れを汲む哲学者でもあり、心理臨床家でもあるユージン・ジェンドリンが、夫人のメアリー・ヘンドリクスと共同開発しました。ジェンドリンは、1962 年出版の『体験過程と意味の創造』で意味創造理論を展開し、このモデルに基づいて系統的に思考することが可能であると述べていますが[10]、この主張を 40 年を経て具体化したのが TAE であるといえます。「TAE 序文」には、方法として手順化することを提案したのは夫人のメアリー・ヘンドリクスだと述べられています。

　ジェンドリン自身は、TAE を「何か言葉にしようとするのだが最初はぼんやりとした『からだの感覚』としてだけ浮かんでくるものを、新しいターム

＊『体験過程と意味の創造』では、主に「フェルトミーニング」（felt meaning）の語が用いられています。フェルトセンスもフェルトミーニングも、日本語にすると「感じられた意味」となります。この本では、「フェルトセンス」の語で代表させて用いていきます。

を用いてはっきりと表すための系統だった方法」(「TAE序文」)としています。この「最初はぼんやりした『からだの感覚』」は、前項でいうところの、一種の「感受概念」にあたります。ジェンドリン理論では、これを「フェルトセンス」と呼びます。TAEのステップでは、「感受概念」が「フェルトセンス」として、明確に位置づけられ、活用されています。

2.2. フェルトセンスを明確に位置づける

前項でも述べたように、既に、さまざまな質的研究のアプローチやデータ分析法が存在し、それぞれ成果をあげています。そのような状況で、私がこの本で、あえてTAEを提案しようとする第一の理由は、TAEが、身体的に感じられる一種の「感受概念」であるフェルトセンスを、分析手順の中に理論的に位置づけ、系統的に活用するからです。

ジェンドリンの理論は人間の身体のありようから出発します。人間の身体は、絶えず環境と相互作用しながら生きており、自らの生き続ける方向を知っている知的な存在です。その「知」は生きている限り絶えることのない体験の流れ（これを体験過程と呼びます）に暗在しています。人間は、適切な方法をもってすれば、その身体に蓄積されている「知」を、ある種の実感として実際に感じることができます。その感覚が「フェルトセンス」です。

「TAE序文」で、ジェンドリンは、TAEを教え始めたころのことを次のように書いています。TAEはシカゴ大学の「理論構築」の授業に端を発しますが、受講生たちはフェルトセンスとは何かを理解するのが難しかったそうです。なぜなら、大学では通常、「はっきりした事」にだけ信頼が置かれるので、学生は、「何となく分かってはいるが未だ言葉にしたことがないこと」や「言葉にしようと思ったことさえない事柄」に注意を向けることに慣れていなかったからです。たとえ、何かが浮かんできても、「こんなことには意味がない」と、語ったり考えたりするのをやめてしまうのが常です。そんな学生がフェルトセンスをつかんだとき、「あなたがおっしゃっているのは、『あー』とか『うー』としか言えない事なんですね」「それって、あの何だかムズムズする感じの事ですか？」と言ったと、ジェンドリンは回想しています[11]。フェルトセンスとは、このような、知っているけれどもうまく言葉にできない、口ごもるようなムズムズする身体感覚です。

ジェンドリンは、フェルトセンスをカウンセリング研究の中で「発見」しました。1960年代のことです。心理学の師であるカール・ロジャーズ博士

との共同研究で、多くのカウンセリングを録音し、カウンセリングの成功／不成功の要因を調べました。その結果、成功／不成功は、カウンセリングの手法やカウンセラーの熟練度よりも、クライエント（相談に来た人）の話し方によることを発見しました。成功するカウンセリングにおいてクライエントは、自分の内側の、まだイメージや言葉にならない「感じ」を確かめながら、言葉を探していました。ジェンドリンらは、この、身体の内側で絶えず動いている漠然とした「からだの感じ」に、「フェルトセンス」と名前をつけました。「発見」と言っても、具体的な「物」を見つけ出したのではなく、誰でも持っているけれども気づかないものに名前をつけたのです。この研究がきっかけで、ジェンドリンは、人々がより自覚的に自分の「からだの感じ」（フェルトセンス）に焦点を合わせる方法である「フォーカシング」を開発しました。フォーカシングは、今日、心理的に健康な人が、より健康に生きるために役立つ方法として広く実践されています。

　フォーカシングでは、主に自身の「気がかり」のフェルトセンスに注意を向けていきます。しかし、本来、フェルトセンスは、もっと広く、多様なものです。今、自分がいる状況全体のフェルトセンスのような広汎なフェルトセンスもあれば、ジェンドリンのあげる例ですが、「需要と供給のルール」に対するフェルトセンスのように非常に限定的なものもあります。注意の向け方によって、体験過程の異なる局面のフェルトセンスが立ち上がってきます。人、物、出来事等、何でも、注意を向けられれば、フェルトセンスを生じさせます。ジェンドリンは、「理論や論文の中の任意な点」で、その概念を取り上げると、その概念に含まれているフェルトセンスを感じることができると言っています[12]。

　質的研究との関連でいえば、フェルトセンスは、既にデータ収集の段階で、研究と密接な関係にあります。例えば、インタビューで、インタビュアーがインタビュイーに「〜についてのあなたの体験を聞かせてください」と尋ねるとき、インタビュイーが過去の体験から形成するフェルトセンスを目当てに、質問を発しているといえます。さらに正確に言えば、それは「今、このインタビュー場面」の中で再形成されるフェルトセンスです。誰がどのようにインタビューをするかによって、形成されるフェルトセンスは違ってくるからです。

　また、インタビューが終了し文字起こしをした後、分析に先立ち、データ分析者は、文字に起こしたデータを繰り返し読みます。この過程は「データ

にどっぷり浸かる」等と言われますが[13]、その作業は、自身のうちに、データに対するフェルトセンスを形成する作業であるといってもよいでしょう。ジェンドリン理論の立場からは、どんなアプローチ、データ分析法であっても、質的研究は多かれ少なかれ、フェルトセンスを使っているといえます。量的研究に分類されるものでも、例えば、因子分析で因子に命名する作業は、フェルトセンスを用いているといってよいでしょう。研究とフェルトセンスは深い関連があります。

2.3. 手順が具体的で過程が可視化できる

　私がこの本でTAEを質的研究法の分析手順として提案する第二の理由は、TAEのステップが非常に具体的で、意味創造の過程を、スモールステップで着実に導いてくれるからです。ステップ1でこうして、ステップ2ではこうして、ステップ3はこうで……と、14ステップの各々で細かな作業が指示されています。TAEの実施者は、テーマとしているフェルトセンスに注意を向け続けることに気をつけてさえいれば、ステップに従って進めていくだけで、自然に自身のフェルトセンスから言葉を引き出し、体験から意味を創造していくことができます。

　このように書くと、いかにも外側から一方的に指示されるという感じを持たれるかもしれません。窮屈になってしまい、自由な発想ができないのではないかと危惧されるかもしれません。しかし、実際にやってみると、そのようなことは全くありません。TAEを実施した人はほとんど例外なく「自身の内側から何かがわき上がって来る」「自分で自分に気づいていく、わかっていく」という感覚を持ちます。

　それは、TAEステップの指示が、実施者の自問自答の「過程」を促進する指示だからです。これは自問自答の「内容」に介入する指示とは全く異なります。TAEでは、実施者のフェルトセンスがそれ自身の導き手です。従って、TAEステップに沿って思考すると、窮屈などころか、より自分らしく思考することができ、結果として出て来た表現に、自分で確信がもてます。質的研究では、意味創造過程を制御し系統的におこなう必要がありますが、TAEは、実施者のフェルトセンスそれ自身に、それ自身を制御させる方法だといえます。

　また、TAEでは、全過程にわたって書きながら進むので、スモールステップで進行する思考過程が自然に可視化されていきます。これは、意味創造の

過程を他人に説明するのに役立ちます。質的研究において、研究の信頼性をいかにして確保するかは大きな問題ですが、分析結果に至る過程を可視化することは、有効な方法の一つと言えます。なぜならば、可視化することにより、他の人がその過程を追体験する可能性が開かれるからです。もちろん、全く同じように体験することは不可能ですが、他の人が分析者の思考の軌跡を無理なくたどれるか、納得できるかの判定を可能にする道を開いておくことは、誠実なあり方だといえるでしょう。質的研究は非常に文脈密着的なので、実験的に同じ状況を作り出して追試することが事実上不可能です。分析過程を追体験できるようにしておくことは、追試に替わる有効な方法になり得ます。研究として公表する際には、当然、それが要求されるでしょう。TAE は、この要求に応えることができる方法です。

2.4. 背景理論との関係が明確で応用しやすい

　私がこの本で TAE を質的研究法の分析手順として提案する第三の理由は、TAE は背景理論との関係が明確なことです。

　既に触れましたが、TAE は、『体験過程と意味の創造』で展開している意味創造理論に基づいて、思考過程を具体的方法として手順化したものだととらえられます[14]。このような経緯で誕生しているので、TAE ステップの手順は背景にジェンドリンの意味創造理論を備えています。

　前の項で TAE のステップが非常に具体的であることを述べましたが、これは「どのようにするか」が示されているということです。理論を備えているということは「なぜそうするのか」が説明できるということです。これは TAE を質的研究のデータ分析法として利用しようとする場合に、非常に有利な点です。どんなに細かい作業マニュアルがあっても、理論的説明が伴わなければ、「研究手順としては」不適切です。逆に、理論的根拠さえ明確であれば、手順は、対象に合わせて、いかように変更してもよいのです。むしろ、変更するほうが望ましいといえます。重要なのは、その方法で、対象の中の何をどのような形で引き出すことができるのか、また、できないのかを、分析者が自覚して用いることでしょう。それによって初めて、日常的な意味創造と、連続的であるけれども研究的な、意味創造が可能になります。

　先に引いたやまだの発言にもあったように、質的研究は「異種混交的」で「変容可能」な性格を持ち合わせています。実験室ではなく現実の出来事を対象とする以上、研究者が、研究テーマや、実際に収集可能なデータに合わ

せて、分析手順に独自の改変を加える必要が出てきます。改変したときこそ、新しい手順が、対象にどのように働きかけているのかを、自覚しておく必要があります。それには、それぞれの方法の理論的背景をある程度理解した上で、折衷や改変をおこなっていくことが必要です。

　ジェンドリンらの考案したTAEステップ自体は分量にしてわずか14ページの手順マニュアルであり、ジェンドリン自身がTAEステップに対して理論的解説をおこなっているわけではありません。しかし、ジェンドリンの意味創造理論とTAEステップを見合わせると、理論から分析手順まで一貫していることがわかります。TAEステップの各々の分析手順について、なぜ、その段階でその手順を踏むのかの理論的根拠がたどれます。

　この本では、TAEの背景理論と分析手順との関連を丁寧に扱っていく予定です。この関連づけは、私（得丸）がおこなうものです。ジェンドリンは、「応答的秩序」でディルタイを引用しながら、読者は、著者と同じ理解を持つことは決してできないけれども、著者のたどった過程を自分自身で創り出し、結果として双方の過程をより豊かにし、著者の正確な意図へと至る可能性があると言っています[15]。この本で展開する私のTAE理解が、このような過程の一つの実例となることを願っています。

　また、この本では、私自身が応用を加えながら実施している方法を紹介します。読者がTAEを応用する際の、参考にして頂きたいと考えています。

2.5. TAEがめざすもの

　私がこの本でTAEを質的研究法の分析手順として提案する第四の理由は、TAEが、個人や社会（世界、環境）をより豊かにするという目標を明確に掲げているからです。これは、私たちが何のために研究をするのかという根本的な問題でもあります。

　ジェンドリンは、研究を、研究者だけがおこなうものとは考えていません。個人が生きている「今、ここ」で、日常的な内省を通じて社会の発展に貢献していけると確信しています。TAEでは、そのことと、研究者による研究が、連続的に捉えられています。なぜそれが可能なのでしょうか。それは、意味の源泉を個人の体験過程においているからです。

　ジェンドリンは、「TAE序文」で、人間は、環境、他者、世界、宇宙との相互作用そのものであり、またそうしたものとして自分を感じることができ、個人は実際に、「何か」を知ることができる仕方で生きているのだと述べて

います。しかし、その「何か」は、適切な方法で関わらなければ、本人にも気づかれることがありません。注意を向けシンボルと相互作用させることにより、本人にとっても理解が進み、他者との共有も可能になります。その過程は、本人だけでおこなうことも可能ですが、研究者が研究することが契機となり初めて注意が向けられたり、シンボル化、共有化が図られたりすることも多いのです。

　私は、自身のフェルトセンスに対してTAEをおこなう人（TAE実施者）に、TAEステップをガイド*することがありますが、実施者は、ほとんど例外なく、身体的な爽快感とともに、自信を得たり、自己効力感を高めたりします。これは、TAEが、身体的感覚を使い、身体から言葉を引き出し関係づけていくからです。TAEによる意味創造は、生きている人間の身体から意味を創造するので、結果として、抽象的な概念が生成されるだけでなく、その過程で、対象者の身体が推進されるのです。TAEは、対象者の内面的変化が織り込まれた思考法だといえます。

　ジェンドリンは、著作の中で直接的に質的研究の必要性を喚起しているわけではありません。しかし、『体験過程と意味の創造』（1962年）からTAE（2004年）へと貫かれた主張は、明らかに、量的研究と並び立ち相互応答させるものとしての質的研究の必要性を訴えています。

　これまで量的研究が押し進めて来た「実証主義的科学」や「ユニットモデル」は、今後も発展させられるべきものです[16]。しかし、量的研究の隆盛により、体験の複雑性が含み込む豊かなものに、目が向けられなくなってしまってはいけません[17]。ジェンドリンは、次のように言っています。現在の状況では、個人が日々の実践の中で、自然に持つようになる意味ある発見が、「個人的で非体系的で非科学的で直感的な事柄」[18]として排除され、触れられないままになっています。従って、それを伝え合うこともほとんどありません。また、せっかく、既存の単位の切り分けよりも複雑なものに出会っても、それを検討してみようともしません。「よく分からない」のだから何か自分が間違っているに違いないとみなしたり、自分だけの私的な困った問題であるかのようにみなしたりして、その時点で考えるのを止めてしまいます[19]。人間の体験はそもそも研究することが不可能だとか、研究すると、体験の完全

---

*ガイドは、1対1で、TAEをおこなう人（TAE実施者）のステップの進行を促進する役割をにないます。具体的には、実施者のフェルトセンスを共に感じようと努める姿勢で、実施者の発言に「体験的に応答」しながら、TAEステップに沿った質問をしたり、メモをとったりします。

性が失われてしまうと考える人もいます[20]。ジェンドリンは、このような考え方を強く否定しています。では、ジェンドリンが提案するのはどんな方法でしょうか。

2.6. TAE の原理

　ジェンドリンが提案する方法は、非常にシンプルです。それは、体験と言語シンボルを丁寧につきあわせ、既存の言語シンボルに個人が発見する複雑な意味を含ませて、新しい意味で使っていこうというものです。ジェンドリン理論では、意味は、体験とシンボルの相互作用によって形成されます[21]。言語が満ちあふれている現代の状況では、全く新しいシンボル、特に言語シンボルを創ることはほとんど不可能で、既にある言語を使うことしかできません。しかし、私たちは、既存シンボルを創造的に修正することによって新しい意味を創造することができます。これが、ジェンドリン理論でいうところの意味の創造であり、研究との関連でいうなら単位の創造です。

　第二部で詳しく述べていますが、ジェンドリン理論では、体験と言語の「基礎的なリンク」[22]となるのは「パターン」です。「パターン」とは、ある身体がある文脈にいるときにどのように見えるか（聞こえるか、感じられるか）の細部間の関係のセットです。例えば、ある人と出会っている場面で、その人の全体的な見え（聞こえ）から「今この人は怒っている」と感じたり、自分自身の感覚を「今わたしは怒っている」と感じたりすること、つまり、「感じていると感じること」がパターンの始まりです。「怒っている」などとはっきり言葉にする必要はありませんが「そうであること」が「この感じ」として「わかる」ということです。パターンは言語に先立ち、身体的秩序によって機能します。人間身体は、生得的に他者にパターンを見出す能力を持っており、他者との相互作用を通じて、その能力を保持し発展させていきます。ジェンドリン理論では、すべてのシンボル（言語を含む）はパターンを暗在し、体験と言語はパターンでリンクされています。パターンによって身体に基礎付けられているので、言語は身体からやって来ます。また、適切な方法をもってすれば、個人が体験する（体験は身体的なものです）新しい意味を、言語に含み込ませることが可能です。

　体験過程には生き続ける生命体の身体的秩序が含意されており、シンボルには操作的推進力があります。個人が体験する新しい意味を言語に含み込ませることができれば、この２つの秩序のどちらをも失うことなく活用できる

ことでしょう。そうすれば、論理的に整えられる以前の体験を取り上げ、そこから理論を創ることが可能になります[23]。しかし、そのためには、論理的秩序を成すものが体験過程と相互作用できるような基本的な様式、即ち、シンボルや対象が体験過程と共に働く様式が考えられなければなりません[24]。

　ジェンドリンが提案する様式は、身体の内側に注意を向け、体験過程の特定の局面をフェルトセンス（「この感じ」）として感じるという行為です。この行為は「直接照合」（direct referent）＊とよばれ、照合された（注意を向けられた）体験の局面（正確には体験された意味の局面）は、ゆるやかなまとまりを形成するとモデル化されています（これをジェル化と呼びます）。そのまとまりは直接照合体と呼ばれ、それは、「この感じ」というフェルトセンスとして感じられます。「この感じ」には「このような感じ」のパターンが含まれています。従って、フェルトセンスはシンボルの一種ということができます。直接照合はシンボル的行為であり、最小のシンボル化であるとされています

　直接照合という行為は特殊な能力ではなく、実は、すべての人が日常的におこなっているものです。それをもっと自覚的、効果的におこなえば、シンボルと、まだシンボル化されていない体験過程との間が媒介されるようになり、意味創造が可能になります。その過程を系統的に導く手順がTAEのステップです。TAEは、体験過程に直接照合し、フェルトセンスを媒介として、個人が感じる新しい意味を既存のシンボルに含み込ませ、論理的体系的にするための、系統立った方法です。

　ジェンドリンは次のように主張しています。TAEをおこなえば、個人の暗黙的な体験への照合が、系統的明示的になります。その結果、伝達可能になり相互主観的になります。この方法を用いれば、現在、発展している科学的方法の論理的な正確さや客観的体験的基準をゆがめたり薄めたりすることなく、科学を体験に拡張させることができます[25]。私たちは「体験のような常に存在する具体的感覚を所属不明の場所に放置しておくわけにはいかない」のです[26]。なぜなら、それは、個人にとっても、社会にとっても、価値ある重要なものだからです。人々が、それぞれの場所で感じている具体的感覚を相互主観的にし、語り合うことが必要です。

　そのためにジェンドリンが提供している一組の「質的研究の理論と方法」

＊ジェンドリンは『プロセスモデル』で、熟考（創造的退行）を経た直接照合体を「Direct Referent」（DR）と表記しています。

が「ジェンドリン版意味創造理論とTAE」だといえます。この一組は唯一のものではなく、他にもさまざまな「理論と方法」があるはずですが、この一組は「質的研究の理論と方法」一つの実例となるものです。

2.7. 他の方法との折衷

ジェンドリンは、「応答的秩序」[27] の中で、対象は手続き（手順）に見合った応答をしてくるのだと強調しています。ある手続きをとると、それに見合った応答が得られ、別の手続きをとればそれに見合った別の応答が得られます。そして、どの場合にも常に、対象は、あらかじめ考えられていた以上の多様な、よりいっそう精細な結果をもたらします。また、結果は、手続きやその背景理論とは独立的に用いることができます。従って、さまざまな方法で研究し、結果を示し合い対話し合うことが必要です。それによって初めて、私たちは、真実を照らしていく営みを先に進めることができます。この「応答的秩序」の考え方にたつと、TAEによる質的研究の結果が、他の方法による結果との対話に差し向けられることが必要なだけでなく、分析手法としてのTAEステップは、背景理論を異にする他の質的研究法と組み合わせ、折衷的に用いることが可能です。

ジェンドリン理論の立場から見ると、質的研究法は多かれ少なかれ、どの方法もフェルトセンスを使っていると認められます。その過程をより意識的におこなうだけでも、TAEを折衷したと言うことができるでしょう。しかし、もっと直接的に組み合わせて用いることも可能です。

TAEは3つのパートに分かれていますが、パート1は主に「意味領域の実体化」に関わるパートです。データ分析の開始時に、まだ漠然としているデータ理解を、未分化な意味の領域として抱え持つ感覚で確定させます。パート2は、データに根ざして意味領域の側面を切り出し、さらにそれらを関係づけ、未分化な意味領域に共通組織を立ち上げていくパートです。データ理解を立体的にします。パート3は、共通組織に骨格を入れて構造化するパートです。データ理解を理論化し、概念を用いた力動的な説明を可能にします。3つのパートは、それぞれ独立的に用いることができますから、いずれかを他の方法と組み合わせて用いることが可能です。例えば、データを繰り返し読み込んだ直後にTAEパート1をおこない漠然とした意味領域を、フリックのいう「感受概念」、ジェンドリン理論の「フェルトセンス」として確定した後に、他の方法で分析することも可能でしょう。また、他の方法で分析

した後、最終段階でTAEパート3をおこない、概念を相互に関連し論理システムを創ることもできるでしょう。

しかし、パート1、2、3を引き続いておこなうとき、意味創造過程を系統的に導くTAEステップのパワーが最大限に引き出されることは、言うまでもありません。この本では、その方法を、適用例を示しながら解説します。

■ 3. TAEで何ができるか

3.1. 体験から系統的に意味を創造できる

TAEは、ジェンドリンが『体験過程と意味の創造』で展開した意味創造理論に基づき、体験から意味を創造する過程を系統的に手順化したものです。体験から意味を創造する方法なので、たとえば数学的命題の妥当性の判定には使えません。生きている人間の体験や環境との相互作用を対象とし、その意味を探求する研究に有効です。質的研究には有用です。

TAEは「Thinking At the Edge」*の省略形ですが、エッジ（the Edge）とは、「ある意味（X）」を表現しようとするとき、その周縁に立ち現れてくる未分化な体験的意味領域です[28]。そこは既存のシンボルに収集しがたい意味深い領域です。また、思考（Thinking）とは、体験過程がシンボルを選びながら進行する過程です[29]。

従って「Thinking At the Edge」は「シンボル化しがたい体験的意味領域を（で）体験過程にシンボルを選ばせながら進むこと」となります。体験過程は、注意を向けるとフェルトセンスとして実際に感じることができるので、フェルトセンスの応答を手がかりに、体験過程にシンボルを選ばせることができます。この過程で、既存のシンボルが新しい意味を含み込むようになり、また、未分化だった意味領域がシンボル化されていきます。こうして新しい意味が創造されます。TAEステップは、この過程を系統的に導くものです。

ジェンドリン自身がTAEを、「何か言葉にしようとするのだが最初はぼんやりとした『からだの感覚』としてだけ浮かんでくるものを、新しいタームを用いてはっきりと表すための系統だった方法」としていることは既に述べました。ジェンドリンは、TAEステップを質的研究法として提案したわけで

---

*村里忠之氏は「辺縁で考える」と訳しています。

はありませんが、質的研究は意味創造研究であるといえますから、TAE は質的研究法として応用可能です。ジェンドリン版意味創造理論と TAE は、有力な「一組」の「質的研究の理論と方法」です。

3.2. 個が普遍に参加する（IOFI 原理）

体験の意味創造性は莫大です。ですから、誰の人生のどんな地点（時点）からも、フェルトセンスを感じ、シンボルと相互作用させて概念化をおこない、その人独自の理論を創ることが可能です。これは、個人の身体から作った個人理論です。しかし、個別的身体が人間身体の普遍的なあり方を具体化している以上、個人理論は「普遍的なもの（X）」が「今、ここ」で具体化した一つの実例であるといえます。

これは、ジェンドリン理論の IOFI 原理（イオフィ原理）の考え方です。IOFI は、「instance of itself」の省略形で、IOFI 原理とは「それがそれ自身の実例である原理」です。どんな個も「そのようなもの」の一つの実例であるという意味です。「そのようなもの」としての「まとまり」の先にあるものが「普遍的なもの（X）」です。

今、ここの文脈にあてはめて説明すると、たとえば、この本に書かれているのは、筆者である私（得丸さと子）による TAE の解説ですが、これは、TAE 解説の一つの実例です。「TAE の解説はこうあるべきだ」という「普遍的なもの（X）」は、直接、理解したり表現したりすることはできません。では、それに至ることが不可能なのかというと、そうではなく、個人がそれぞれの実例を示し合うことで普遍的なものを照らし合い、映し出すことができるという考え方です。この関係をジェンドリンは「個が普遍に参加する」(Particulars "participate" in universals) [30]「全体が部分の形を帯びる」(the whole also bears the forms of the parts) [31] と表現しています。その営みは継続的なもので、映し出されるものは絶えず創造的に修正されていきます。今後、さまざまな TAE 解説の実例が提示され続けることで、この本が含み込んでしまうであろう過ちや不足が創造的に修正され、徐々に TAE とジェンドリン理論の関連が明確になっていくことでしょう。重要なのは、個人がしっかりと「個」を創造し、それを他者に開くことです。それにより、「普遍的なもの（X）」が、次第に形を現してくるというのが、IOFI 原理の考え方です。(p.27 図 6 参照)

3.3. 日常的振り返りから研究まで使える

ジェンドリンは、すべての人が、TAE を最後のステップまでおこなうべきだと考えているわけではありません[32]。まして、彼の難解な意味創造理論を理解するべきだとは考えていません。また、TAE ステップという具体的手順を作ったとはいえ、「考えることや人間の他の真剣な活動が、ある一つの固定された方法の標準化された幾つかのステップに還元されうると TAE が主張しているのではありません」[33]。むしろ、ジェンドリン自身でさえ「最初ははっきりと思い出せなかったこうした細かなステップ」は、「公共言語」の壁をうち破ることさえできれば必要ないとさえ言っています。「正確に教えるためには正確なステップが必要」ですが、いったん、習得されたら、「すぐに新しいものが多様に展開していく」ものです。ステップを理解した上で、自身の必要に応じて、自在に展開していくことが重要です。TAE は、もともと、それを企図して作られているといえます。ジェンドリン自身も、気軽に取り組める「日常遣いの TAE」という、わずか数行の短い TAE を考案しています[*]。

　TAE は、人々が、今、生きているその場所で体験から意味を創造し、人生の意味を感じながら生きる社会を構想しています。研究者はその過程に関与し、それを促進することができます。個人が、自ら振り返ったり研究者と協力したり、自ら研究者となったりして、個人の身体が暗在する「うまく言葉にできないけれども知っている感じ」(暗黙知、身体知)を言葉(形式知)にし共有すれば、個人の人生は豊かになり社会はよくなるだろうというのが、最終的な TAE の構想です。TAE では、個人の日常的振り返りから、研究プロジェクトまでが連続的にとらえられています。

3.4. フェルトセンスに媒介されるデータに使える

　TAE で分析できるのは、個人のフェルトセンスに媒介されるデータです。人間にとって、ほとんどすべてのものはフェルトセンスに媒介されます。つまり、ほとんどすべてのものが TAE によって分析可能です。自分の体験はもとより、インタビューデータや参与観察データとして得られる他者の体験も、TAE で分析可能です。TAE は他者の体験にも自身の体験にも使えます。

---

[*]『FOLIO』Vol.19(2004) に掲載されています。フォーカシング・インスティチュートのウェブページで、日笠摩子氏の日本語訳が紹介されています。

3.4.1. 自身の体験を対象にする場合

TAE は、自身が長年関わっていて感じている「うまく言葉にできないけれど知っている何か」で「言葉にされたがっている何か」をテーマにするのが基本です。職業、趣味、家庭生活、人間関係、どんなことでも改めて注意を向ければ研究テーマになります。その注意の方向が研究課題（リサーチクエスチョン）です。

質的研究では他者の体験を扱うことが多いと思いますが、他者の体験ときちんと向かい合うためには、自身の研究者としての姿勢を整えておきたいものです。TAE は、研究者が自身の研究テーマに向かう姿勢を振り返る目的にも使えます。

データ収集（記録データを作らない場合）

自分自身のことであっても、体験過程は注意を向けなければ「知られもしない」ものです[34]。逆に、何気ない日常的な出来事も、注意を向ければ研究対象になります。専門家として継続的に関わる仕事に対しては、ときどき、対象化し振り返ることが必要でしょう。例えば、教師が自らの教育実践を振り返る場合や、営業マンが自分の営業スタイルを振り返ってみる場合はこれにあたります。

自分の体験を対象とする場合、TAE は、記録データ（文字化資料、音声資料、映像資料）がなくても実施できます。その場合は、身体の内側に注意を向け「〜についての知っている感じ」の直接照合体を形成させます。そのフェルトセンスをデータとして分析していきます。

身近なことほど、よく知っている「つもり」になりがちです。安易に既存の言葉に置き換えて片付けてしまわず、「〜は自分にとって、ほんとうはどのような意味を持つのだろうか」と、より深く自問していく姿勢が肝要です。これを「創造的退行」といいます。

創造的退行により、体験が照合している方向の先にある「普遍的なもの（X）」をより豊かに暗在することができます。「普遍的なもの（X）」というのは、例えば「教師として、親ではない大人が年少者に関わる意味」とか「商品売買を通じて、営業マンが顧客と交換しているもの」など、自身の具体的体験の中にあり、かつ、場所や時代を越えて他の人の体験にもつながるような「何か」です。日々の何気ないできごとでも、焦点を合わせて創造的に退行し、直接照合体が形成されフェルトセンスが感じられれば、TAE の実施対

象になります。(図1参照)

　また、「うまく言葉にできないけれども言葉にしたい何か」が、あらかじめ、強く感じられていることもあります。強い怒りであったり落胆であったり、逆に希望であったり期待感であったりするでしょうが、いずれにしても、その「何か」を丁寧に感じ直し、直接照合体として対象化してから、TAEを開始します。

データ収集（記録データを収集する場合）

　自分自身の体験を、自由な形式や、あるフォーマットに従って、書いたり、録音録画したりしておき、それを研究することも可能です。研究することを想定せずに保存していたもの（例えば、昔の日記、昔の写真）も、注意を向けられれば分析対象になります。この場合でも、研究にあたって繰り返し読み返す（聞き返す、見直す）ことが、出発点となります。それにより、それらのデータに対する「漠然とした理解」を直接照合体として形成させフェルトセンスを感じます。その後、TAEを開始します。（図2参照）

データ分析

　自分の体験を分析する場合は、自分自身の、分析対象以外の体験（テーマ以外の体験）の影響を制御することが課題となります。「体験された意味」の意味創造性は莫大ですが、それを、現に感じているフェルトセンスへと集約して活用していかなければなりません。そのためには、分析の途中で、なるべく頻繁に「創造的退行」をおこなうことです。分析の過程で言語化するたびに、「私はこの言葉で何を意味したいのだろうか」と、テーマとしているフェルトセンスに戻って感じ直してみます。ジェンドリンの理論では、創造的退行で接続可能な「体験された意味」は、追求している分析対象と同じ「普遍的なもの(X)」を暗在する「体験された意味」です。たとえ自分の体験であっても、いつでもどんな体験にでも接続できるわけではありません。分析途中で創造的に退行するためにも、分析開始時にしっかりと直接照合体を形成させ、フェルトセンスを感じておくことが重要です。それにより分析対象のフェルトセンスが独立的に有意味になり、それに戻ったり、他の体験を呼び出したり、選んだり、応答したりできるようになります。分析対象として扱うフェルトセンスがしっかりしていれば、恣意的に自分に都合のよい結果を導いたりはできないはずです。直接照合体をしっかり形成させ（従ってフェルト

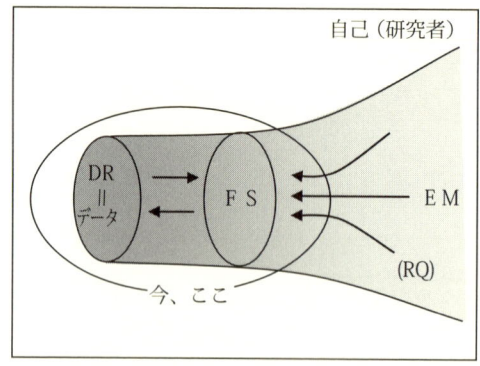

図1から図5
DR：直接照合体
FS：フェルトセンス
EM：体験された意味
RQ：リサーチ
　　　クエスチョン

図1　自身の体験を対象にする場合（記録データなし）

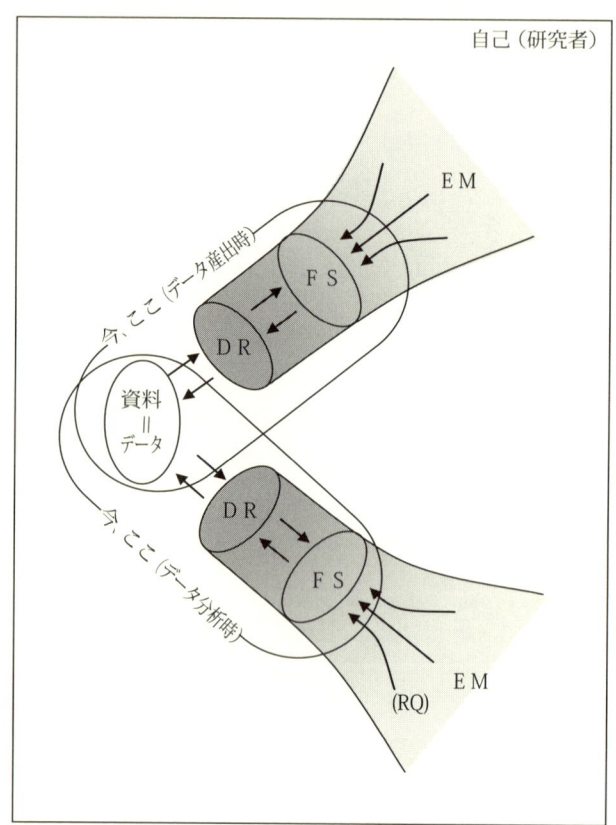

図2　自身の体験を対象にする場合（記録データあり）

センスを感じ）分析作業の中心に置くことで、それと関連しない他の体験からの地滑り的な影響を免れ、研究プロセスの一貫性と分析作業の同一性を保証していくことが可能になります。

　TAEを実施することにより、自身の「体験された意味」を活用しつ、その先にある「普遍的なもの（X）」を、個別的なあり方で普遍化できます。これにより「個が普遍に参加する」ことができます[35]。

3.4.2. 他者の体験を対象にする場合

　おそらく、今後、TAEが最も多く用いられるのは、自身が長く関わる既知のフィールドで他者から何らかのデータを収集し、それを分析する場合でしょう。この場合、他者が感じている「うまく言葉にできないけれども知っている何か」で「言葉にされたがっている何か」をテーマにします。TAEでは、言葉にしたくないことを無理に言葉にすることはありません。研究対象（者）になることが、そのフィールドや個人にどのような影響を及ぼすかを注意深く検討しなければなりません。データ使用の承諾を得ること等は一般的ルールに従い、書面等でおこないます。

　他者の体験ですから、必然的に記録データ（文字化資料、音声資料、映像資料）を収集することになります。自身が長年に亘って関わっているフィールドで、参与観察をおこなって観察ノートをつけたり、自由記述式アンケートに記入を求めたり、インタビューを実施する等の場合がこれにあたります。この場合も、記録データを繰り返し読み、直接照合体を形成させフェルトセンスを感じた後に、TAEを開始します。

　長く関わるフィールドではおそらく、研究対象者と研究者の間に既に人間関係ができているでしょうから、収集したデータには研究対象者と研究者の人間関係が色濃く反映していることを、あらかじめ想定しておかなくてはなりません。そこで収集されたデータは、たとえ研究対象者が産出した（書いた、語った）ものであっても、二人の人間関係の下で生み出された協同の産出物ということになります。

　TAEは、自身が一度も関わったことがない未知の領域で他者が収集したデータを分析することも可能です。しかし、その場合でも、研究者は分析開始時に、データを読む（見る、聞く）ことを繰り返します。従って開始時点では、そのデータが語っている範囲に限っては、そのフィールドは分析者にとって、既知のものになっているといえます。このように考えていくと、既

知／未知の別、自己／他者の別を明確に分けるのは、非常に難しいといえます。他者の体験と自己の体験は密接に関係しながら、一体となって意味を創造していきます。

データ収集

　前の項にも書きましたが、研究者は、研究対象者（他者）の過去の体験をそのまま取り出すことはできません。ジェンドリン理論のタームで整理すると、人間は常に環境と相互作用していますから、研究者が視点を向けること自体が環境の一部となり、研究対象者の身体プロセスに影響を及ぼします。どういう立場、どういう考え方の人が、どのような方法でデータ収集をするかによって、そこで語られることは違ってきます。また、体験過程は、注意を向けられない限り、本人にも気づかれないものです。研究することによって、改めて、ときには、初めて、研究対象者が自身の「そのこと」に注意を向けることになります。こういった意味でも、データ収集場面で得られるものは、研究対象者と研究者が「今、ここ」で共有する文脈の中で、「研究対象者と研究者が共に作り上げる研究対象者の過去の体験」という協同産出物です。

　従って、研究者は、研究テーマに対して自身がどのような考え方（先入観）を持っているのかについて、あらかじめ「自己理解」しておく必要があります。研究に先立ち、そのテーマに対する自身のフェルトセンスを対象にTAEをおこなうのが理想的ですが、ステップを適用しないまでもフォーカシングをおこない、研究対象に対する自身のフェルトセンスをおおまかに捉えておく必要があるでしょう。データ収集時にも、データ分析時にも、研究者は、自身のフェルトセンスが研究過程に影響を与えていることを自覚していなくてはならないと思います。

　その上で、研究者は、研究対象者に向かうときには、自身のフェルトセンスを、一旦、脇におき、研究対象者のフェルトセンスに寄り添う姿勢でデータ収集をおこなうよう心がけなければなりません。それを完全に達成するのは不可能ですが、そのように心がけることによって、研究者の価値観による予断や誤解を最小限に抑えることができます。例えば、インタビューによりデータを収集する場合、研究者（インタビュアー）は、研究対象者（インタビュイー）の体験過程に焦点を合わせ、フェルトセンスを一緒に感じようとする姿勢で質問したり応答したりします。これは、心理カウンセリングで使われ

第1章 質的研究とTAE

る「体験的応答」*という方法です。心理カウンセリングでは、カウンセラーは、クライエント（来談者）が自身で問題を解決していく道筋を促進するように働きかけます。そうでなければ、現実的に、来談者の立ち直りを援助できないからです。もちろん、質的研究におけるインタビューによるデータ収集と、カウンセリングは、異なります。しかし、「体験的応答」の方法でインタビューをおこなうと、研究対象者が「聴いてもらえてよかった」「話せてよかった」「自分の体験の意味がわかった」と言われることが、よくあります。これは「体験的応答」によるインタビューが、研究対象者が自身の体験過程をジェル化させ意味創造に向かうプロセスを、援助したからだということができます。

「体験的応答」をこころがけ、研究対象者の体験過程を直接照合体としてジェル化させることによって、「普遍的なもの (X)」を豊かに含意させる道が開かれます。その直接照合体を経由して語られるデータは「暗在するもの」を豊かに含んだ言語表現になります。これらのことは、研究者が研究対象者を外側から変化させることとは全く異なります。研究対象者が自ら進んでいく方向を、研究者が援助するのです（このような同じ方向での変化を推進と呼びます）。このモデルでは、研究自体が、研究対象者や研究対象フィールドの変化に積極的に関わることになります。研究者は、研究が及ぼすこのような効果を、あらかじめ見越しておくことが必要です。（図3参照）

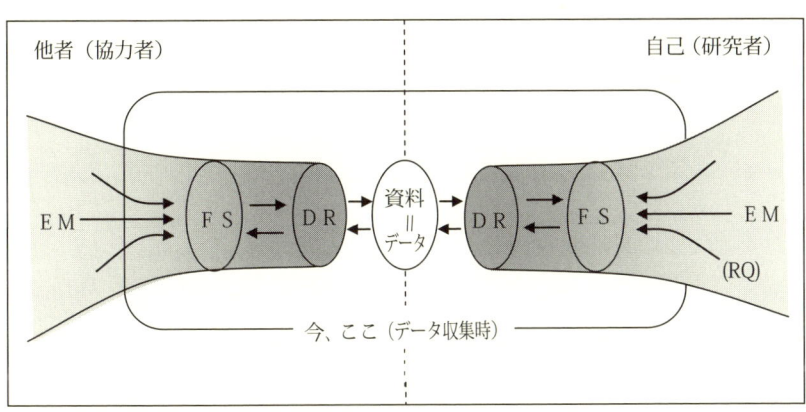

図3 他者の体験を対象にする場合（インタビュー場面）

---

*「体験的応答」は、どんな質問項目に対しても行える一般的な技法ですが、TAEのステップの全体あるいは部分を、具体的な質問項目として使用することも可能です。TAEステップに基づいて「体験的応答」を行うことを、TAEを「ガイドする」といいます。

「体験的応答」で関わる場合、研究課題（リサーチクエスチョン）は漠然としている方がよいといえます。対象者の反応を考慮しながらリサーチクエスチョンを明確化していきます。インタビューガイド（研究者がリサーチクエスチョンに基づいて用意する質問）は最小限に抑え、研究対象者が一通り語り終えた後に、不足している箇所を補う質問を発する程度に止めるのがよいでしょう。

データ分析

例えば、インタビュー録音を文字に起こしたインタビューデータがあっても、読み手がいなければ、単なる「インクの染み」です。分析者が存在して初めて分析が始まります。分析者のフェルトセンスに媒介されることにより、物理的な「物」が分析対象（データ）になるといえます。

ここでも IOFI 原理が適用できます。分析者は個性を持ったある個人ですが、ある分析者の個別的読みは、普遍的読みに至る通路です。同じ文字起こしデータを分析しても、分析者が違えば、その結果が「同じ」ではないのは当然です。しかしそれらは「そのようなもの」として類をなし、いずれも「個」として「普遍」を映します。諸「個」がそれぞれ照らすことにより「普遍」はその形を帯びてきます。諸「個」が照らさない限り、「普遍」はあらわれてきません。私たちは、このようなあり方でしか普遍性に至ることができないのだというのは、ジェンドリン理論の重要な部分です。これは、同一データを独立的に数人で分析して一致率を見るというような発想とは全く異なります。IOFI 原理では、分析は基本的には一人の人間がおこないます。

ただし、分析者は、分析の前に繰り返しデータを読み（聴き）、データ理解に対する直接照合体を形成させる必要があります。既存の価値観や言葉で安易に普遍化してしまうことを止め、データ全体が語っている漠然とした「感じ」にしっかり止まり、その感覚を対象化して持っておきます。ジェンドリンはディルタイ*を引きながら、同じ人間である以上、理解できない体験は

---

* ジェンドリンは、自身の哲学の最も根本的な影響は、ディルタイ哲学の「活力に満ちた部分」に由来するとしています[261]。ディルタイは、経験、理解、表現を一体のものとし、その統一体の特質を指摘しました。表現や理解は表象や写像ではないと否定しただけでなく、表現や理解はさらなる経験（体験）なのだと肯定的に主張しました。理解することとは、テキストや著者が私たちに意味を押し付けるだけなのでもなければ、私たちがそれを受け取るだけなのでもなく、私たち読者が、著者の経験（体験）を私たちの理解（それは私たちのさらなる経験（体験）でもあります）と一緒に推進させるときにのみ起こるものだとしました。ジェンドリンは、ディルタイは「最初に何かが存在し、その後でのみ解釈される」というシステム全体をひっくり返したのだと高く評価しています。

ないと言っています[36]。類似の身体を持っている人間同士は、たとえ一度も体験したことがないことでも、言語シンボルを手がかりに、何らかのフェルトセンスを感じることができます。「この感じ」としてフェルトセンスが感じられた時は、直接照合体が形成されたときです。直接照合体（フェルトセンス）を媒介にすることにより、分析者の予断に基づく恣意的な読みや誤読がなるべく入り込まないように、データのフェルトセンスをしっかり囲っておくことができます。また、直接照合体は一度しっかり感じておくと、必要なときに感じ直したり、そこに戻ったりすることができるので、何度かに分けて分析しても、研究プロセスの一貫性が保たれます。（図4参照）

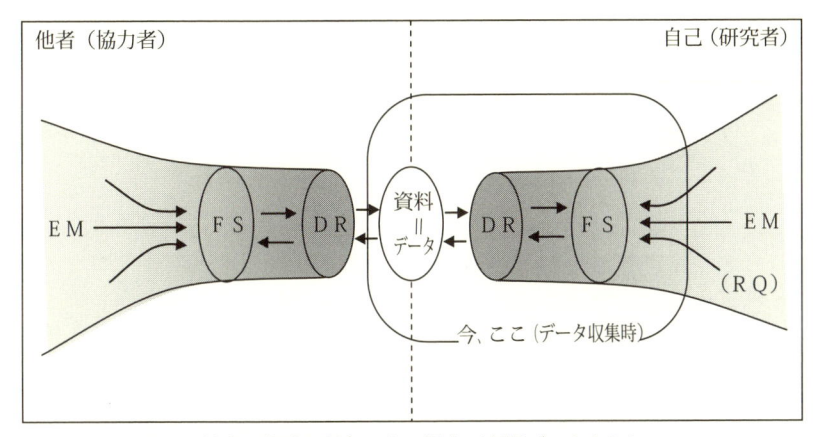

図4 他者の体験を対象にする場合（記録データあり）

個別事例の場合、複数事例の場合

TAEは、個別事例に対しても、複数事例に対しても、適用できます。これは、いずれにしても、分析者のフェルトセンスに媒介されるデータを扱うという考え方をとるからです。個別事例を扱う場合は、個別事例から収集したデータに繰り返し触れ、その個別データ全体に対するフェルトセンスを形成させてから分析を開始します。複数事例を一つのグループとしてまとめて扱う場合には、そのグループの複数事例全体を一つのデータと見て、全体に対するフェルトセンスを形成させ、そのフェルトセンスを対象に分析を開始します。グループ分けの判定も、最終的にはフェルトセンスでおこないます。データに繰り返し触れた分析者が、データから引き出す類似性でまとめ、グループを編成するのが基本です。

例えば、若年層の早期退職者の就業観を研究テーマとしインタビューデー

タを収集し、TAE で分析するとしましょう。先行研究や考えうる一般的な要素（性別、収入、学歴、居住地等）に基づいて仮グループを作ってみて、フェルトセンスで感じてみます。その分類がフェルトセンスに照らして適切であれば、それに従ってもかまわないでしょう。しかし、データに深く触れるうちに立ち上がって来る独自のフェルトセンスがあれば、それに基づいてグループを編成するほうがよいでしょう。例えば、「就業中、上司との関係が良好だった／良好でなかった」「家庭内に安定収入を得ている兄弟姉妹がいる／いない」等、より複雑な要因で分類するほうが適切であるかもしれません。一人の人間は多スキーマ的ですから、分類の基準は無数にあります。

この後の項で述べますが、TAE ステップ1から5の意味の実体化のステップを、仮のグループ編成でおこなってみて確認することも有効だと思います。グループ別に、それぞれ異なった「何か」を表現するマイセンテンスが作れれば、そのグループ編成は成立します。うまく作れない場合は、グループ編成をやり直すほうがよいでしょう。

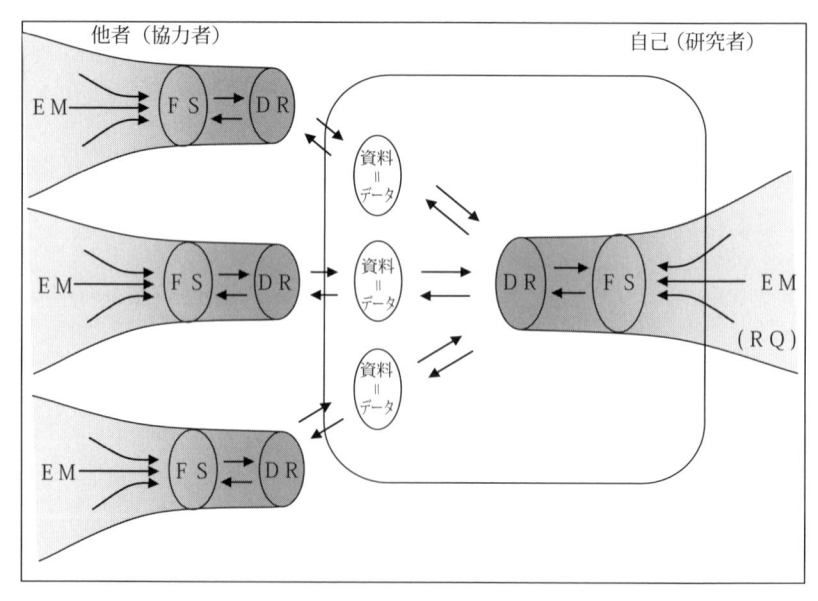

図5　複数事例の場合

このように、フェルトセンスは、データをグループ分けするときにも活用できます。しかし、そのグループ分けが適切かどうかを TAE で明らかにすることはできません。TAE で明らかにできることは、そのグループ分けをし

た場合にわかることに限られます。フェルトセンスの類似性に基づいて分類されたグループには、その分類の観点に応じた「普遍的なもの (X)」が暗在していると考えられます。TAE では、それを明らかにしていきます。

　TAE を応用する質的研究は、幾重にも IOFI 原理の上に成り立っています。まず、ある領域に暗在する普遍性を、ある研究対象者（個人であれ、組織であれ）の体験において見出そうとする点で、IOFI（そのような対象者の一人あるいは一つ）です。また、その研究対象者の体験は多数的多スキーマ的ですが、研究者が指し示すスキーマ（リサーチクエスチョン）に応じて立ち上がってくる「普遍的なもの（X）」を取り出そうとしますから、これは可能なスキーマの一つの実例です。立ち上がってくるもの（直接照合体）を言語化（シンボル化）していきますが、これも可能な言語化の一つの実例です[*]。ジェンドリン理論の立場からは、研究結果によって「典型」や「真実の一つの実例」を示すことはできますが、何らかの群の「代表」や「唯一の真実」を示すことはできません。

図6　IOFI のイメージ

---

[*]『プロセスモデル』に、私たちには、直接照合体形成と、それへの言明の直接照合による実例化の、両方が必要だとあります[262]。

第2章　TAEとジェンドリンの意味創造理論

　前の章でも述べましたが、ジェンドリンは、多くの人がTAEを活用する社会を構想していますが、すべての人がTAEの背景理論を知っているべきだと考えているわけではありません。理論的背景を知らなくてもTAEを使うことができます。

　しかし、TAEを研究法として使うのであれば、理論的背景の理解が必要でしょう。特に、TAEの手順に独自の改変を加える場合は、少なくとも理論的に齟齬が生じないようにする必要があると思います。ここでは、ジェンドリンの意味創造理論の骨格を、ごく簡単にまとめておきます。先に実施法を知りたい方は、次の章に進んでください。詳しく知りたい方は、第3章の「理論コラム」と、第二部（第5章）をお読みください。

■ 1.　実体化と普遍化のジグザグ進行

　ジェンドリンの意味創造理論の出発点は、個人の身体と環境の相互作用です。高等動物である人間は、種に特有のあり方で環境と相互作用しながら生きています。個人は、その人間身体の普遍的な在り方の、一つの実例です。背景にはさらに、種を越え他の動物、植物、自然、宇宙へと続く普遍性があります。

　人間身体は複雑な環境との相互作用プロセスを生きる身体的秩序の具体的な塊（mass）です[37]。どの個人のどの時点の体験過程にも、普遍性につながる、人間と環境の相互作用における「普遍的なもの(X)」が暗在しています。個人が生きることは、種としての人間の「普遍的なもの(X)」を実例化することだともいえます。

　ジェンドリンの意味創造理論の立場から見ると、誰のどんな体験も、どんなグループのどんな活動も、研究の対象になります。存在するもの（こと）で意味のないものはありません。そこには必ず「普遍的なもの(X)」が実例

化しています。それは、他をもって替えることができない独自の価値をもっており、しかも、普遍性に通じるものです。私たちは実例化されたものを通路としてしか普遍性に至ることはできませんが、実例に深く沈潜することにより普遍性に至る道が開かれます。

人間と環境の相互作用の秩序は、身体の内的受容性である体験過程として、個人に直接的に感じられます[38]。けれども、個人は、自身（自らの身体）に暗在している「普遍的なもの(X)」を常に十分、実体化しているとは限りません。体験過程は、注意を向けられなければ、「知られもせず、観察されもせず、照合されもしません」[39]。しかし、適切な方法をもってすれば、それを実際に感じることができます。それがフェルトセンスです。フェルトセンスは、人間と環境の相互作用における秩序の、身体内的受容感覚です。人は「何かを知ることができる仕方で実際に生きて」います（「TAE序文」）。体験から意味を創造する質的研究は、それを取り出そうとする試みであるといえます。

■2. 体験過程は常に形式より複雑である

人間の身体では、常に、シンボルとフェルトセンスが二重化されています。意味するもの（シンボル）と意味されるもの（フェルトセンス）が二重化されているという言い方もできます。なぜそう言えるのかを、ジェンドリンは『プロセスモデル』で論じています。詳しくは第二部をお読みください[40]。

フェルトセンスとシンボルは一つの人間身体で二重化されているので、相互に作用します。その関係には、二つの方向があります。シンボルからフェルトセンスに向かう方向と、フェルトセンスからシンボルに向かう方向です。第一の方向では、シンボルによって、より正確に言えば指し示すというシンボル的行為によって、「体験された意味」から「ある局面の意味」が「未分化な意味のひとまとまり」として呼び出され、フェルトセンスとして感じられます。これにより、意味創造の可能性が開かれます。これは意味の実体化のプロセスです。

第二の方向では、フェルトセンスとして感じられている「未分化な意味のひとまとまり」がシンボルによって特定されます。これは意味の普遍化のプロセスです。

二つの方向を繰り返しジグザグに行ったり来たりすることで、実体化と普

遍化を繰り返し、徐々に、フェルトセンスとして感じられている「未分化な意味のひとまとまり」のシンボル化が進み、さらなる意味が創造されていきます。

「意味されるもの」(体験過程)は「意味するもの」(シンボル)よりも、常に、より複雑です。このため、体験過程は、たとえいったん、なにかしらシンボル化されても、なお、さらなるシンボル化が可能です。この、体験過程がシンボルを選びながら進行する過程が「思考」です[41]。従って「思考」に終わりはありません。

体験過程に含み込まれる「普遍的なもの (X)」を、その複雑さを切り捨てることなくシンボル化できれば、実体を反映した優れた一般化(普遍化)と言えます。逆に、複雑さを切り捨ててしまった一般化(普遍化)は、実体とかけ離れた空疎なものになってしまいます。どうすれば、複雑性を切り捨てずに一般化(普遍化)できるのかが問題となります。

そのための方法としてジェンドリンが提案するのは、思考過程の最初と移行の随所で、身体の内側に注意を集中し、体験過程を感じることです。これが「直接照合」です。体験過程に直接照合することにより、その個人の身体に暗在する(過去から続く)「体験された意味」の莫大な暗在的複雑性を、今、ここで進行中の体験過程(特定された体験の局面)に集約して活用する可能性が開かれます。「今、ここ」での「普遍的なもの (X)」が、普遍性の一つの実例として優れて実体化し、さらに、優れて普遍化される可能性が開かれます。普遍化されれば、他者との共有や、創造的修正が可能になります。

生きている個人は、その身体を通じて、普遍性につながるさまざまな「普遍的なもの (X)」を実体化し、それをシンボル化することによって普遍化の実例を示し、普遍性を照らし返すことができます。それにより個は普遍に参加し[42]、普遍は個の形を帯びていきます[43]。

■ 3. フェルトセンスの機能

TAE は、実体化の方向と普遍化の方向をジグザグに進みますが、その進行は、フェルトセンスの機能に基づいています。TAE で頻繁に使うフェルトセンスの機能を3点まとめておきます。

第2章　TAEとジェンドリンの意味創造理論

3.1. フェルトセンスはシンボルを呼び出す

　フェルトセンスは、自身と二重化するシンボルの連合を呼び出すことができます。フェルトセンスのこの機能は意味の実体化の過程に深く関わります。ジェンドリンは次のように述べています。思考において、例えば「政治とは何だろう」と考えると、そのものの中心を一語で言い表すことはできませんが、周辺の言葉にし難いところから、それを説明するいくつかの言葉が立ち上がってきます。これは「縁どり」（fringe）と表現されます。「縁どり」というのは、肩掛け等の周囲についているふさ状の飾りです。TAE（Thinking At the Edge）の周縁（Edge）と同じと考えてよいでしょう。その「縁どり」、つまり、周縁に浮かんできた言葉を使って、「政治」について説明することができます。ある言葉Xを直接説明することはできませんが、a、b、cを使ってXを説明できるのです。ジェンドリンは、Xの意味に焦点化すると、焦点化した範囲の中にa、b、cの意味が入ってくるのだとしています[44]。言葉Xについて考えることが、Xを構成するa、b、cを含む領域を立ち上げるのです。この領域が直接照合体であり、その感覚がフェルトセンスです。このシンボルとフェルトセンスの連合が意味なのだ[45]という言い方もできます。

　これらが可能なのは、指し示す（照合する）ことによって、体験過程の特定の局面が「自立的に有意味」に機能するようになるからです。比喩的に表現すると、常に川の流れのように動いている体験過程のある部分が、指し示されることによってジェルのようにゆるやかにまとまるのです。まとまると「照合体」となって対象化し、「自立的に有意味」に機能するようになります。それは「照合体」がフェルトセンスとして感じられるときでもあります。

　フェルトセンスは「自立的に有意味」ですから、アイデンティカル（自己同定的）です。従って、他の多くの感覚の中で、自身と同じものを識別でき、同一かどうかフィードバックできます。また、「この感じ」として持っておいたり、繰り返し呼び出したり、その感じに戻ったりできます[46]。関連するシンボルを呼び出すだけでなく、関連するフェルトセンスを呼び出すこともできます。

3.2. フェルトセンスはシンボルを選んで進む

　フェルトセンスは、自身と二重化されたシンボルに応答する能力を持っています。従って、シンボルを選んで進んでいくことができます。フェルトセンスのこの機能は意味の普遍化の過程に深く関わります。

このことは、次のような体験で確かめることができます。ジェンドリンもよく挙げる例ですが、道で誰かと出会って、知っている人であることはわかっているのに名前が思い出せない場合、私たちは「その人」のフェルトセンスをシンボル（名前）なしに感じたまま、「名前は何だっただろう？」と注意を向け（直接照合し）、「山本さんだろうか？」「山田さんだろうか」と、シンボルを入れ替えて、その人の名前を探すことができます。このとき、フェルトセンスに注意を保ったまま、シンボルを二重化させて照合し、両者を相互作用させているといえます。シンボルを入れ替えて照合すると、フェルトセンスは「それではない」「そうそう」と応答してきます。このプロセスは、根本的には言葉を伴わない身体感覚です[47]。「そうではない」ときは、身体的にムズムズするような緊張感があり、「そうそう」のときは、すーっと腑に落ちるような緊張感の解放があります。「正しい」と知らせるのは身体感覚であり、私たちは、それをフェルトセンスとして知るのです。

　次の例もジェンドリンがあげているものです。あるトピックでの話し合いで、他の人の発言をききながら、新しいアイデアを思いついたとしましょう[48]。発言中の人の話が終わったら言おうと思って待っていたのですが、いざ、言おうとしたとき肝心の言おうと思っていたアイデアを見失ってしまったとします。このときも、「言おうとしていたアイデア」に対する「感じ」をシンボル（言語）なしに感じながら、「なんだったっけ？」と注意を向け（直接照合し）、「そのこと」を探すことができます[49]。この場合、人の名前の例と違い、その「言おうとしていたこと」は、まだ一度も言語化されたことがありません。しかし、私たちはそのフェルトセンスに注意を保ったまま、適切なシンボル（言語）を探すことができます。

3.3. シンボルをフェルトセンスから分離し操作的に扱う

　普通、フェルトセンスはシンボルと二重化し、「シンボルに力を与えます」[50]。しかし、シンボルは、常にフェルトセンスを持たなければならないわけではありません。純粋な論理形式的概念使用においては、シンボル（概念）はフェルトセンスを伴いません[51]。それによって概念的操作が可能になります。例えば、三段論法の「アリストテレスは人間である」「人間は必ず死ぬ」「よって、アリストテレスは必ず死ぬ」という推論は、フェルトセンスと二重化することなくおこなえます。また、「AはBである」「BはAである」のAに「空」、Bに「海」を当てはめる場合、いちいち空や海のフェル

第 2 章　TAE とジェンドリンの意味創造理論

トセンスを感じることなく、「空は海である」「海は空である」の文を作ることができます。一方、文を作った後で、それぞれの文をフェルトセンスで感じてみることもできます。

　TAE では、シンボルをフェルトセンスと二重化させたり、分離して操作的に用いたりします。両方の使い方をすることにより、体験の豊かさと論理的推論力の双方を活用し、一方だけからは得られないところに到達することができます。論理的に結びついたタームをもてば、体験過程から直接見出すよりもはるかに強力な推論を生み出すことができます。体験過程を明らかにしていけば、論理だけでは到達できない複雑で意味深いところに行くことができます。ジェンドリンは「私たちには両方が必要なのです」と強調しています[52]（「TAE 序文」）。

第 3 章　TAE を質的研究に応用する

　TAE は、個人の身体に「体験された意味」として実例化されている「普遍的なもの」を、実体化、普遍化する過程を、フェルトセンスの機能を活用し、系統的におこなえるよう手順化したものです。この手順に従って思考することにより、体験の持つ複雑性を豊かに含意させ、かつ、論理的に思考することができます。
　この章では、質的研究への適用例を示しながら、TAE ステップを順を追って解説し、ジェンドリンの意味創造理論との関連を考察します。

■1．全体構成

　TAE の 14 ステップは 3 つのパートに分かれています。第 1 のパートはステップ 1 から 5、第 2 のパートはステップ 6 から 8（9）、第 3 のパートはステップ 10 から 14 です。オリジナル TAE に付けられている見出しは、次のとおりです。

オリジナル TAE の見出し

ステップ 1 − 5：フェルトセンスから語る	
ステップ 1	フェルトセンスに形を得させましょう
ステップ 2	あなたのフェルセンスのなかの論理以上のものを見つけましょう
ステップ 3	キーワードを通常の意義で使っているのではないことに気づきましょう
ステップ 4	あなたが 3 つのキーワードそれぞれに意味させたいことを言う文、または新鮮な句を書きましょう
ステップ 5	新鮮で言語学的には通常ではないような文を書くことによって、あなたが各キーワードに意味させたかったことを拡張しましょう

第3章 TAEを質的研究に応用する

ステップ 6－8：側面（実例）からパターンを見つけましょう	
ステップ6	側面を集めましょう
ステップ7	集めた側面に詳細な構造を見せてもらいましょう
ステップ8	側面を交差させましょう
ステップ9	自由に書きましょう＊
ステップ10－14：理論構築　TAEのひとつの目的がいまや達成されようとしています―暗在的な知性を明瞭かつ伝達可能なものにします。もしあなたが望めば、形式的、論理的理論を構築することへ進むことができます	
ステップ10	タームを選択し、相互に関係づけましょう
ステップ11	ターム間の本来的関係を探求しましょう
ステップ12	恒久的なタームを選んで相互に組み込みましょう
ステップ13	あなたの理論を自分のフィールドの外に適用してみましょう
ステップ14	あなたの理論を自分のフィールドのなかで拡張し、適用しましょう

―14ステップの流れ―

　ステップ1から5は、フェルトセンスに充分に浸り、そこから浮かび上がって来る言葉を拾い上げるステップです。

　ステップ1で、まず、テーマを選びます。「うまく言葉にできない、しかし、言葉にされたがっているもの」をテーマにし、その「知っている感じ」に注意を向けます。「こんな感じ」と感じられるときは、直接照合体が形成されたときです。そのときそれはフェルトセンスとして感じられます。「フェルトセンスに形を得させる」というのは、直接照合体を形成することです。

　ステップ2では、フェルトセンスの中の、通常の論理からはみ出してしまうような、非論理的な、微妙で複雑なところに注意を向けます。

　ステップ3では、フェルトセンスから、フェルトセンスを表現するキーワードを呼び出します。そのキーワードのフェルトセンスの中での意味は、通常の意味とは異なっていることを確認し、その異なりに注意を向けていきます。

　ステップ4では、フェルトセンスがキーワードに意味させたいことを書きます。それは、通常の意味とは異なるフェルトセンス独自の意味です。

　ステップ5では、フェルトセンスがキーワードに意味させたいことをひとつながりにし、フェルトセンスの意味の領域を創ります。

＊　ステップ9はどちらのパートにも入れられていませんが、本書ではパート2に含めます。

ステップ6から8では、形を得たフェルトセンスに側面を立ち上げ、そこにパターンを見出します。
　ステップ6では、今、扱っているフェルトセンスに関係のある出来事（側面）を思い起こし、細部を落とさないように書きます。これはフェルトセンスが実際に具体化した実例といえます。
　ステップ7では、それぞれの側面の構造を、パターンとして取り出します。パターンとは細部間の関係です。
　ステップ8では、側面とパターンを交差して適用し、側面の新しい局面を見出します。これを繰り返すことにより、フェルトセンスの核心全体を捉えます。
　ステップ9では、この段階での到達点を、自由に書きます。
　ステップ10から14では、理論を構築していきます。
　ステップ10では、フェルトセンスを表すように、この段階での主要なタームを選び、あれこれと論理的に遊んでみる感覚で相互に関係づけ、フェルトセンスで感じてみます。
　ステップ11では、フェルトセンスに照らしながら、主要なターム間の、本来的な関係を探っていきます。ターム間の、より深い関係に迫ります。
　ステップ12では、タームを選び直し、最終的なタームとします。一つのタームを他の諸タームで定義することを繰り返します。この作業により、諸タームが諸タームで定義されます。つまり、諸タームが相互に組み込まれ、連関をなします。TAEでは、これで理論ができあがったと考えます。
　ステップ13では、創った理論をテーマとしている領域以外のことに適用してみます。それにより、理論の使い勝手を確かめ、不足点や、補足するべきことや、修正点を見出します。
　ステップ14では、テーマとしている領域に戻り、創った理論を拡張し、展開します。

―3つのパートの特徴―

　私は、各パートは、次のようにジェンドリンの意味創造理論と関係づけられると考えています。
　パート1は、主に、意味を実体化するステップです。絶えず動いている体験過程を、「直接照合」により未分化な意味の塊として実体化します。これ

により意味が感じられるようになります。さらに語や句や、文の空所に直接照合してフェルトセンスを呼び出し、それらから「類似性」を立ち上げ、意味の領域を大まかにつかみます。このパートで、普遍化への道を一歩、踏み出します。

　パート２は、大まかに確定した未分化な意味の塊に側面を立ち上げ、側面内の細部間の関係をパターンとして取り出し、さらに、パターンの操作性を活用し、側面間に「類似性」による「共通組織」を創っていきます。未分化な意味の塊に、次第に「共通組織」ができ、立体的に充実してきます。

　パート３は、立体的な質感を帯びている未分化な意味の塊に「論理形式」を立ち上がらせることにより骨格を創り、概念の構造体を創っていきます。TAEでは、概念の構造体が「理論」です。

　３つのパートを通じて、「直接照合」「類似性の創造」「共通組織の創造」「論理形式の含意」が進行します。「直接照合」と「類似性の創造」は全過程を通じて繰り返されます。「共通組織の創造」は主にパート２で、「論理形式の含意」は主にパート３でおこなわれます。

　３つのパートを経ることで、意味するものを指し示すだけの最小のシンボル化である「直接照合」から、意味するものを表示し論理形式を含意する「概念化」まで、段階的にシンボル化過程を進めることができます。

　しかし、常にすべてのパートをおこなわなければならないわけではありません。パート１だけで終了することもできます。この場合、まだ十分にシンボル化されていない部分を含み、普遍化へ一歩踏み出した形で、意味の実体化が収束します。一般化が不十分なので説明の度合いは低いままですが、含蓄のある独創的な表現を得ることができます。この段階での表現は「わかりやすい」とはいえませんが、積極的に意味を引き出す他者（聴き手、読み手）がいれば、他者と意味を共有することが可能です。

　パート２まで進むと、実体化された意味が一般的な形式で表現されるようになります。テーマとして扱った事柄について、そこに含まれる「普遍的なもの（X）」を、他の人にもわかりやすい形で示すことができます。

　パート３まで進むと、まとまった理論が形成されます。理論はシステムとしての生産性を持つので、テーマとして扱った過去に起きた事柄だけでなく、今後起こりうることや他所で起こっていることを予測したり、予測に対する対応を考えたりすることができるようになります。テーマとした領域以外の領域に応用することも可能になります。

図7 TAE ステップの全体構成イメージ

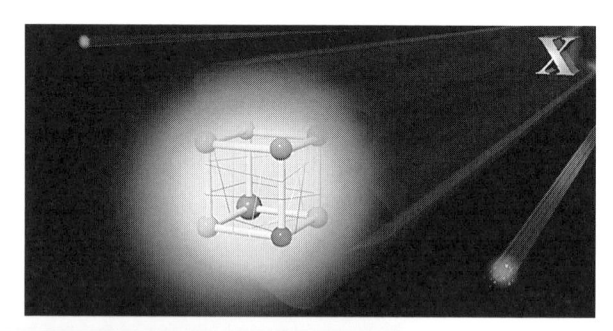

概念を構造化する
（ステップ 12〜14）

論理を立ち上げる
（ステップ 10,11）

まとまりを作る
（ステップ 9）

交差して
共通組織を作る
（ステップ 8）

パターンを見出す
（ステップ 7）

第 3 章　TAE を質的研究に応用する

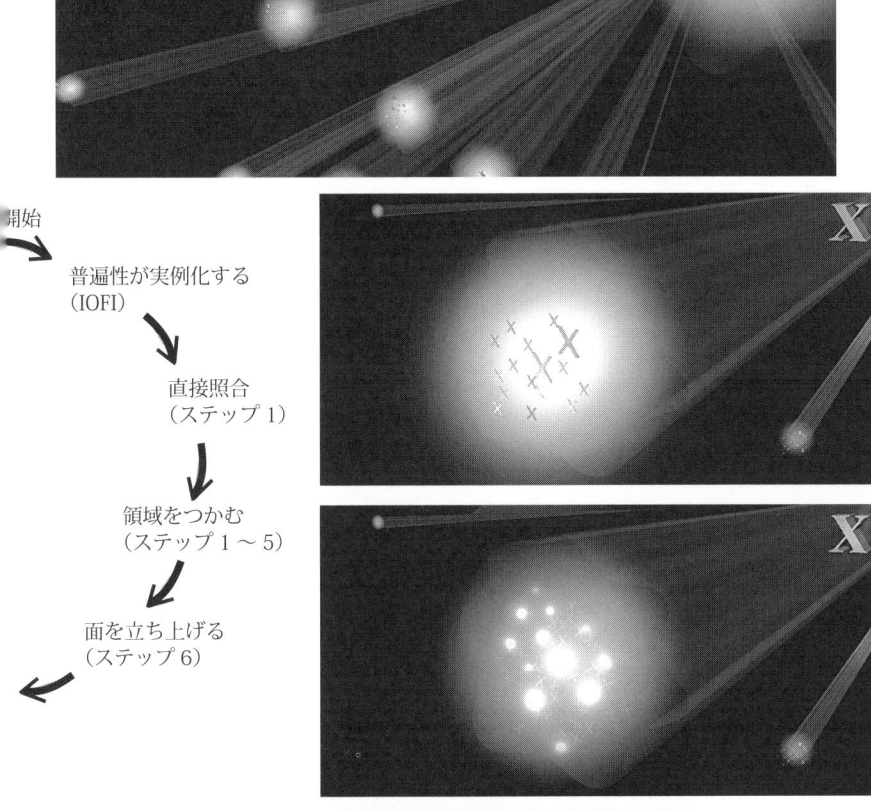

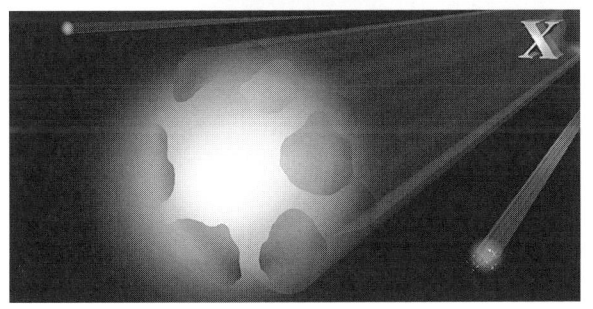

開始
↓
普遍性が実例化する
（IOFI）
↓
直接照合
（ステップ 1）
↓
領域をつかむ
（ステップ 1 〜 5）
↓
面を立ち上げる
（ステップ 6）
↙

質的研究としておこなう場合には、パート3まで進むことが必要でしょう。日常的な振り返りの場合には、パート1、パート2で終了してもよいかもしれません。しかし、どんな個人のどんな体験からも、パート3に進んで理論を立ち上げることができます。そこには、普遍性につながる「普遍的なもの（X）」が実例化しており、それは、その個人のみならず、世界にとっても価値があるものだというのが、TAEの考え方の基本です。誰でも、今、生きている「その場所」「そのこと（体験）」から、普遍的な理論を創り、普遍性を照らすことができます。

　次の項からは、TAEステップの順序に従って、適用例を示しながら、ステップを解説していきます。TAEステップは、「メインインストラクション」と「役立つヒント（Helpful Details）」から成り立っていますが、本文中には「メインインストラクション」のみを示します。「役立つヒント」は巻末に収録している「TAEステップ」の日本語訳を確認してください*。各ステップの解説の間に、本文から独立した「理論コラム」をおき、TAEステップ全体や複数のステップにまたがる理論的解説をおこなっていきます。

■2．パート1をはじめる前に

　TAEは、フェルトセンスを媒介としてデータを扱います。パート1（ステップ1～5）は、フェルトセンスを形成させる段階です。分析に先だって、何度もデータに触れ（読み）、データ全体のフェルトセンスをつかむことが最も肝要です。読んでいるときや読み終わった直後にデータ全体から直接受ける感じを、自分が知りたいことを念頭におきながら、しっかり感じます。言葉にしなくてよいので、「この感じ」と抱え持つ感覚で感じます。この行為により、分析者の身体に「データ理解の直接照合体」が形成され、それが当人に「データ理解のフェルトセンス」として感じられます。
　ジェンドリンの意味創造理論では、この過程を通じて、データの意味するもの、つまり、そのデータが実例として含みもっている「普遍的なもの（X）」が、実例として分析者（正確には分析者の直接照合体）に暗在するようにな

---

* p.2 脚注参照

ると考えます。あるデータは既に「普遍的なもの（X）」の「実例」であるわけですが、分析者のフェルトセンスは、その「普遍的なもの（X）」の「理解フェルトセンス」の「実例」です。これは IOFI 原理の考え方です。IOFI 原理については、「第 1 章 3.2」を見てください。

　データに深く触れ、フェルトセンスがつかめたときには、たとえまだ言葉にできなくても（安易に言葉に置き換えないほうがよいのです）、既に、その「普遍的なもの（X）」が分析者のフェルトセンスに暗在しています。それが「言葉になりたがっている」なら、TAE を実施してみましょう。もし、言葉にしたくないなら、無理をして TAE を実施する必要はありませんが、できる範囲に限定してやってみてもよいでしょう。TAE を実施するかどうかは、あくまでも実施者に任されています。「言葉になりたがっているけれどもうまく言葉にできないもの」があることが、TAE 開始の条件です。これがなければ TAE は実施できません。

　フェルトセンスは誰でも普段、感じているものです。そして、練習すればその感覚を磨くことが可能です。TAE を始める前に、簡単なワークを繰り返し練習して、フェルトセンスをつかむ感覚を身につけておくとよいでしょう*。

　第 1 章で、質的研究は意味創造研究であり、意味創造とは既存の言語シンボルに収集されていない意味の領域を言語でシンボル化することだと述べましたが、芸術は、既存の言語シンボルにとらわれずにフェルトセンスをつかむ能力を活性化させます。あなたが音楽好きなら、「ベートーベンらしさ」と「ショパンらしさ」の違いを感じてみてください。絵画好きなら「ゴッホらしさ」と「ルノアールらしさ」の違いを感じてみてください。自然が好きなら、身近な場所で、あるいは旅先で、気に入った風景の前で立ち止まってフェルトセンスを感じてみてください。このようなことも練習になります。TAE をおこなうにあたっては、言語を媒介とせずに「理解のフェルトセンス」をつかむことが何より重要です。芸術鑑賞や自然観照を通じて、日頃からその感覚を身につけるようにしておくとよいと思います。

　この本では、第 4 章で、文学作品を読み、TAE を使って感想をまとめる

＊ TAE ステップの「役立つヒント」には、「もしフェルトセンスをつかむのに慣れていない人は、フォーカシングを学んでみてください」としてニューヨークのフォーカシング・インスティチュートのウェブページの URL が掲載されています。日本語でフォーカシングのセッションを受けることもできます。フォーカシング関係の書籍も多く出ているので、そのような本を利用しながら自学自習することも可能でしょう。

活動を紹介しています。文学作品は、既存言語を媒介として、通常の意味以上のフェルトセンスを感じるのに最適です。文学作品に触れることにより、文字化資料から「理解のフェルトセンス」を得ることや、一定のまとまりのある意味を「実体化」する感覚を体験できます。また、日頃の読書はTAEステップの練習にとどまらず、質的研究の下支えとなる人間理解や社会理解（世界理解）の幅を広げることにも役立ちます。

　拙著『TAEによる文章表現ワークブック』はTAEをおこなうことと、論文作成のための文章表現を学ぶことの両方を関係づけながら身につけることを目的としているものですが、その「ウォーミングアップ編」のワークは、すべて、TAEステップ1の「フェルトセンスをつかむ」ための練習ワークです。ここで、その中からいくつかのワークを簡単に紹介します。この他にも、さまざまな方法が可能です。

　★☆★　練習ワーク1　★☆★　　リラックスのワーク
　深呼吸をして身体に注意を向けます。目を閉じてもよいでしょう。どこかに（一番感じやすいところでよいのです）しばらく注意を保ち、その感覚をゆっくり動かしてみましょう。例えば、足の裏、ひざ、腰、肩と、「からだの感じ」を確かめていきます。口の中から身体の中に入っていきます。身体の内側の感覚を静かに確かめて、ワークを終了します。これは基本ワークです。質的研究をおこなう場合には、毎回、このワークをおこなってからデータに向かうとよいと思います。慣れれば短時間でできるようになります。

　★☆★　練習ワーク2　★☆★　　ストローダンス
　2人1組でおこないます。ストローを半分に切ります（最も安価な短くて細いものが最適です）。このワークは無言でおこないます。BGMとして静かな音楽をかけることをお勧めします。2人の指の腹でストローを支えます。なるべく落とさないように注意しながら、部屋の中を静かに移動します。ときどきストローの位置を上げたり下げたりと動かしたり、回ったりしながら、なるべく自由に動きます。ストローが落ちてしまった場合は、すぐに拾って続けます。2分たったら、ストローをはずし（一人がもう一方の手にもっておきます）、ストローがあるつもりで、同じように動きます。また2分たったら、静かに終了し、2人でワークで感じたことを話し合います。
　このワークは、相手のフェルトセンスを感じながら動く練習になります。

質的研究のインタビューでの体験的応答の感覚を身につける練習としても、活用できるでしょう。

　★☆★　練習ワーク3　★☆★　　色模様のワーク
　白い紙とクレヨンを用意します。何かテーマを決め（「～にいるときの私」「～している時の私」「今の私」など）、そのときのフェルトセンスを感じます。「リラックスのワーク」や「ストローダンス」に引き続いておこない、そのワークをしていたときのフェルトセンスをテーマとすることもできます。フェルトセンスを表現するとすればどの色が最も近いかを感じ、その色を手にとり紙に自由に色をつけます。何かの形を描くのではなく、線や点でよいので自由に描きます。次に、「他にどんな色があればもっとよく表現できるだろうか」と自問し、次の色を選び紙に自由に描き加えます。これをしばらく繰り返します。フェルトセンスがある程度満足したところで終了です。できあがった絵にタイトルをつけたり、グループでおこなっているときは発表し合ったりします。あえて言葉でなくイメージを使うことで、フェルトセンスを安易に言葉に置き換えず表現する練習になります。

■3．パート1

—ステップ1～5—
フェルトセンスから語る

　パート1（ステップ1～5）は、「フェルトセンスから語る」パートです。このパートは主に、意味の「実体化」にかかわるプロセスです。メインインストラクションでは「疑問」ではなく「ぼんやりとしているけれども知っている感じ」を扱うよう教示されています。それは「言われたがっている何か」とも表現されています。
　フェルトセンスは身体の内側に注意を向ける行為によって立ち上がってきます。注意を向けること自体に、既に、観点の創造が含まれています。質的研究でのリサーチクエスチョン（研究課題）は、この「指示の観点」として機能します。質的研究では、リサーチクエスチョンは最初、漠然としており、分析に従って明確になっていくことが多いものです。まずは、データを十分

に読み込んだ後、いったん、読むのをやめ、自分が知りたいことを念頭におきながら、データ全体が語っているものを感じてください。データとの間に形成されている身体的な感覚、つまり「データが意味しているもの」「データが語りかけてきているもの」に注意を向けてください。この行為を徹底的におこなうことが大切です。言葉にしがたい漠然とした感覚でよいので、「こんな感じ」とフェルトセンスが感じられたら、TAEを開始できます。

　このパート（ステップ1から5）では、まだ、言葉はたくさん使いません。まず、直接照合体の中核部分を大雑把に捉えます。なぜならば、人は、いったん、言葉にし始めると、言葉が既に持つ既存の意味に引っ張り込まれがちだからです。簡単に言葉にしてしまわずに、言葉以前、言葉以上のところに止まることを大切にします。

―ステップ1―
フェルトセンスに形を得させる

　ステップ1でおこなう作業は、4つの部分に分けられます。それは、
　（1）テーマとするフェルトセンスをつかむ
　（2）そのフェルトセンスからごく大雑把に書いてみる
　（3）そのフェルトセンスの中核を短い一つの文にする
　（4）実例を一つ書く
です。（1）は非常に重要なので、（1）と（2）（3）（4）に分けて解説します。

◆ステップ1（1）メインインストラクション

> 　知っているけれどもうまく言えない何か、そして言われたがっている何かを選んでください。「この知っている感じ」をフェルトセンス（エッジ（周縁、輪郭）はぼんやりしているけれども、身体的にはっきりと区別して感じられるもの）として、いつでもそこに戻ってくることができるように、つかまえておきましょう。

◆ステップ1（1）説明
　ステップ1では、最初にテーマを選びます。分析している対象が他者であれ自分自身であれ、文字化資料（インタビューの文字起こし、自分の日記、観察ノートなど）がある場合は、それを読み直してください。大切だと思うところに線を引いたり、余白に気づいたことを書き込んだりしながら、繰り

返し読みます。映像資料の場合は、気づいたことを簡単にメモします。部分を繰り返し読んだり（見たり、聴いたり）、全体を感じ直したりすることを繰り返してください。

　あなたの中に、徐々に、そのデータが「語っていること」が感じられてくるはずです。リサーチクエスチョン（研究課題）が明確になっている場合は、それを念頭におきながらこの作業をおこないます。質的研究では、最初はリサーチクエスチョンが明確でないことも多いのですが、TAEではそれはあまり問題になりません。研究を始めたからには何らかの研究動機があるはずです。資料に繰り返し触れる作業を通じて、漠然とした形であれ「何かがわかってくる感じ」が自然に「できてくる」感覚があれば、あなたの中に漠然とした形でリサーチクエスチョンがあるということです。

　リサーチクエスチョンは指示の観点です。指示の観点がなければフェルトセンスを感じることができません。指示の観点（リサーチクエスチョン）を明文化するのは後の作業として残しておいてよいので、まずは、ひたすらデータに触れ、「知っている感じ」が「できてくる」のを待ってください。途中で、リサーチクエスチョンを少し明確にしてみて、またデータに触れることを繰り返すと、だんだんリサーチクエスチョンが明確になってきます。

　この作業をある程度おこない、データに対する「知っている感じ」が形成されてきたら、もう一度、その全体を感じてください。それを、あえて言葉にしないで「こんな感じ」と感じてください。感じられたときは、「データ理解の直接照合体」が形成されたときです。その直接照合体には、あなたが、その研究で「明らかにしたいもの」（「普遍的なもの（X）」）が暗在しています。それがフェルトセンスとして感じられます。それは、あなたの「データ理解のフェルトセンス」です。これが、今回の分析のフェルトセンス、つまり、「テーマとするフェルトセンス」になります。

　丁寧にそのフェルトセンスを感じて、覚えてください。覚えられたと思ったら、少し他のことを考えてみて、そのデータのフェルトセンスに戻って、覚えているかどうか確かめてください。これには何日かかけて、データに触れ（読む、見る、聴く）ては感じる、感じては思い出す、またデータに触れては感じる、感じては思い出すと、繰り返してみましょう。そうすると、だんだん、例えば文字化資料なら、それをぱらぱらとめくる程度でも、そのフェルトセンスにアクセスできるようになります。そんなふうになったら、分析

が始められます。このような漠然とした「データ理解のフェルトセンス」がなければ、TAE はおこなえません。他の手法で分析することを考えてください。逆に、このフェルトセンスさえ得られれば、TAE で扱えない資料やテーマはありません。

　この過程で、いくつか言葉も出て来ることでしょうから、その言葉は大切に「そうだな」と感じ直すようにしてください。メモしておくのもよいことです。しかし、ここで急いで文章にまとめてしまわないようにしましょう。自然に出て来た言葉が、光のかけらのように、あちらこちらに、きらきらと舞っているようなイメージで十分です。

　TAE では、必ずしもインタビューデータや観察ノート等の文字化資料が必要なわけではありません。自分が長年にわたって関わっている自分自身の体験をテーマにするときは、かえって文字化資料を作らないない方がよい場合もあります。また、日常生活で通常の言葉で語ることの行き詰まり、つまり、言いたいのにうまく言えずに口ごもったり悩んだりすることから自然に、「うまく言えないけれども知っている感じ」のフェルトセンスが立ち上がってくることもあります[53]。文字化資料を作らずに、自分のフェルトセンスそのものを分析対象にする場合は、ひたすらその感じに注意を集中し、「こんな感じ」と感じてみることを繰り返します。よく覚えているように、後でいつでも戻ってこられるようにというつもりで丁寧に感じます。言葉にできなくてもフェルトセンスとして明瞭に感じられれば TAE で分析できます。

　文字化資料がある場合もない場合も、テーマとするフェルトセンスを少しの時間「じっと集中して感じ続ける」ようにしましょう。この作業により、フェルトセンスをやわらかな意味の塊として持つことができるようになるのです。ジェンドリンは、「持つ」とは「感じること」であり「連続させること」だと言っています[54]。そのためには、他のことをいったん停止して、身体の感じに集中することが大切です。

　テーマとするフェルトセンスがつかめたら、TAE による分析が可能になります。TAE はメモを取りながらおこなうので、紙とペンを用意します。メモをとる理由は、書いたものを見ると、あるいは音読すると、その刺激にフェルトセンスが応答し、自己内対話が進むからです。また、分析が長くなると、途中で中断しなければならないことも多くなりますが、中断前のフェルトセンスに戻る手がかりにするために、メモは非常に役立ちます。

　私は、この後紹介していくような自分で工夫したシートを使っています。

しかしこれは私が独自に行っている工夫であり、ジェンドリンらのオリジナルTAEでは、このようなシートは使いません。私がニューヨークのジェンドリンらによるTAEワークショップに参加したときも、配布されたのは、数枚のフォーカシング・インスティチュートのロゴが入った無地（オレンジ色）の紙だけでした。

以下の適用例では、シートを使っていきます。シートを使う場合、テーマを「マイセンテンスシート」の「①テーマ」のところに、簡単に「○○のこと」等と書いておきます（p.55を見てください）。自分にわかればよいので、詳しく書く必要はありません。

◆ステップ1（1）適用例

私自身がおこなったTAEの適用例をあげます。データは、長年、私が運営してきた「さくぶんorg」という「ウェブ掲示板」の参加者の「掲示板参加感想」です。ある活動をおこない、その参加者に活動に対する自由感想を書いてもらうことはよくあるので、読者の参考になると考えました。「さくぶんorg」の場合は、「掲示板参加感想を書く」ところまでが活動に含まれているので、通常の活動後アンケートとは異なりますが、TAEを実施する際の手順を理解するための参考として御覧ください。

「さくぶんorg」について少し説明します。「さくぶんorg」は、自己理解、他者理解、相互信頼感の醸成を目的する文章表現活動で、4つの活動形式と5つの活動原則に特徴づけられる「ウェブ掲示板」です。大学の授業の一部として、大学生がクラス単位で、教師に率いられて参加します。

4つの活動形式とは、エッセイ（作文）を投稿する（ステージ1）、投稿されたエッセイに感想を投稿する（ステージ2）、自分のエッセイに付けられた感想にコメントを投稿する（ステージ3）、さくぶんorgに参加した感想を投稿する（ステージ4）です。

5つの活動原則とは、1）書くときは自分の表現したいことを率直に表現する、2）読むときは相手の表現したいことを読み取る姿勢で読む、3）匿名（ペンネーム使用）でおこない個人情報は書かない、4）教師は投稿された文章を直接的に成績評価の対象にしない、5）教師は学生の掲示板への不参加の自由を認める、です。

5つの活動原則は、カール・ロジャーズのエンカウンター・グループ*の

---

*エンカウンター・グループは自己成長を目的とし、グループでおこなう心理教育活動です。

活動原則をもとに私が作りました。参加者は日本の大学の学生の他、日本で学ぶ留学生、海外で日本語を学ぶ外国人日本語学習者で、日本語で文章を書き合います。1993年から原稿用紙を用いる方法で開始し、2000年からウェブ上でおこない、さくぶんorgと呼称するようになりました。
　その間一貫して、さくぶんorgには、他の活動にない「ある種の教育効果」があると感じてきました。しかし、この活動が、母語による文章表現教育にも、日本語教育にも、異文化理解教育にも、心理教育活動にもおさまりきらない活動であるため、その教育効果をうまく言葉にできない感覚を持っていました。今回、「さくぶんorgの教育効果は何か」をリサーチクエスチョンとして、ウェブからダウンロードした文字化資料にTAEを適用してみることにしました。このテーマは、私にとって、TAEステップ1「役立つヒント」の「よく知っていて体験のある分野のなかのこと」で「長年にわたる体験から濃密に知っているけれども、それについて話そうとすると難しい」ことと言えます。
　用いた資料は、2008年度に日本人大学生によって書かれた「掲示板参加感想」92編です。文字数は、250字から600字程度です。
　参加者は投稿する文章の研究使用について、ウェブ上で承諾してから投稿する手順となっています。ステージ4の「掲示板参加感想」として投稿された文章をダウンロードし、今回の分析の資料としました。従って、ダウンロードした時点でテキストファイルの形になっています。
　分析に先立ち、資料を繰り返し読みました。まず全体を通して読みました。その後、ある程度読んでは離れて全体を感じ、また資料に戻って読むことを繰り返しました。印象的なところを拾って読んだり、さらに全体を読んだりしました。
　さくぶんorgの教育効果は、これまで、自己理解、他者理解、相互信頼感の醸成の語で表現してきました。確かに、これらの語でも、さくぶんorgの教育効果を捉えることができます。しかし、これらは教育活動一般でよく用いられる語でもあります。今回の分析では、これらの語におさまりきらない、さくぶんorg固有の、しかし、普遍的なものに通じるような「何か」をすくい上げたいと考えていました。それをリサーチクエスチョンとして念頭におき、資料を読んだり、離れて感じたりすることを繰り返すうちに、印象的なあれやこれやの表現が浮かび、かつ、全体のありようがまとまって感じられるような感覚になりました。
　上記のような作業を経て、「日本人大学生の資料92編が語っているもの」

を、ぼんやりとしているけれども、他の感覚から区別して感じられるようになりました。私の中に「データ理解の直接照合体」が形成され、「データ理解のフェルトセンス」として感じられたということです。今回のデータが語っているものは「さくぶんorgの教育効果」の「実例」であり、私が感じているフェルトセンスは、その資料の「理解の実例」ということになります。従って、私の直接照合体（フェルトセンス）には、「さくぶんorgの教育効果の普遍的なもの(X)」が実例として暗在しています。それが、私がこの研究で「明らかにしたいもの」です。

この直接照合体をデータとしフェルトセンスを導き手としてTAEを実施することにより、その暗在する「普遍的なもの（X）」をある一つの言語表現として実例化し、明らかにしていきます。この過程は、単に何かを暗いところから明るいところに出す過程ではなく、意味創造を含む過程です。TAEを実施することにより、それを系統的におこなうことができるというわけです。

この時点で感じているフェルトセンスを「テーマとするフェルトセンス」として覚えておけるようによく感じ、次の段階に進むことにしました。「マイセンテンスシート」の①に、「さくぶんorgの教育効果」と書き入れました。正確には「92編の資料が語るさくぶんorgの教育効果」とするべきですが、省略して書くことにします。

◆ステップ1（1）理論との接続（「言い回し」と「直接照合」）
　ジェンドリンは『体験過程と意味の創造』で、シンボルとフェルトセンス*の機能的関係を「直接照合」「再認」「解明」「隠喩」「理解」「関連」「言い回し」の7つに整理しています。この分類を適用すると、TAEの開始時におこなっていることは、「言い回し」によって形成されたフェルトセンスに「直接照合」することです。

ジェンドリンは、ある場で長く働き努力をしている人は、その場における多くのフェルトセンスをもっているはずで、これは体験による「言い回し」だとしています。ジェンドリンの立場からは、質的研究では、研究対象者の「言い回し」のフェルトセンスを研究対象にするのだといえます。インタビューによりデータ収集をおこなう場合、インタビュアーは研究対象者の「言い回

---

*『体験過程と意味の創造』では、フェルトミーニング（felt meaning）の語を用いています。

し」のフェルトセンスをめあてに「体験的応答」をしていきます。研究者が参与観察した場合、観察対象は研究者に「言い回し」のフェルトセンスを形成させるでしょう。インタビューデータを読みフェルトセンスを形成させるとき、それも「言い回し」といえます。

あらゆるものは「言い回し」のフェルトセンスを形成させることが可能ですが、それだけでは、TAEは始められません。それに「直接照合」することが必要です。「直接照合」とは、身体の内側に注意を向けフェルトセンスを感じることです。注意を向け指し示されることで観点が創造され、体験過程が対象化（ジェル化）します。指し示す観点は、無数にあり得ますが、指し示す行為により観点が生じ、フェルトセンスとして感じられます。

ジェル化した対象は「やわらかな塊」として持つことができます。「持つこと」とは「感じること」であり、意味を「実体化」することです。そのとき持っているものが直接照合体、感じている感覚がフェルトセンスです。直接照合体には、これから「明らかにしたいこと」（「普遍的なもの（X）」）が、まだ明確な形になっていませんが既に暗在しています。ここから語られる言葉に、後に理論に発展するつながりがあるのは、このためです[55]。

ここではまだ、「出産間近」「産まれたて」です[56]。この「やわらかな意味の塊」を対象に、「普遍的なもの（X）」を目当てに、これからTAEを実施していきます。

「直接照合」を深く徹底しておこなうと「創造的退行」になります。「創造的退行」とは、あるシンボルを起点にして、そのシンボルが自身のフェルトセンスの中ではどういう意味をもっているだろうかと、シンボルにおさまりきらない意味をより広く深く感じようとして身体感覚に向かうことです。これにより、フェルトセンスの背景に広がる「体験された意味」の創造性を豊

図8　直接照合のイメージ（ステップ1）

第 3 章　TAE を質的研究に応用する

かに活用することができ、「普遍的なもの（X）」を豊かに含意することができます。また、「体験された意味」の莫大な意味創造性を、今指し示しているものに向かって集約して活用することが可能になります。人間は、既にシンボルに満ちた世界に生きていますから、すべての「直接照合」は、それを徹底しておこなうことにより「創造的退行」になるといえます。

■理論コラム 1　直接照合と創造的退行

　TAE ステップは、3 つのパートのいずれにおいても、実体化（フェルトセンスを感じること）と普遍化（フェルトセンスにシンボルを選ばせること）のプロセスをジグザグに進みますが、開始時とジグザグ進行の接続点では、必ず「直接照合」をおこないます。これにより、シンボルとフェルトセンスを二重化させ、相互作用させることが可能になります。

　ジェンドリンは、一般的な「体験」（experience）は構成概念だが、体験過程は構成概念ではなく、個人が実際に照合できる（感じる事ができる）ものとして定義されるとしています[57]。体験過程は、直接照合することによりフェルトセンスとして感じることができます。誰でも実感できる感覚なので、分析に使うことができます。フェルトセンスの背景には、まだ特定されない莫大な「体験された意味」が広がっていますが、フェルトセンスを媒介とすることにより、豊かな意味創造性を特定の（「今、ここ」の）局面に集約して活用することができます。

　直接照合を徹底的におこない「創造的退行」を行うと、「体験された意味」の創造性をさらに豊かに活用することができます。「創造的退行」とは、一時的にいっさいの「すること（行為）」や「語ること（会話や独語）」を徹底的に停止し、身体の内側に注意を向けることです。「うまく言えない感じ」が強いとき、その感じに止まり、言葉にしてしまわずに身体的（感覚的）に追求を続けていると、自然に創造的に退行していくこともあります[58]。単に直接照合するだけでも、既に、進行中の身体プロセスの推進と、注意を向ける行為（身体プロセスの休止）が二重化されていますが、「創造的退行」では、休止をより徹底的におこないます。

　徹底的に休止すると、注意を向けている身体的な状況全体が、同じままわずかに異なって繰り返されます。これをバージョニングといいます。バージョニングでは、進行中の方向での状況全体の変化可能性が莫大に分化（差異化）され、既存のパターンやシンボルにカテゴリー化されていない「体

験された意味」にも直接照合することが可能になります。その全体の中から、わずかに異なって繰り返されるバージョニングを通じて「同一」になれるものが形成され、直接照合体として跳び出してくるとモデル化されています。そのとき、その直接照合体は、進行中の方向での「普遍的なもの(X)」を豊かに暗在しています。それが「この感じ」として連続されるとき、フェルトセンスとして感じられます。(「この感じ」として連続されるとき、暗在している「普遍的なもの」は第二の普遍性になります。第一の普遍性は、第二の普遍性として連続されたときにはじめて、もともと暗在していたと言われ得るとされます。詳しくは第二部を見てください)。

　まだシンボル化されていない領域に由来しますから、フェルトセンスは、基本的には、言語を伴わない感覚です。創造的退行により、「うまく言えないけれども言えそうな感覚、確かに知っているという感覚」が出てきます。「直接照合」において、創造的に退行すればするほど、「体験された意味」の意味創造性を、いっそう豊かに活用することが可能になります。

　すべてのものに直接照合が可能なので、すべてのものは「創造的退行」の対象となります。例えば、特定のシンボルに対して「いったいどういう意味だろうか」「私はこれで何を意味したいのだろうか」と創造的に退行することができます。また、誰かの発言（例えばインタビューデータ）、出来事、活動の現場など、すべてのものに対して、創造的に退行することができます。TAEのステップでは、随所で言語シンボルから創造的に退行し、言語シンボルとフェルトセンスを繰り返し相互作用させていくことが重要です。

◆ステップ1（2）（3）（4）　メインインストラクション

> 　そのフェルトセンスから、ごく大雑把に少し何か書いてみましょう。
> 　そのフェルトセンスにとどまって、そこからその中核を短い一つの文にして書いてください。その文は、キーとなる語または句を一つ（訳者注：キーワード1とする）含むようにしてください。この段階ではまだその文が十分にあなたのフェルトセンスを言えていなくてもかまいません。
> 　実例を一つ書いてください。

◆ステップ1（2）（3）（4）　説明

　次に、テーマとしているフェルトセンスを感じながら、ごく大雑把に少し何か書いてみます。テーマとしているフェルトセンスを感じながら、浮かん

第3章　TAEを質的研究に応用する

でくる言葉をコンマで区切って並べていきます。語や、せいぜい短い句ぐらいで、あまり文は書きません。フェルトセンスを説明するのではなく、フェルトセンスに浸っていて内側から浮かんで来る言葉を書きます。出て来る言葉は捨てずにすべて書くのが原則です。なぜならば、フェルトセンスは通常の言語体系を超えているので、一見、関係ないと思われる言葉が跳び出してくることがあるからです。

　ここは大雑把に書く段階なので、7、8個も書けば十分です。出て来る言葉が、今自分が感じているフェルトセンスにあっているかどうかに注意を集中して、書いていくことが重要です。それにより「明らかにしたいこと」(「普遍的なもの（X）」)に向かうことが可能になります。ここでは、人に伝えるとか、わかってもらうというようなことは一切考えません。ひたすらフェルトセンスに照合します。既に書いたものをゆっくり見たり音読したりしながら、フェルトセンスに照合してみるのもよいことです。このときフェルトセンスとシンボル（のフェルトセンス）を二重化して感じています。そうすると「この語はフェルトセンスに合っている」とか「いまひとつだ」という感覚が自然に出てきます。これは、フェルトセンスが自立的に有意味であることの証拠です。フェルトセンスが「なかなかよい」と応答した語に、下線を引くなどしておきます。フェルトセンスがこのように応答してくる能力があるということがTAEステップを成立させています。なぜこれが可能なのかというと、それは人間の生得的な能力であり、そのことはあなた自身が自分で確かめられますよというのが、ジェンドリン理論の出発点です。

　ある事や物のフェルトセンスを感じておいて、出て来る「語をコンマで区切って書く」という方法は、既存の言葉で簡単に置き換えることをしないで、フェルトセンスの複雑性をとらえるのに非常によい方法です。いくつか語を呼び出した後と前では、フェルトセンスの感じられ方が違っていることに気づくと思います。

　「語をコンマで区切って書く」のを、7、8個書いたら、フェルトセンスの中核を短い一つの文で表します。この段階では、うまく言葉にできなくてよいので、無理矢理、一つ、文を作ってみます。長めの句でもかまいません。このとき、フェルトセンスの中核を入れるようなつもりで作ります。実際に作業をしてみると、ここで文を作ることは非常に難しいのです。うまく言えていない文を作るという作業に、私たちが慣れていないからでしょう。私たちはわかりやすく表現することにばかりに慣れています。

私は、コンマで区切って書き出した言葉の中でフェルトセンスが「なかなかよい」と応答した語（下線を引いておきます）を使って文を作ることを勧めています。それでも浮かばないときは、下線を引いた言葉２つを「AはBである」のように結んでみて、フェルトセンスに「これでどうかなあ」と聞いてみるようにしています。文を２、３個、作って「どれがいいかなあ」とフェルトセンスに選ばせるのもよいでしょう。フェルトセンスが「なかなかよい」と応答してくれるものを選びます。「マイセンテンスシート」③に書きます。

　フェルトセンスは完全に言葉にすることはできませんから、「なかなかよい」とか「まあまあよい」となれば十分です。わかりやすい文を作ろうとしてはいけません。ここで作る文は他の人が読んでもよく意味がよくわからないような文で、自分でも、まだフェルトセンスをうまく言えていない感覚が残るくらいの文の方が、TAEがうまく進行していると言えます。私は、ここで作った文を「仮マイセンテンス」と呼んでいます。以下では、この呼び方を使っていきます。

　仮マイセンテンスを、フェルトセンスでよく感じ、その中で、特に大切だと感じられる語に二重線を引いておきます。仮マイセンテンスは、中核を含むように作りましたから、きっとそんな語があるはずです。むずかしく考えなくても、フェルトセンスで感じてみて、「これが大切だ」と感じられれば十分です。その語を「キーワード１」と呼ぶことにします。「マイセンテンスシート」⑤に書いておきます。

　もし、仮マイセンテンスが、他の人にもわかりやすく、自分でも納得できるような文になっている場合は、そのテーマは、わざわざTAEを行うほど複雑なテーマではないのかもしれません。おそらく、そのテーマにはTAEは必要ないのでしょう。他の方法で分析することを考えるほうがよいと思います。TAEは、うまく言葉にできない、複雑で微妙な「知っている感じ」を扱うのに向いています。

　オリジナルTAEステップでは、このあと、そのフェルトセンスを感じた具体的な出来事を一つ書いておくように教示されています。文字化されていない資料を分析対象にしている場合は、出来事を書いておくとよいでしょう。既に具体的な出来事を含む文字化資料がある場合は、この箇所は省略して構いません。「マイセンテンスシート」にはこの欄はありません。

第3章　TAEを質的研究に応用する

◆ステップ1（2）（3）（4）　適用例

「さくぶんorgの教育効果」（正確には92編の資料が語る「さくぶんorgの教育効果」）のフェルトセンスを感じながら、浮かんでくる言葉を書きました。資料の中の言葉と、自身の言葉の両方が出てきました。「同じ空をみる」は、資料の中にある日本人大学生の書いた言葉で、この言葉は強く印象に残っていました。「マイセンテンスシート」②に書きました。

次に仮マイセンテンスを作りました。②の中で下線を引いた語を組み合せ、最初「もらって嬉しいを実感する」としました。「マイセンテンスシート」③に書きました。

オリジナルTAEでは、ここで、そのようなフェルトセンスを感じた実例を一つ書きます。ジェンドリンは、リアルな細部のある体験があることが重要だと言っています[59]。文字化資料を扱っている場合は、省略してかまいません。

マイセンテンスシート

①テーマ　＊テーマを一つ選び「この感じ」としてもつ。下に事柄をメモする
さくぶんorgの教育効果

②浮かんでくる語句　＊「この感じ」のフェルトセンスに浸りながら書く
共感が先, 同じ空を見る, もらって嬉しい, なるほどと実感, 読むつど内側が動く… 　　　　　　　　　　　　　　　　　　　　　　＊大切な語、数個に下線を引く

③仮マイセンテンス　＊フェルトセンスを短い一つの文にする。長めの句でもよい
もらって嬉しいを実感する　　　　　　　　＊最も大切な語句に二重線を引く

③（差し替え後）仮マイセンテンス
もらって動くを実感する　　　　　　　　　＊最も大切な語句に二重線を引く

④空所のある文　＊仮マイセンテンスの二重線の部分を空所にした文を書く
もらって（　　　　）を実感する　＊空所に入る言葉をフェルトセンスから呼びだす

キーワードの通常の意味と、フェルトセンス独自の意味を書く		
⑤キーワード1 　動く	⑦キーワード2 　みんな同じ	⑨キーワード3 　みんな違う
⑥通常の意味 　ものの位置が変わる、固定しているものの一部が揺れたり震動したりする	⑧通常の意味 　（「同じ」の意味） 　同一である、違いがない	⑩通常の意味 　（「違う」の意味） 　異なっている、差異がある

⑪フェルトセンスの意味	⑫フェルトセンスの意味	⑬フェルトセンスの意味
反応がある，価値に気づく，ほっとする，認められる…	わかり合える，わかる，つながる，確かめる，安心…	違っていてもいいと思える，違っていても大丈夫，違いがわかる，自分が変われる，自分が広がる…

*大切な語、数個に波線を引く

⑭拡張文　＊空所に、すべてのキーワードと波線の語を並べた文を書く
　（動く，みんな同じ，みんな違う，ほっとする，認められる，わかる，つながる，違っていても大丈夫，変われる，自分が広がる…）を実感する

⑮マイセンテンス　＊フェルトセンスを短い一つの文にする。語も文型も自由に作る
　自分が変われる予感を得る

⑯マイセンテンスの補足説明　＊他の人にもわかりやすくする
　いまの自分が認められた実感が変化への土壌を用意する。その両方がさくぶんorg にある

◆ステップ1（2）（3）（4）　理論との接続（「理解」の始まり）

　直接照合（創造的退行）によって生じた直接照合体は複雑な意味が暗在していますから、ひと言で言い表すことはできません。つまり1対1で対応するシンボルはありません。

　『体験過程と意味の創造』では、7つの機能的関係がパラレルな関係とノンパラレルな関係に分けられています[60]。パラレルな関係というのは、フェルトセンスとシンボルが1対1に対応する関係です。フェルトセンスが既存の一つの言語カテゴリーに収集される関係という言い方もできます。ノンパラレルな関係は1対1で対応するシンボルがない関係であり、既存の言語カテゴリーに収集され尽くされない関係です。ほとんどの場合はノンパラレルです。

　「直接照合」は全体が一つのシンボル（シンボル的行為）といえますから、パラレルに分類されています。他の6つのうち、「再認」「解明」がパラレル、「理解」「隠喩」「関連」「言い回し」がノンパラレルです。

　しかし、これらは連続的で、「理解」「隠喩」は「再認」「解明」を含み、「関連」「言い回し」は「理解」「隠喩」を含みます。TAEのステップ1の後半は「理解」の始まりです。

　フェルトセンスはシンボルを呼び出す性質をもっているので、「知っている感じ」に集中していると「表現したいフェルトセンス」が関連しそうなシンボルの複合体を呼び出してきます。ジェンドリンは「私たちはシンボルを他人に

語るためだけでなく自分自身に語るためにも使用する」と表現しています[61]。

　呼び出されたいくつかのシンボルにより、もっと正確に言えば、呼び出されたシンボルの「再認されたフェルトセンス」により、「表現したいフェルトセンス」を表現するように「隠喩」が発案されます。「隠喩」は意味の媒介です。「隠喩」の働きによりだんだん類似性が創造されてきます。類似関係が先にあるのではなく、類似関係が、暗在する複雑性の側から立ち上がってくることが重要です。

　この順序の逆転は、ジェンドリンは何度も繰り返し強調しているところです。この順序だからこそ、直接照合体に暗在する「普遍的なもの（X）」が、次第に形を得ていくのです。しかし、この段階は、まだごく大雑把であり、フェルトセンスは十分に「理解」されません。

―ステップ2―
論理以上のものをみつける

◆ステップ2　メインインストラクション

> 通常の論理では意味をなさないものをみつけて、非論理的な文を書きましょう。もしも非論理的な文を書くのが難しければ、パラドクスを書いてみてもよいでしょう。

◆ステップ2　説明
　ステップ2は、ステップ1で作った仮マイセンテンスを検討するステップです。仮マイセンテンスは、他の人にはわかりにくい、自分でも不十分なものであるはずです。どのような点がわかりにくいか、常識と違っている点はどこかを書きましょう。矛盾しているところ、非論理的なところがないか、見てみましょう。この段階での矛盾や、論理的でないことは、TAEでは「良いこと」です。気づいたことをメモしておきましょう。

◆ステップ2　適用例
　ステップ1で作った仮マイセンテンス「もらって嬉しいを実感する」をフェルトセンスで感じてみると、あたり前すぎる感じがしました。もう一つの下線の言葉「動く」を入れ、「もらって動くを実感する」とし、もう一度フェルトセンスで感じてみました。この方がよい感じが出て来たので、仮マイセ

ンテンスを差し替えました。この文は、日本語としては正しくない文です。正しくは「もらって動くことを実感する」とするべきでしょう。しかし、それでは意味が変わってしまうという感じがフェルトセンスから出てきます。従って、このままにすることにしました。この文を他の人が読んでも意味がわからないかもしれません。自身にとっても、まだ、すっかり説明できた感じはしません。しかし、この段階では、まだ曖昧なところが残っていてよいのです。

◆ステップ２　理論との接続（独自性を確認する）

　直接照合体に暗在している「普遍的なもの（X）」は、通常の論理では簡単に把握できない複雑なものであるはずです。ステップ２では、フェルトセンスが通常の言葉や、通常の言葉遣いでは言い表せないことを確認します。既存の言語カテゴリーに収集され尽くされないことを確認するという言い方もできます。ジェンドリンはパラドクスは暗在的複雑性からの「招待」だと言っています[62]。

　既にシンボルで満ちあふれている状況では、安易に既存のシンボルや既存の論理的関係をあてはめてしまいがちです。ここで論理以上のものに注意を向けることは、通常の関係に陥ってしまうことを避ける意味があります。注意を向けることによって、その先にある論理的関係以上の複雑なものが、より鮮明に立ち上がってきます。その先に、明らかにしたい「普遍的なもの(X)」があります。それに直接触れることはできませんが、注意を向けていきます。確認する作業によって、その部分を際立たせ、そこに深く分け入っていきます。この作業が新しい意味の創造を可能にします。

―ステップ３―
通常の定義で使っているのではないことに気づく

◆ステップ３　メインインストラクション

　ステップ１で下線を引いた語（訳注：キーワード１をさす）の通常の（辞書的な）定義を書きましょう。そしてそれがあなたが意味したいことではないことに注意をむけましょう。
　あなたの文から下線を引いた語を取り除き、その部分を空所にしてあなたの文を書いてください。

> あなたが今扱っているフェルトセンスに戻りましょう。そうすると、あなたが言いたいことを表す、別の語がもう一つ出てくることでしょう。
> 　今出てきた語をキーワード２として、その語の通常の定義を書きましょう。
> 　今扱っているフェルトセンスに戻りましょう。そうすれば、さらに別の語、つまり、キーワード３がでてくることでしょう。
> 　キーワード３の語の通常の定義を書きましょう。
> 　「この知っている感じ」のための定まった語はないのだという事実を受け入れましょう。

◆ステップ３　説明

　ステップ２で、フェルトセンスが、通常の言葉遣いでは表現できないことを確認しました。そこを、これから少しずつ言葉にしていくわけですが、まずは、通常の言葉を手がかりにして、それでは言い表せない部分に注意を向けていきます。

　ステップ１で作った仮マイセンテンスに戻ってください。キーワード１の通常の意味をメモします。通常の意味とは辞書にある意味です[63]。「マイセンテンスシート」の⑥に書きます。書いたらフェルトセンスをよく感じ、自分がキーワード１に意味させたいことは、辞書の意味では足りないことを確認してください。

　次に、仮マイセンテンスのキーワードの部分を空所にした文を作ります。「マイセンテンスシート」の④に書きます。これを「空所のある文」と呼びます。そして、それを見ながら、空所に当てはまる別の語を、フェルトセンスから呼び出し、⑦に書きます。

　これをキーワード２とします。キーワード２の通常の意味を⑧に書き、表現しきれないところを感じます。さらに、もう一度、④の「空所のある文」を見ながらフェルトセンスからキーワード３を呼び出し、通常の意味を⑨に書き、表現しきれないところを感じます。

　ときどき、「辞書の意味と表現したい意味が完全に同じだ」と言う人がいます。そんなときは、「ほんとうにそうだろうか」ともう一度、フェルトセンスに問いかけてみてください。

　これにより「創造的退行」が可能になります。少しでも足りないところ、多過ぎるところ、微妙に違っているところがあったら、そこに集中して、しばらくじっと感じてみてください。３つのキーワードがすべて辞書の意味と「完全に同じ」だという場合は、３つのキーワードが意味することの重なりや異なりを感じてみてください。

おそらくフェルトセンスの複雑で微妙なところが、立ち現れてくることでしょう。その部分に注意を向けてください。
　辞書の意味であてはまるものがあれば、それも書いておくとよいでしょう。辞書が手がかりとなり、フェルトセンスの微妙な意味に気づくこともあります。

◆ステップ3　適用例
　「動く」をキーワード1にし、マイセンテンスシート（p,55 参照）に従って進めました。辞書を引き簡略化して写しました。キーワード2は「みんな同じ」、キーワード3は「みんな違う」としました。

◆ステップ3　理論との接続（公共言語の壁をたたく）
　仮マイセンテンスの中核にスロット（空所）を作り、フェルトセンスで感じました。これは「創造的退行」です。文は、文を成すからには文法にかなった形式を持ち、形式にはそれ自体の推進力があります。このため、スロットのある文をフェルトセンスで感じると、文の推進力をそのままに保ったままフェルトセンスの意味創造性が二重化して働き、その文にあてはまり、かつ、フェルトセンスを表現する語が呼び出されてきます。
　ジェンドリンは語とスロットが「交差する」と表現しています[64]。ここで呼び出される語は、7つの機能的関係の分類でいうと「隠喩」によるものです。「隠喩」は、フェルトセンスと1対1に対応するシンボルがないノンパラレルな関係の一つです。すっかり言い表せる語が浮かんでこなくてかまいません。近い語を呼び出します。
　もし、すっかり言い尽くせたと感じる語、つまり、パラレルなシンボルが呼び出されたら、その語とフェルトセンスの関係は「解明」ということになりますが、多くの場合、いったん「解明」されたと思っても、創造的に退行すれば、そこからすぐに、その先のさらなる意味が開けてくるものです。TAEステップでは、この後、言い尽くされていない領域に注意を向けていきますから、「解明」されたように感じた場合も、しばらくステップを先に進めてみてください。
　多くの場合、ここで作る文は、十分に言えていないながらもフェルトセンスの中核を表現しようと試みた文ということになります。
　次に、それらの語のそれぞれについて、既存の言葉づかいで「再認される

第3章　TAEを質的研究に応用する

フェルトセンス」を呼び出します。「再認」もパラレルな関係です。ここではいったん、テーマとしているフェルトセンスを離れて、「この語は、普通はこういう意味だよなあ」と語の「通常の意味」を呼び出してください。辞書を引くのも良い方法です。そして、「通常の意味」のときのフェルトセンス（再認されるフェルトセンス）と、「表現したいフェルトセンス」の両方を、どこが同じでどこが違うか比べるような感覚で、行ったり来たりしながら感じてください。

　これが「表現したいフェルトセンス」と「再認されるフェルトセンス」を二重化して感じるということです。

　フェルトセンスは「自立的に有意味」ですから、二重化すると、同一／同一でない、のフィードバックを返してきます。複雑なフェルトセンスを扱っているのですから、完全にパラレルなシンボルはないはずです。いくつかの語に応答することを繰り返しながら、どのシンボルでも「うまく表現できないところ」に注意を向け、徐々に、フェルトセンスの、既存の言語カテゴリーに収集されていない未分化の領域へと、深く分け入っていきます。

　オリジナルのTAEステップでは、「通常の意味」（辞書の意味）がうまく当てはまらないことを確認するだけですが、実際には、一つの語の辞書的意味の下位分類としていくつかの意味があげられていることが多く、そのうちのどれかが、ぴったりではないにせよ部分的に「表現したいフェルトセンス」に「近い」とか「似ている」と感じられることもあります。その場合は、部分的に「隠喩」による類似性が立ち上がったということです。部分的に「解明」されたといってもよいでしょう。ノンパラレルとは部分的にシンボル化されていない関係であって、全くシンボル化されていないわけではありません。

　しかし、そのシンボルでフェルトセンスが表現し尽くされるわけではありませんから、「うまく表現できないところ」にさらに注意を向けていくことができます。

　このステップで重要なところは、「通常の意味」（辞書の意味）でうまく言えない領域に踏み出していくところです。このステップでは「公共言語の壁」*をたたいている感覚です。

＊ジェンドリンは「TAE序文」で "public language barrier" といい、村里忠之氏は「公共言語の壁」と訳しています。

―ステップ4―
キーワードに意味させたいことを書く

◆ステップ4　メインインストラクション

> ステップ1で書いたあなたの文の空所に、もともとあったキーワード1を戻してください。
> あなたは公的な言語を変えることはできないけれども、あなたがその語に意味させたかったことを言う全く新鮮な文あるいは句を書くことはできます。あなたがキーワード1に意味させたかったことを書きましょう。それは、キーワード1がフェルトセンスから引き出す意味であって、キーワード2、3は引き出さない意味です。
> 次にキーワード2を空所に入れてください。その語がフェルトセンスから引き出すものを言う句または文を書いてください。
> キーワード3についても同じようにしてください。

◆ステップ4　説明

　ステップ3では、フェルトセンスのキーワードが、通常の意味で使っている限りではうまくフェルトセンスを表現できないことを確認しました。ステップ4は、あえて、通常の意味ではないような、特別な（独自の）使い方をすることによって、キーワードにフェルトセンスを語ってもらうステップです。

　仮マイセンテンスの空所にキーワードを一つずつ戻して、「あなたのフェルトセンスがその語によって意味したいこと」を書いていきます。

　「マイセンテンスシート」⑪⑫⑬に、語や句をコンマで区切って書いていきます。その中で、フェルトセンスにとって、特に重要だと思われるものに、波線を引いておきます。

　ここでは、通常の意味、言葉遣いを離れて、「フェルトセンスを表現すること」だけにこだわって書いてください。思い切って、いろいろ書いてみてください。「通常ではないこと」をしているわけですから、こんなのでよいのかなとか、おかしいのではないだろうかなどの疑問が同時に出て来ることと思いますが、自分のフェルトセンスの方を優先してください。メモ風に、書き散らす感じで構いません。

　ステップ4で、3つのキーワードすべてについて、どうしても辞書の意味以上の意味が出て来ないという人には出会ったことがありませんが、もし、そのような人がいたら、その時点のフェルトセンスをよく感じておき、いっ

たん、分析を中断するのがよいでしょう。
　そして、ステップ1の準備として紹介した小さなワーク等を何度かおこなってみるとよいでしょう。ステップ4で要求されている作業が、体験的に理解できることと思います。

◆ステップ4　適用例
　ステップ2の仮マイセンテンスの確認の箇所で、最初、平凡な文になっていたので、ここでは、「非論理的」「パラドクス」というような微妙なところに注意を向けていくようにしました。作業しながら、気づいたことがあれば、メモしていきました。

> （メモ）⑬をおこなっているときに、次のような発見感。まず、安心できるから違っていてもよいと思えるという小さな発見感。引き続いて、違いがわかるということは自分が変わっていくこと、広がっていくことと表裏一体という発見。

◆ステップ4：理論との接続（公共言語の壁を破る）
　ステップ4では、前のステップで作業したそれぞれの語について、「自分はこの語で何を意味したいのだろうか」と「創造的退行」をおこないます。
　ステップ3で、フェルトセンスにシンボル（キーワード）を呼び出させましたが、そのシンボルの「再認されたフェルトセンス」を足場にして、さらに遠く深く、シンボルに収集されてない未分化な領域に足を伸ばそうというわけです。
　これによって、説明された意味をそのままにしておいて、さらにフェルトセンスの奥深くへと向かうことができます。背景にある「体験された意味」の莫大な意味創造性を、よりいっそう活用できるようになり、フェルトセンスがさらなるシンボルを呼び出します。
　フェルトセンスにシンボルを呼び出させる作業は、既にステップ1（マイセンテンスシート②）でおこなっていますが、ここでは、キーワードの「再認されたフェルトセンス」を足場にして到達可能な領域を広げることで、さらに広く深い範囲から、シンボルを呼び出してきます。これを繰り返し、徐徐に、フェルトセンス（直接照合体）の新しい局面が創造（特定）されていきます。
　このステップではフェルトセンスの独自性を展開し、「公共言語の壁」か

ら外へ出て行きます。

―ステップ 5―
キーワードに意味させたかったことを拡張する

ステップ5　メインインストラクション

> 　ここでは、ステップ4で書いた語や句の中の重要なものを使います。
> 　今あなたがその語句によって意味したいことをさらに拡張するために、一つか二つの少し奇妙な文を書きましょう。
> 　新しい各文の新しくて重要な箇所に下線を引きましょう。
> 　ステップ1で作った文の下線を引いて空所にしたところに、ステップ3で選んだ3つのキーワードと、ステップ4で選びステップ5でチェックした重要な新鮮な語句を"ひとつながり"になるように並べて書きましょう。そのつながりの最後に、"…"を付け加えましょう。今や、あなたが言おうとしていることが1文に精妙に込められました。

◆ステップ5　説明
　ステップ5はパート1のまとめのステップです。ステップ4で、フェルトセンスがキーワードで意味したいことを書きました。それを使って、新しく一つか二つの文を書いてみるのがステップ5の前半です。その中の大切なところに下線を引いておきます。私は一文にまとめるようにしています。これを「マイセンテンス」と呼んでいます。ここでマイセンテンスが作れれば問題ありませんが、多くの場合、難しいようです。私は、先に、次の「拡張文」を作ってからマイセンテンスを作るようにしています。
　「拡張文」は次のように作ります。仮マイセンテンスの空所に、キーワード1、2、3と、ステップ4で書いたフェルトセンスの意味の中で重要だと感じられる語を、ひとつながりになるように書き入れ最後に「…」を付けておきます。「…」はフェルトセンスに照合している印です。フェルトセンスは非常に複雑なので、言葉にし尽くすことはできません。
　また、この段階では、まだ十分に表現されていません。だから、「…」としておくのです。私は、ここで作る文を「拡張文」と呼んでいます。「拡張文」は、ここまでのステップすべてのまとめの文になります。マイセンテンスシートの⑮に書きます。マイセンテンスは長めの句でもかまいません。
　私は、その後、「拡張文」をよく感じながら、それを一つの文にまとめ、マイセンテンスを作ることにしています。「拡張文」を作ることで、全体を

見渡すことができるという利点があります。ここで作るマイセンテンスは、表現したいフェルトセンスの「全体」を、柔らかくつかんだ文になります。仮マイセンテンスとマイセンテンスは同じでもかまいません。「拡張文」を作った後で、仮マイセンテンスをもう一度よく感じてみて、全体をよく包み込んでいると感じられたら、それをそのままマイセンテンスにしてもよいでしょう。

　特に初心者は、仮マイセンテンスをそのままマイセンテンスにするほうがよいようです。マイセンテンスを作り直すと、どうしても、他人にわかりやすい文にしてしまう人が多いのです。ここで作る文は少しわかりづらいくらいの方がよいのです。誤解を避けるために補足しますが、他人にわかりづらいことが重要なのではなく、自分のフェルトセンスにとってうまく表現できていると感じられることが重要です。

　マイセンテンスは、喩えるなら「綿菓子（綿あめ）」のような感じでしょう。まだはっきりと形を現してはいませんが、十分味わいがあります。口に含むと豊かに広がる味わいは、キャンディーに劣らない美味しさです。しかし、まだ、何かを十分に説明できる文にはなっていません。ようやく言いたいことの全体が少し言葉にできた程度がよいのです。マイセンテンスが他の人にすっかりわかってしまうような文になっている場合は、最初に戻ってやり直します。扱っているテーマが、わざわざTAEをおこなうほどのものでもない単純な事柄である場合もあります。

◆ステップ5　適用例
　ステップ5前半として拡張文を作り、ステップ5後半としてマイセンテンスを一つ作る方法でおこないました。作業メモには、

> （メモ）⑭から⑮にかけて。結局、自分が変化できるという実感、予感。成長、創造、自己創造感。

とあります。この気づきを得、マイセンテンスは「自分が変われる予感を得る」としました。

◆ステップ5　理論との接続（新しい領域ができる）
　ステップ5の最後で、ここまでのステップで呼び出された語の中で重要なものを、ステップ3の文のスロットに、ひとつながりにして配置し「…」をつけます。「…」はフェルトセンスと照合している印です。いくつかの語

によって呼び出されたフェルトセンスが「表現したいフェルトセンス」を取り囲みます。その感覚に直接照合していると、表現したい体験の新しい領域に、新しい局面が「表現したいフェルトセンス」を表現するように立ち上がってきます。いくつかのシンボルから「隠喩」により類似性が立ち上がり新しい領域できました。

ステップ１の開始時には、漠然としていて言葉にできないかった領域に、今や、いくつかのシンボルの間の類似性による新しい領域ができました。

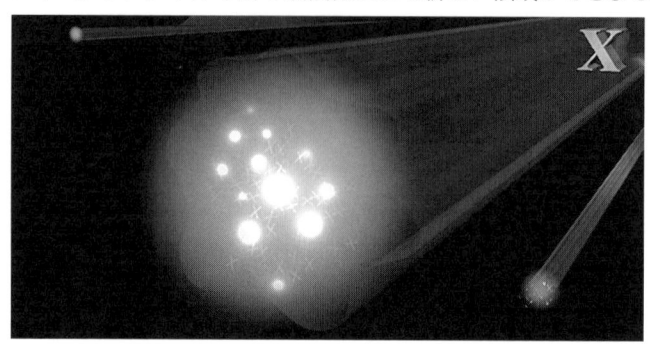

図9　領域をつかむイメージ（ステップ5）

■4.　パート１　まとめ

パート１（ステップ１～５）では、直接照合体を形成させ「表現したいフェルトセンス」として感じました。「表現したいフェルトセンス」は、シンボルを呼び出す選択者としても、語がシンボル化に成功したかどうかを判定する審判者としても機能します。それは、フェルトセンスが自立的に有意味だからです。その結果、言葉にしがたい「一つの曖昧な感じ」があっただけの所に、「新鮮で創造的に言葉を使った一つかそれ以上の文全体で表現」された「全体的領域」が創られます。これは、通常の言葉を使って通常の言葉（公共言語）の壁を破っていくための一つの方法です。

第二部で紹介するジェンドリンの意味創造理論では、シンボルの発展はパターンから始まっています。しかし、既にシンボルで満ちあふれている現在では、創造的に意味を創るためには、既にある「言語の壁」を打ち破るところから始めなくてはなりません。TAEのパート１が、通常の意味（辞書の意味）を使いながら、それにおさまりきらない領域に分け入っていくのは、そのた

めです。

　パート１では、既に言語シンボルが使用されますが、直接照合体との関係では、まだ、普遍性がやっと連続されはじめたばかりです。従って、このパートでの言語表現は、他人にわかりづらくてもよいのです。もし、わかりやすい表現になってしまっていたら、それは直接照合体の表現でないか、もしくは、直接照合体がうまく形成されていないか、または、そのテーマはわざわざTAEを実施するほど複雑なテーマでないかのいずれかです。

　このパートで用いられる言語シンボルは、未分化な部分を照らすための明かりに過ぎません。このパート全体が、直接照合体の未分化な領域に分け入り、普遍性として連続させる機能をもっています。このパートは、主に意味の実体化に関わるパートだということができます。

■**理論コラム２：類似性を創る**

　TAEステップでは、実体化（フェルトセンスを感じること）と普遍化（フェルトセンスにシンボルを選ばせること）のプロセスをジグザグに繰り返し新しい意味を創造していきますが、意味を創造するといっても、新しいシンボルを次々と創り出すことはできません。意味創造のプロセスは、既存の語に新しい意味を含意されるプロセスとして進行します。従って、実体化と普遍化のジグザグプロセスでは、新しく実体化された意味が、既に普遍化されている古いシンボルと相互作用します。このとき、古い意味と新しい意味の媒介として「隠喩」が働きます。「隠喩」によって新しい意味が類似として特定され、既存の語に収集されカテゴリー化されます。これにより、既存の語が新しい意味を含むことが可能になり、新しい意味が創造されます（このとき新しい意味が第三の普遍性になります。詳しくは第二部を見てください）。ジェンドリンは、この関係を、創造的シンボル化においては「意味は類似として特定され得るし、類似は意味として特定され得る」[65]と表現しています。

　類似性を立ち上げる「隠喩」の機能は、TAE全体を通じて使われます。フェルトセンスは未分化な意味の塊（mass）ですが「自立的に有意味」なので、それ自身の必然性をもっています。従って、シンボルと二重化させると、二重化されているものが自身にとってどのようであるかの応答を返してきます。あるシンボルが、自身にとって正確か不正確かを決定でき、いくつかのシンボルから自身にとって必要なものを選ぶことができ、必要でない

ところを放っておくことができ、自身にとっての善し悪しを判定することもできます[66]。

　適切な（対応する）シンボルが来ると、フェルトセンスの未分化な塊にそれに応じた局面が創造され、似ていない部分はさらなるシンボルを求めて開かれたままであり続けます。新たなシンボルが来てそれが適切な場合に、再びそれに応じた局面が創られるというふうに、フェルトセンスはシンボルを選びながら進んでいきます。この、適切なシンボルに応じる過程は、「再認」「解明」と呼ばれるプロセスです。適切なシンボルがある場合を、ジェンドリンは、シンボルとフェルトセンスが「1対1に対応する」と表現しています。これがパラレルな関係です。

　1対1に対応するシンボルがないノンパラレルな関係では、「表現したいフェルトセンス」が、適切でないけれども可能であるようないくつかのシンボルを呼び出し、そのシンボルの「再認されたフェルトセンス」と、「表現したいフェルトセンス」が二重化されます。すると、「表現したいフェルトセンス」が、自身を取り囲んでいる「再認されたフェルトセンス」と相互作用し、それぞれの可能なシンボル化に対して、正確か不正確かの応答を繰り返します。その過程で、複数の古いシンボル（既存のシンボル体系）から「隠喩」の働きにより、新しい「シンボル的媒体」が形成されます[67]。同時に、それは「表現したいフェルトセンス」の未分化な塊に照合され、その塊に、多かれ少なかれ似たような新しい側面を出現させます[68]。このようにして、類似関係が立ち上がり新しい意味が創造され[69]、シンボルが体験の新しい局面を表すようになり新しい意味を持つようになります。「あるものが、他のあるものが形を成すことの中で機能するときに、類似が創造される」と表現されています[70]。このようにして、私たちは、何かを「理解」するようになります。

　この過程には「直接照合」が含まれています。「ある言葉Xを直接説明することはできないけれども、Xの意味に焦点化すると、焦点化した範囲の中にa、b、cの意味が入ってきてa、b、cを使ってXを説明できる」[71]というのは、ジェンドリンの基本的な考え方です。人は「言い得ないもの」について沈黙する必要はなく、別の語を使ってそれを言うことができるのです。「焦点化する」とは「直接照合」することです。さらに、人は「あれは何に似ているのかな」と、自問自答することで、類似関係を創造し[72]、創造的シンボル化を行うことができます。ですから、直接「それ」を言え

なくても、それに近い表現から始めることで、意味創造が可能になります*。質的研究の場合、「X」は研究で「明らかにしたいもの」つまり、普遍性につながる「普遍的なもの」ということになります。

　文の形式を活用して「隠喩」を機能させることも有効です。文を書きかけて続きを書こうとしたり、文の途中にスロットを作ったりして、そこにどんな語がくるか感じると、次にくる意味の可能性が未分化な意味の塊として立ち上がってきます。文法それ自身の推論力と「体験された意味」の意味創造性が二重化して相互作用します。その過程で、文法に合っており、かつ、フェルトセンスが表現されるような次のシンボルが呼び出され、「隠喩」の働きによって類似性が創造されます。これにより、フェルトセンスを表現する文が可能になります。

■ 5. パート2をはじめる前に

　パート2（ステップ6から9）では、「パターン」「交差」を使います。パターンは「比率」のセットです[73]。TAEステップでは細部間の関係（部分間の関係）とされています。

　パターンは、本来、フェルトセンスと二重化しています。例えば、星の形（☆）はパターンですが、これを見つめながら星のフェルトセンスを感じることができます。あまりフェルトセンスを感じずに、星の形（☆）をいろいろなものに当てはめることができます。お皿の上のクッキーや水族館のヒトデや隣の席の女性のイヤリングなど、私たちは、さまざまなものに星の形のパターン（☆）を見出すことができます。しかし、一列に並べられた多くの世界の国旗に星の形（☆）を探すとしたらどうでしょうか。星の形に注意を保ったまま、並んだ国旗を順番にみつめ、自身の身体感覚に集中するはずです。このときは、星の形（☆）のフェルトセンスを感じています。

　パターンは繰り返し表われる一般的な形式です。私もあなたも具体的な細部（名前は何で職業は何で何歳で今どこで何のためにこの本を書いている／

---

*「普遍的なもの（X）」（意味したいもの）そのものを言語化することはできないけれども、別の語でそれを表現できるというのは、ジェンドリンの理論の非常に重要な部分です。ウィトゲンシュタインは「人は言い得ないものには沈黙しなければならない」としましたが、ジェンドリンはウィトゲンシュタインを高く評価しながらも、私たちは「それ（X）」を複数の別の語で言うことができるとしています。

読んでいるのか等）で満ちていますが、ここから「著者読者関係」を引き出すと、一般的な形式になります。一般的な形式になると、私とあなたの間だけでなく、さまざまな人の間に適用可能です。私とあなたの関係は唯一のものですが、「著者読者関係」を 100 組集めることは簡単でしょう。

パターンには図形パターン、音のパターン、香りのパターンなどいろいろありますが、TAE ステップでの「パターン」は、言語による細部間（部分間）の関係を表す短い文です。例えば「焦っていると失敗する」「日本人は自己主張が強い」のような、さまざまな物、事、人に当てはめることができる何かと何かの関係を表す一般的な表現形式です。あるパターンが正しいかどうかを、パターン自身に判断させることはできません。フェルトセンスがそれを判断します。質的研究の場合は、あなたが資料に繰り返し触れ形成させた直接照合体のフェルトセンスが、その資料から見出したパターンの、「あなたのフェルトセンスにとっての」正否を判断します。直接照合体形成時に創造的に退行し「普遍的なもの（X）」が暗在している限りは、フェルトセンスの判断は確かです。しかし「唯一の真実」を保証するものではありません。

パターンは、一度見出されると体験を構成（再構成）します。体験を構成（再構成）すると痕跡を残します。ジェンドリンはこれを「派生物を暗在させる」と表現します*。一度、パターンを取り出すと、よくも悪くも、そのように見えたり聞こえたりするようになります。

例えば、「日本人は自己主張が強い」の文を見て「えーっ、違うんじゃないの？」というフェルトセンスを感じた人もいたのではないでしょうか。それは、あなたのフェルトセンスが反応したということです。フェルトセンスが「違う」と反応した人の「体験（体験された意味）」は、「日本人は自己主張が強いとはいえない」というふうに構成されているといえます。人間の体験は既にさまざまに構成されており、全く未構成の部分はないか、あってもごくわずかでしょう。従って構成は常に再構成であるとも言えます。構成（再構成）と表記したのはそのためです。

「交差」は、ある体験から見出した形式を取り出し、別の体験にあてはめて感じてみることです。ここではパターンを使っておこないます。例えば、私とあなたの間から取り出した「著者読者関係」を、娘と私の間に適用する

---

*『プロセスモデル』では「派生物」となっています。ただし「最初のダンス」と呼ばれる極めて創造的パターンが文脈を再構成したときにできるものです。それをそのままここに当てはめることは適切ではないので、ジェンドリンのタームではありませんが「痕跡」の語を用いることにします。

と、娘が母の日にカードにメッセージを書いてくれたと思い出したとします。しかし、それ以外の時には家族内でお互いの書いたものを読むという機会は意外に少ないと気づきます。このように、わざと別の体験に適用することにより、体験の新しい側面を見出していくのが「交差」です。

「パターン」「交差」は、その言葉こそ使いませんが、私たちが日常的におこなっていることです。パート２の方が、パート１の「公共言語の壁を破る」よりも、取り組みやすいと感じる人も多いようです。しかし、なかには難しいという人もいます。「どうすればうまくパターンを見出せるのか」が問題になりますが、ジェンドリンの理論ではパターンは身体的なものです。結局は「うーん」と身体の内側に注意を向けて出て来るのを待つしかありません。細部を含む全体のフェルトセンスを感じながら、「これは（が）こうである」「こうすればこうなる」「こういうときはこうなる」など、一般的な形式にできる関係はないかなと自問してみてください。

フェルトセンスは、適切なパターンには、「そうそう」「なるほど」の身体感覚で、適切でないパターンには「えーっ」「ちょっと違うなあ」の身体感覚で応答します。その違いは明瞭に感じられます。誰かにパターンを出してもらい、それに応答を繰り返しているうちにパターンをつかむ感覚がわかることもあります。フェルトセンスは身体感覚ですから、スポーツのようにトレーニングで能力を高めることができます。次に簡単な準備ワークを紹介しますから、是非、グループで取り組んでみてください。

★☆★ 練習ワーク４ ★☆★　何かを何かに喩える

　このワークは３人から６人のグループでおこないます。誰か一人が出題者になります。他の人は解答者になります。出題者は、下の人物イラストを見て、誰かを何かに喩えてください。食べ物、乗り物、台所用品、文房具…何でもかまいません。出題者はグループの人に「私はこの中の誰かを○○に喩えました。何番でしょう」と質問してください。グループの人は、順番に解答してください。全員が答えたら、出題者は「正解」を知らせ、なぜ、それに喩えたのかの「理由」を言ってください。全員が順番に出題者になってください。多くの場合、「理由」は「パターン」になることでしょう。

　何かを何かに喩えるとき、私たちは知らず知らずのうちに、あるものからパターンを見出し、取り出して、他のものに交差させています。パターンを見出す感覚や交差する感覚は、身体感覚です。このワークでは、その感覚を

確かめてください。ゲームとしての「正解」は出題者が決めますが、ほんとうはこのワークには「正解」はありません。解答者は、出題者の「正解」や「正解である理由」を聞いて、「そうそう」「なるほど」と反応するか、「えーっ」「ちょっと違うなあ」と反応するか、自身の身体感覚を確かめてください。「そうそう」と感じたとたん、イラストがそれらしく見えてくるのではないでしょうか。それは、パターンがイラストを構成（再構成）したということです。パターンは一度見出されると、痕跡を残します。その一方、いったん「そのように」見えても、自然に他のもののように見えてきたり、他の見方を受け入れたりすることもできます。私たちは、既存のパターンにとらわれる反面、新しい見方に開かれてもいるのです。多くの人が納得する「喩え」もあれば、納得が得られないものもあるでしょう。「正解」は一つでなくたくさんあることも、このワークで体験してください。

図10　人物イラスト

第3章　TAEを質的研究に応用する

★☆★ 練習ワーク5 ★☆★　「お気に入りの場所」を語る

2人1組でおこないます。話し手と聞き手を決めます。話し手は自分が「お気に入りの場所」にいるときのフェルトセンスを感じます。感じられたら、右手を軽くあげて合図をします。聞き手は、「今どんな感じですか」と尋ねます。話し手は、フェルトセンスを感じながら、出て来る言葉を、一語一語、一文一文、丁寧に言います。聞き手は、話し手のフェルトセンスを一緒に感じようとする姿勢で、聞こえたとおりの言葉を伝え返します。例えば、「（話し手）静かです」「（聞き手）静かですね」「（話し手）海が見えます」「（聞き手）海が見えますね」というふうに伝え返していきます。話し手は一度にたくさん話さないようにしてください。もし長過ぎて覚えられないときは、聞き手は話の要点だけを伝え返すようにしてください。

5分ほど経ったら、話のきりのよいところで、聞き手は話し手に「その場所はあなたにとってどんな場所ですか」と尋ねてください。話し手は、短い一つの文で答えてください。「この場所は、私にとって、〇〇が××する場所です」などと答えてください。この文型でなくてもかまいません。短い一つの文になっていれば、文型は自由です。話し手がうまく文にできない場合は、聞き手が、「その場所は、△△さんにとって、〇〇が××する場所ではないかと感じますが、どうでしょうか。少し違うでしょうか」「△△さんは、その場所が好きなのは、〇〇が××するからではないかと感じましたが、いかがでしょうか」などと尋ねてください。話し手は、違う場合は遠慮せずに、自分のフェルトセンスにもとづいて、聞き手の提案してくれた文を修正してください。フェルトセンスは自身を表現する言葉を探すのは苦手ですが、違うものがくると「違う」という感覚をはっきり伝えてきます。それを利用して、言葉にしがたい部分を言葉にしていくことができます。聞き手と話し手を交代して、同じようにおこないます。

このワークは、簡単なインタビューの練習にもなります。「お気に入りの食べ物」「お気に入りの歌手／俳優」などをテーマにするのもよいでしょう。

★☆★ 練習ワーク6 ★☆★　昔話からパターンを取り出し交差させる

このワークは1人でもできますが、グループでおこなうほうが効果的です。長く伝えられてきた昔話には、普遍的な人間の真実とでもいうべきものが含まれているものです。それをパターンとして取り出してみましょう。

グループで「浦島太郎」の昔話のあらすじを確認します。次に、この話にパ

ターンを見出します。パターンとは、他のことにも当てはまる可能性がある細部間の関係です。規則性のようなものを表す一般的な表現です。例えば「楽しい時間ははやく過ぎる」は、「浦島太郎」だけでなく、誰の人生にも当てはまる可能性がありますから、パターンといえます。

　次に、グループで昔話「かぐやひめ（竹取物語）」のあらすじを確認し、パターンを見出します。その後、「かぐやひめ」のパターンを取り出し、そのパターンで、「浦島太郎」の話を見てみます。交差して適用するわけです。何か気づくことがないか、フェルトセンスで感じてみます。例えば「かぐやひめ」から取り出した「子どもは成長すると親のもとから離れていくものだ」というパターンを「浦島太郎」に交差させると、「竜宮城に行ったことは浦島太郎にとっては親からの自立といえる。しかし彼は未熟だったため親元に帰りたくなったのだ」と気づくかもしれません。ここから「自立の前には成熟が必要である」という新しいパターンを取り出すことができるでしょう。

　パターンを見出す作業にも、交差させる作業にも、試験問題のような「正解」があるわけではありません。一つの話から多くのパターンが取り出せることを体験しましょう。また、フェルトセンスが「そうそう、そうともいえる」と反応するか、「え～っ、そうかなあ～」と反応するかを確かめながらおこなってください。パターンは、細部を含む全体の感じです。「う～ん」と身体の内側に注意を向けて、出て来るのを待つしかありません。練習ワーク４でイラストを何かに喩えたときの感覚を思い出してください。その要領で身体感覚を活用しておこないます。

　パターンは、そこ「に」見出すことも、そこ「から」取り出して動かすこともできます。見出されているときには身体感覚と二重化されています。取り出されると身体感覚から分離し、操作的に使えるようになります。

　昔話の他にも、新聞記事や、インターネットの「悩み相談」の投稿、自分の体験を短くまとめて書いたもの等を資料として、パターンを見出したり、取り出して交差させたりしてみましょう。あらかじめ「気になるテーマ」を決めて、それに関係がありそうな資料を集めたり、「気になる資料」を一つ選んでからそれに関係がありそうなものを集めたりしてみましょう。TAEでは、あらかじめフェルトセンスがあり、その導きで資料を集めるのが基本ですが、一見、バラバラだと感じられていた資料が、「パターン」の「交差」によって関係づけられることもあります。

■6. パート2

―ステップ6〜9―
側面（実例）からパターンを見出す

　パート1では、直接照合体の独創的なところを取り逃がさないように注意しながら、全体をゆるやかに抱えました。しかし、それはまだ、やわらかな塊です。パート2では、この未分化な塊に、側面を立ち上げ、その間に「共通組織」を生じさせ、立体的に充実させていきます。

　最初に、側面を立ち上げます。具体的な作業としては、データに戻り、細部を拾い上げていきます。テーマとしているフェルトセンスから離れないように、そのフェルトセンスをよく感じながら、重要だと感じられる実例を集めていきます。パート1の作業を経て実体化しているので、フェルトセンスに注意を保ちやすくなっているはずです。ときどき、パート1で作ったマイセンテンスを読み直したり、口に出して言ってみたりすることも、同一のフェルトセンスに注意を保つよい方法です。

　実例は、空間的比喩を使って「側面」と表現されています。テーマとしているフェルトセンスの実例ですから、そこには、明らかにしたい「普遍的なもの（X）」が暗在しています。ここで立ち上げる側面は「面」の比喩で表されるように具体的な細部を含んでいます。

―ステップ6―
側面を集める

ステップ6　メインインストラクション

> 　このステップでは、側面、すなわち、実際に起こった実例を集めます。
> 　今扱っているフェルトセンスに関係のある出来事（側面）を3つ選び、関係する細部を落とさないように、その出来事を書いてください。今書いた文章の中で、あなたがキープしたい何かにつながりそうな具体的語句に下線を引いておきましょう。
> 　ステップ1からあなたのもともとの実例をここに写しましょう。これで側面が4つ集まりました（訳注：側面1, 2, 3, 4とする）。

◆ステップ6　説明

　オリジナルTAEでは、テーマとしているフェルトセンスを感じたような出来事（体験）を3つあげます。フェルトセンスに照らして選んだ出来事（体験）はフェルトセンスの「実例」といえます。ステップ1で既に実例をあげていた場合は合計4つになります。扱っている資料の量によってはこの方法で構わないでしょう。ただし4つが最適とは限りません。最も少ない場合は、2つからできます。長い資料の場合は、多くの実例が含まれていますから、4つ選ぶだけでは不足です。また、多くなればなるほど、よく似ている実例が繰り返し出てきます。数を決めて選ぶことは難しくなります。

　私は、「パターンシート」（p.80参照）を考案して用いています[*]。これはオリジナルTAEにはない、私の工夫です。文字化資料がある場合には、最初から順に読み、テーマとしているフェルトセンスに照らして重要だと感じられる実例があるごとに、それを「パターンシート」②に、1枚に一つの実例になるように書いていきます。パソコンで作業しているときにはコピーして貼付けていきます。資料を何度も読み返しているので、既にいくつかの重要だと感じられる実例が思い浮かんでいる場合もあります。あらかじめ下線を引いたり付箋を貼ったりしておき、それらを先に「パターンシート」に書いてしまいます。その後、資料の最初に戻ってもよいでしょう。「パターンシート」を起こす度に、No. 1、No. 2、No. 3……と番号を付けておきます。1枚の「パターンシート」は、フェルトセンスの一つの側面です。

　後で述べますが、この作業は、ステップ7のパターンを取り出す作業と同時並行的におこないます。書き抜く範囲は、パターンが表れていることがわかる最小範囲にします。複数のシートに採られる部分があっても、どのシートにも採られない部分があってもかまいません。

　いずれにしても、実例を選ぶときには、パート1で作った「拡張文」や「マイセンテンス」を参照し、テーマとしている直接照合体のフェルトセンスに頻繁に戻りながらおこなうことが大切です。このパートは時間がかかるので、分析が数日にわたることもありますが、作業を再開するときには、必ず、「拡張文」や「マイセンテンス」を参照し、創造的退行をおこなってから再開します。「マイセンテンス」は覚えやすいので、フェルトセンスに戻るときに役立ちます。テーマとするフェルトセンスを感じながら選んだ出来事（体験）

---

[*]「パターンシート」を考案するにあたっては、修正版グラウンデッド・セオリー・アプローチの「分析ワークシート」を参考にしました。

は、そのフェルトセンスの実例といえます。そこにはそのデータが含み持つ「普遍的なもの（X）」が暗在しています。

◆ステップ6　適用例

テーマにしている「さくぶんorgの教育効果」のフェルトセンスに照らして重要だと感じる部分を取り出す作業（ステップ6）をおこないました。「パターンシート」を使っておこないました。資料は最初からテキストファイルになっているので、作業は、パソコンの機能を使い、コピーして貼付ける方法でおこないました。資料を読み直すときに、フェルトセンスに照らして重要だと感じられる箇所に色づけしておいたので、最初に、それらをシートに起こしました。その後、資料の最初に戻りました。ステップ7のパターンを取り出す作業や、類似性をまとめる作業を、同時並行的におこないました。「パターンシート」の作成例はステップ7の箇所に掲載します。

◆ステップ6　理論との接続（例証による理解）

ステップ6でおこなっているのは、「例証による理解」です。テーマとしている直接照合体（フェルトセンス）と、それが表れた出来事（体験）の関係は、IOFI原理の個と普遍の関係です。テーマとしているフェルトセンスが表れた（を感じた）具体的場面をいくつか書くことにより、直接照合体に暗在する「普遍的なもの（X）」が照らし出されます。「拡張文」や「マイセンテンス」に戻り、創造的退行をおこないながら、実例となる出来事（体験）を選びます。そのときに、最初のフェルトセンスに戻ったり、パート1で作ったマイセンテンスをよく感じたりしながらおこないます。それにより、テーマとしているフェルトセンスにとって本質的な出来事（体験）を選択することが可能になります。このようにして選ばれた出来事（体験）は、直接照合体の実例といえます。

ジェンドリンは、「例証」は「理解」の実例であるとしています。「例証は具体化し、シンボル化し、また例証されるべきもののある側面を選別したり、説明したりする」と言っています。実例には多くのものが関わっているので（細部を含むので）、扱っているフェルトセンスにとっては本質的でないものも含まれます。しかし、正確なシンボル化ということにおいて、例証は十分に報われるとしています[74]。

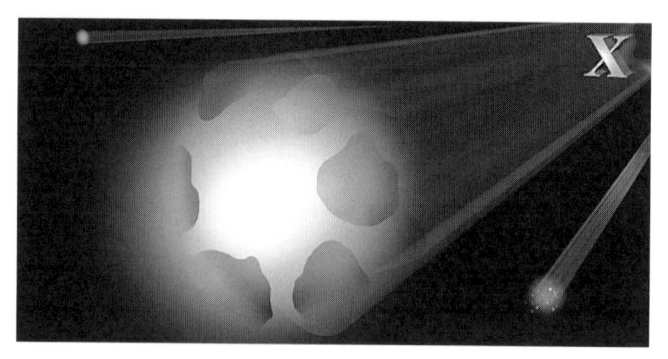

図11　面を立ち上げるイメージ（ステップ6）

―ステップ7―
側面の詳細な構造を見る

◆ステップ7　メインインストラクション

　それぞれの側面について：
　細部間には多くの入り組んだ関係があることに気づきましょう。フェルトセンスに関係のある細部間の関係を一つみつけましょう。
　この関係をまったく違った種類の状況に適用しましょう。
　そして、この関係を、他の多くの状況に合うパターンになるように、一般的なタームで言いなおしましょう。

◆ステップ7　説明

　ステップ6のところで述べたように、ステップ6と7は同時並行的におこないます。テーマとしているフェルトセンスにとって重要だと感じられていた出来事（体験）を、「パターンシート」1枚に一つの実例になるように書き抜くと同時に、その実例からパターンを見出し、それぞれの「パターンシート」の①に書きます。パターンを見出すときは、細部を含む全体をよく感じ、身体の内側に注意を向けてフェルトセンスを感じながらおこないます。こうすることによって、照合する観点に応じた「普遍的なもの（X）」が、細部間の関係として浮かび上がってきます。パターンは句でなく文にします。
　長い資料の場合、この作業を進めていくと、既に取り出したパターンが当てはまると感じられる実例が出てきます。その場合は新しいパターンシート

を起こさずに、既にある「パターンシート」③類似例のところに書き加えていきます。類似例というのは、フェルトセンスが、同じパターンが含まれていると判定した実例のことです。どのパターンにも当てはまらないけれども重要だと感じられる実例があれば、また新しい「パターンシート」を起こし、実例を②に、その実例から見出されるパターンを①に書きます。このようにして、「パターンシート」を起こす作業、パターンを見出す作業、類似例を加えていく作業を、おこなっていきます。

この作業をしながら、「パターンシート」の④に、気づいたことをどんどんメモしていきます。このメモは、パターンが実例を構成（再構成）した痕跡とでもいうべきものです。次のステップで「交差」するときに、このメモが役立ちます。資料の長さや質にもよりますが、「パターンシート」は、最初は多めに作ります。何度か文字化資料を読み返し、テーマとしているフェルトセンスが「そろそろよい」と感じたら、「パターンシート」の作成を終了します。終了の判定もフェルトセンスがおこないます。

「パターンシート」を何枚作ればよいか難しいところです。シートの数が多いと、ステップ8の交差の作業量が膨大になります。作業量という観点では30枚以下が望ましいようです。TAEでは身体感覚を使いますから、人間身体が集中力を保てる程度の作業量であることが目安になります。量の点では、人間身体はコンピュータに遥かに及びません。初めは、作りたいだけ作り、その後、似ているパターンのシートを統合し、数を減らすやり方をとります。ホチキスなどで止めていくとよいでしょう。

フェルトセンスに照らして感じる類似性により統合するのが基本です。分割したいシートが出て来た場合は、切り離して別々にしたり、部分を別のシートと統合したりしても構いません。統合するにあたってパターンを変形する必要が生じることが多いはずです。その場合にはパターンを新しく作り直します。

このように、パターンにより集めたり統合したりして、類似性を創っていきます。最終的に統合されたパターンシートに対して、No.1、No.2、No.3……と、番号を振り直しておきましょう。パターンに対しても、パターン1、パターン2、パターン3と番号を振っておきます。それぞれの「パターンシート」の実例群を「パターンクラスター」と呼ぶことにします。「パターンクラスター」は、パターンによってつながっている実例の房です。この方法でパターンクラスターを創った場合は、一つのパターンクラスターは、フェル

トセンスの一つの側面だと見ることができます。

◆ステップ7　適用例

資料からテーマにしているフェルトセンスに照らして重要だと感じる出来事（実例）を見出す作業（ステップ6）と、実例からパターンを見出す作業（ステップ7）は同時並行的に、「パターンシート」を用いておこないました。同じパターンが表れている実例は1枚のシートになるよう、二つ目以下の実例は、シートの類似例の欄に書いていきました。「パターンクラスター」ができていきました。

ひと通り作業を終えた段階で、34枚の「パターンシート」ができました。フェルトセンスに照らしながら類似性により統合し、30枚にしました。

「パターンシート」の例を示します。

パターンシート　　　　　　　　　　（　）内の数字は電子掲示板の発言番号

パターンシート No.1	
①パターン1	初めは嫌だったが、共感されて嬉しくなった
②実例	・自分の書いた作文を他の人に読まれるのは少し抵抗があったり、感想がこなかったらどうしようといろいろ不安はあったが、感想がいくつかもらえてとてもうれしかったです。（556）
③類似例	・感想をもらってみて、自分が感じていたことに共感してくれる人がいるということが分かり、とても驚き、また、とてもうれしかったです。（556） ・はじめは自分の考えていることとか、思っていることを、他人にいうのには抵抗がありました。掲示板にかいても、相手の顔もわからないし、うまく伝わらないように思っていました。授業だから…ともおもっていました。だけど、いざ作文ができあがって、いろいろな人に読んでもらって、感想をもらったら理解できたかな？　とは思ったけど、うれしかったです。（557） ・自分の書いた作文を掲示板に載せる、と聞いて最初は正直気が進みませんでした。でも匿名で載せられたし、自分の作文に日本人だけじゃなく外国の人からの感想ももらえて嬉しかったです。（528） ・初めの方は、何を書いたらいいか全然わからなくて、あまりやりたくないなと思っていました。しかし、慣れてきたら楽しくなりました。また機会があったらやりたいと思いました。（421） ・私は、このようにしてインターネットを通じて作文を書くのは、初めはめんどくさいと思っていました。しかし、実際にやってみると私が思っていたのとは違いました。いろいろな人の感動な作文や、同感する作文など人それぞれでした。また、日本以外の人

第3章　TAEを質的研究に応用する

		との交流ができて、とても良い体験になりました。他の国のことが、少しだけわかったからです。私が思っていたイメージとは、本当に違っていました。（444） ・作文を誰かに見られるって恥ずかしかったのに自分の感想に感想が書かれていたときはなぜか嬉しかったです。（459） ・なんだこの掲示板。とはじめは正直思っていたけど、自分が書いた作文に返事がきたり、読んでて 共感がもてるものがあったりすると、意外にも面白かった!!! はじめにそういう風に思っていた自分が恥ずかしかった。（394）
	④メモ	はじめは、皆、やりたくない。やらされる感。消極的。その要因は、一番は不安。めんどくさいというのもある。それが、思いがけず、共感されたり共感したりして、そこから変わっていく。嫌だと思っているから、意外性がある。だから他からの押しつけではなく、自分の感情だとわかる。

パターンシート No.2		
①パターン2	コメントできるのが楽しい	
②実例	・自分の書いたエッセイにコメントを書き込みをしてもらい、それにコメントできるのがとてもうれしかった。（543）	
③類似例	・他の人の作文に自分が感想を書くのも楽しかった。（435） ・自分の作文を読んでもらえるし、コメントもきてとてもうれしかったです。（393） ・自分のマイセンテンスにコメントがきて、それに対してコメントをするというやりとりはなんだかドキドキする感じがあり楽しかったです。（466）	
④メモ	双方向というのがよいのだろう。原稿用紙の作文交換の場合は、やりとりが一方向で終わるが、さくぶん org ではコメントにまたコメントできる。しかし、ずっと続くわけではない。	

パターンシート No3		
①パターン3	似ているとわかりうれしい	
②実例	・他の人の作文を読んで自分と似た考えをもった人などがいてビックリしました。（565）	
③類似例	・自分の書いた作文を読んでもらい、感想を書いてもらって、相手の人と意見が合った時は嬉しかったです。（495） ・私が書いた作文に感想を書いてくれる人がいて、私と同じような考えを持っている人が他にもいるんだなぁ…と思いました。（467） ・海外の人と交流することで、少しですが、他国の人を身近に感じる事ができたような気がします。考え方も意外と似ているなあと思いました。（517）	

	・どんなに遠い国でも、思っていることや考えていることはみんなにているんだなと感じました。(445) ・他の人の作文を読んで自分と似た考えをもった人などがいてビックリしました。(565) ・顔や名前も知らないのに、共通点があると言うことは、すごいことだとおもいます！(393)
④メモ	同じだとか、似ていると発見すると、うれしくなる。違いがわかる発見もあるが、似ているということも発見。留学生や海外の学生は違うという思い込みがあるので、似ていると「意外」という感じを起こさせる。

◆ステップ7　理論との接続（一般化する）

　ステップ7で、それぞれの実例からパターンを見出します。パターンとは細部間の関係です。パターンを見出すことにより、細部を保持したまま、一般化することができます。パターンを見出すときは、フェルトセンスを感じながらおこないます。この行為により、暗在する多くの可能性の中から、一つのパターンになれるものが跳び出し、身体的に感じられます。十分に創造的に退行することにより、実例（側面）に暗在する「普遍的なもの（X）」を含んだパターンを見出すことができます。

　パターンは一般的な形式なので普遍化が進みます。ジェンドリンの理論では、パターンは普遍性の一種です。ただし第二の普遍性です。（通常の普遍性は、ジェンドリンの理論では第三の普遍性です。詳しくは第二部をお読みください）。第二の普遍性とは、例えばジェスチャーのような文脈密着的な普遍性です。手を振る動作を考えてみましょう。別れの場面なら「さようなら」であり、商品売買の場面なら「要らない」と意味がわかりますが、その動作単独では意味が確定しません。パターンは文脈に埋め込まれたまま一般的な形式をなしているということができます。パターンにより、文脈に密着したデータの一般化（普遍化）が可能になります。これが細部を保持する一般化ということです。

　パターンシートを作って体験を集めることは、次のステップの「交差」の一種ともいえます。パターンは一般的な形式なので、体験から分離し、それを動かして他のものに適用することができます。適用されるにつれて物はパターンを持つようになります。パターンには、このように対象をパターン化する力があります。一方、体験は多スキーマ的な性質を持っていますから、異なるパターンを適用されると異なる側面が立ち上がってきます。この双方

第3章　TAEを質的研究に応用する

の性質を活用し、ある体験から取り出したパターンを、別の体験に適用し、新たな側面を立ち上げていきます。それは振り返って「もともとあった」と言われるようなものです。この過程で、適用する方にもされる方にも新たな側面が立ち上がります。これを「スキーマ化されることによるスキーマ化」といいます。ジェンドリンはこれを「sbs」(schematized by schematizing)と書きます[75]。立ち上がる新たな面は、両方の体験に関係づけられますから、隠喩的に類似性が創造され、「共通組織」[76]ができていきます。

　パターンは一般的な形式なので、パターンを表現した文は、一般的な表現として理解されることが可能になります。パート1で作ったマイセンテンスが、他の人に何かを伝えるという意味では不十分なものであったのに対し、パターンは他に人にもわかる一般的な表現になっています。しかし、フェルトセンスと二重化させながら創るので、細部を脱落させない、フェルトセンスを含み込んだ一般化が可能になります。

図12　立ち上げた面にパターンを見出すイメージ（ステップ7）

―ステップ8―
側面を交差させる

◆ステップ8　メインインストラクション

　こう尋ねてもよいでしょう：側面2から見ると、側面1の中に、側面1からだけでは見えないような、どんなものが見えてくるだろうか？
　キープしておきたい新しいパターンを捕まえておく文を一つ書いておきましょう。

◆ステップ8　説明

　ステップ8では、「交差」をおこないます。「交差」とは、パターン1をパターンクラスター2に当てはめ、パターン2をパターンクラスター1に当てはめるというようにクロス（交差）させ、フェルトセンスで感じ、気づきを得ることです。気づきを新しいパターンの形で書いていきます。

　「交差」はTAEの中で、最も作業量の多い箇所です。資料の量によって、方法を工夫するとよいと思います。最も丁寧なのは、1回交差するごとにフェルトセンスでよく感じ相当量のメモを書いた後に、それを1文のパターンにすることを、1×2（パターン1でパターンクラスター2を見る）と2×1（パターン2でパターンクラスター1を見る）を別物として総当たりで交差させる方法です。ステップ7で取り出したパターンの数が少ない場合は、この方法をお勧めします。適用例では、この作業を「交差シート」で例示しました。

　パターンの数が多いときは、1回ごとのメモは省略し、気づいたことを1文のパターンの形で、「交差結果シート」に書いていきます。オリジナルTAEでは「新しいパターンを書く」となっているので、これでも十分です。よく「片側では不足ですか」と質問されます。つまり、1×2と2×1は両方必要なのかという質問です。ジェンドリンの理論では1×2と2×1は違った結果を生むはずですから、両方必要です。しかし、このステップは、直接照合体を多方面から見て立体的に充実させることが目的ですから、片側だけおこなっても、その目的はある程度達成されます。マニュアル通りにこなしても、十分にフェルトセンスに照合できていなければ意味創造にはつながりませんから、作業量が多過ぎると感じるときは、片側だけにしてもよいと思います。

　「交差」の順序は自由に変えてかまいません。表を作っておいて、新しい気づきが得られそうなところから先に埋めていきます。どうしても気づきが得られないところは空けておいても構いません。ジェンドリンは「意味をなす限りにおいて可能である」[77]と言っています。しかし、安易に放棄してしまうと、新しい気づきを得る機会を逸してしまうので注意しましょう。私の今までの体験では新しいパターンが出せないことは、めったにありません。数日かければほとんどの場合、出てきます。

　「交差」をおこなうときには、パターンシートのメモ欄が役に立ちます。ステップ6、ステップ7の段階で、こまめにメモをとっておくことをお勧めします。このメモは、パターンの痕跡とも言えるものです。それは新たなパ

ターン、即ち、細部間の関係の資源になります。「交差」によって、フェルトセンスの一つの側面の新たな局面が見えてきます。その繰り返しを通じて、側面同士が関係づけられてきます。

◆ステップ8　適用例
「交差シート」の例と「交差結果表」を示します。
　今回の分析では、実際には「交差シート」は作りませんでしたが、例示します。まず、交差するパターンを①に書きます。例の場合はパターン1「初めは嫌だったが、共感されて嬉しくなった」と書きました。次に、パターンシート2を見ます。パターンシート2は、「コメントできるから嬉しい」というパターンでつながった実例のクラスター（パターンクラスター）です。この中に「初めは嫌だったが、共感されて嬉しくなった」といえることはないかと感じてみます。その結果気づいたことを②に書きます。それを一文にして③に書きます。この作業を「1×2」と表現することにします。「1×3」をおこない、④、⑤に書きます。同様に「1×4、1×5、…、1×30」までおこない、次に、「2×1、2×3、2×4、…、2×30」とおこない、「30×1、30×2、30×3、…、30×29」までおこないます。
　今回は、実際には、最初から「交差結果表」に書き込んでいきました。新しいパターンを得るまでの思考過程で、面白いと感じたことがあるときのみ、作業メモをとっていくことにしました。これは、パターンの数が30と多く交差が870回となり、作業量が多いからです。
　「結果交差表」を作るときには、あらかじめパターンを書き入れた「結果交差表」の枠を作っておき、「パターンシート」の束をめくったりしながら、一覧表のパターンを「交差するパターン」、「パターンシート」を「交差されるパターンクラスター」と見て、テーマとしているフェルトセンスに照合しながら、浮かんできたことを「結果交差表」に書きこんでいきます。
　重要なことのみをメモしながら「交差結果表」を埋めていくだけの方法でも数日かかります。この適用例の場合は2週間近くかかりました。当然、何度にも分けておこなうことになり、間に他の仕事も入ってきます。従って、作業を再開するときに、テーマとしているフェルトセンスを感じ直すことが重要になります。必ず、最初に作った「マイセンテンスシート」を見たり、「拡張文」や「マイセンテンス」を読んだりして、テーマとしているフェルトセンスをよく感じるようにしました。フェルトセンスに戻る感覚が得られてか

ら作業を再開します。

　「交差結果表」に書き込む作業は手書きでおこないました。場所を選ばずシートを広げて始められることや、細切れの時間を使っておこなえるのがその理由です。パソコンの方がよいという人もいます。これは好みの問題でしょう。「交差」は、作業量は多いのですが、楽しい作業でもあります。分析対象をくまなく多方面から見る感覚があり、新しい気づきが多く得られます。

交差シート（部分）

交差シート No.1			
交差するパターン	パターン1	①初めは嫌だったが、共感されて嬉しくなった	
交差されるパターンクラスターと交差して気づいたこと（メモ）			新しいパターン
パターン2	②読んでもらったら、読もうという気になる。コメントしてもらったらしようという気持になる。共感されることで自然に能動的になる。		③共感が能動につながる
パターン3	④意見が合うとか、同じ考えだと感じると、軽い驚きがあり、その後、親しみがわき、自分と相手は似ているという意味付けがなされる。双方向というのがよいのだろう。原稿用紙の作文交換の場合は、やりとりが一方向で終わるが、さくぶんorgではコメントにまたコメントできる。しかし、ずっと続くわけではない。		⑤共感が、似ていると意味付けさせる

交差結果表（部分）

交差結果表：パターンとパターンクラスターを交差し見出した新しいパターンを書く		
交差するパターン	パターン1	初めは嫌だったが、共感されて嬉しくなった
交差されるパターンクラスター		新しいパターン
パターン1	初めは嫌だったが、共感されて嬉しくなった	————
パターン2	コメントができるから嬉しい	共感が能動につながる
パターン3	似ているとわかった	共感が、似ていると意味付けさせる
パターン4	いろいろな知識を得る	共感が先だから知識が入る
パターン5	他者性と遭遇する	共感があるからわかったときにつながれる

第3章 TAEを質的研究に応用する

パターン6	みんな生きている	共感すると相手が生きていると感じる
パターン7	自分の感覚を感じることができた	自分と対話しているときは他人に共感してもらおうとは思っていない
パターン8	多角的な視点を得た	共感の幅が広さを確かめる
パターン9	自分の意見を伝えられた	共感があると熱くコメントできる
パターン10	他の人のフェルトセンスを感じられた	共感のバリエーションを確かめる
パターン11	こういう活動は新鮮だった	共感が先だから新鮮だと感じる
パターン12	（作文を書くとき）マイセンテンスを作るのが難しかった	自問自答とは自分に共感することである
パターン13	日常で気づいていないことに気づいた	共感されると小さな気づきが確かになる
パターン14	自分の考えが広がった	共感の幅が広がると自分が広がる
パターン15	またこのウェブページを見に来たい	共感することは気持がよいからまたやりたい
パターン16	いろいろな表現があって読みがいがあった	共感が表現への注目のきかっけになる

◆ステップ8　理論との接続（「共通組織」がさらに発展する）

　パターンは細部を保持した一般化ですから、あるパターンをあるパターン（パターンクラスター）に適用することは「多を多に適用すること」であり、これにより「暗在的複雑性」と「暗在的複雑性」が「交差」します[78]。ここでフェルトセンスに照らしてよく感じると、多くの可能性の中から「何か」が跳び出してきます。これが新しいパターンです。多くの可能性が焦点化され集まって来て、「意味をなすことが可能な限りにおいて」「同一になれるもの」が跳び出すとモデル化されています[79]。「同一」になるとき「共通組織」がさらに発展するのだと比喩的にとらえることができるでしょう。

　「共通組織」から概念が発展してきます。ジェンドリンは「パターンは使用（適用）されることにより概念になる」としています。「パターンは論理的にも働く」[80]ので、「交差」において論理的推論を用いてもかまいません。その場合、新しいパターンは論理の力を含みこんだ、より概念的なものにな

ります。しかし、重要なのは、「交差」が、パターンを適用するという「行為」によって初めて可能になることです。その「行為」の過程で、フェルトセンスに照合することで、身体的に暗在する複雑性（「普遍的なもの(X)」）を活用することができます。十分に創造的に退行すると「普遍的なもの(X)」を暗在する新しいパターンを見出すことができます。

「交差」によって、諸側面が関係づけられ「共通組織」が発展し、直接照合体が立体的に充実してきます。やがて、その充実したところから結節点が立ち上がり、ステップ10の「ターム」になり、ステップ12で「概念」になっていきます。

「共通組織」は一般的になっているので、「共通組織」から生み出される言語は、他人にもわかる一般的な表現になってきます。

図13　交差して共通組織を作るイメージ（ステップ8）

―ステップ9―
自由に書く

◆ステップ9　メインインストラクション

ここであなたが今考えていることを自由に書いてみましょう。

◆ステップ9　説明

ここまで気づいたことを、メモ風に書いておきましょう。他人に見せるのが目的ではありませんから、自分用のメモとして、書きたいことを、なるべくたくさん書いておきます。重要なところに下線を引いておいてもよいで

しょう。ここで、図に表したり、表を作ったりしてみてもよいと思います。いろいろなことを書き出してみましょう。

◆ステップ9　適用例

　ステップ9では、ここまでで気づいたことを、自由にメモするステップです。ステップ8の「交差」で、データ全体を、さまざまな角度から、くまなく検討しましたから、いろいろと、気づいたこと、語りたいことが出てきます。ステップ8が終了した時点では、それが、そこかしこに散乱して広がっています。

　また、ステップ1から7までの間に作成したシートやメモもかなりの量になっています。ステップ9では、それらをもとに、ここまでの到達点や面白いと思うことを自由に書いてみます。書いているうちにまとまってくる感覚があります。しかし、ここでまとめすぎないように気をつけなければなりません。ここで書く文は、あくまでもメモです。

　私のステップ9のメモは次のようになりました。

「自由に書く」（ステップ9）

> 　共感、能動的、共感の幅を広げる。確かめる。わがものとなる。自己・他者、個・多。言葉のむこうに相手がいる。相手の「生」がある。言葉の展開。多くの中から一つに定める。共感、広がる、ふける、つくる、言葉で世界を作る、言葉と「生」の結びつき。言葉で世界を開いていく感じ。個性の一覧。「生」の一覧。仕組み、単なる場以上。日本人大学生にとって、言葉と「生」の結びつきを再構築する仕組み。言葉は生きていくことと深く結びついている。ここでは「共感が先」となり再構築が起きる。それはシステムによって意図されていること。共感発生装置。
> 　　　　　　　　　　　　（中略）
> 　他の人の作文を読むのはよいトレーニング。外の刺激に反応することでフェルトセンス（内面）が動くのを確かめる。動いたり、動かなかったり、動き方が違っていたり、多様だから自分で探して動ける。Wondering around、ぶらぶらしながら、しっかりを待つ。ひっかかったら、どんどん深くいける。コメントできるシステム。ぶらぶら、どんどん、ひっかかる。
> 　最も強力なのは、感想。球が自分をめがけて当って来る。相当鈍くても反応する。フェルトセンスが動く。フェルトセンスが動くことがどういう事なのかがわかる。そこにまた返す。うれしかったから返す。互恵的。最大の類似性は、互恵的であること。フェルトセンスが動力。言葉はのりもの。通路。ネットものりもの。世界を作ることはどうなったのか。ぶらぶら、どんどんいきながら、言葉で世界を作る。その動力はフェルトセンス。ぶらぶらには自由がある。どんどんは、フェルトセンスのスイッチが入る。（以下略）

私は、ステップ9で図が書いてみたくなることがよくあります。今回も、ここまでで気づいたことの「まとめ」として図を書いてみました。

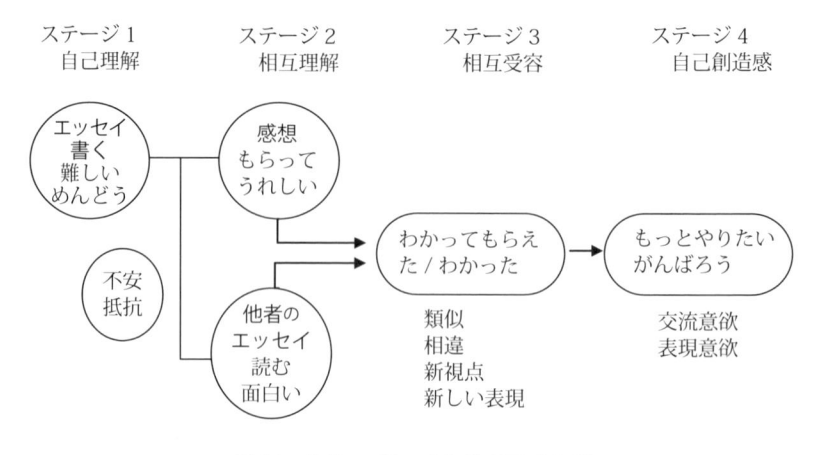

```
ステージ1          ステージ2          ステージ3          ステージ4
自己理解            相互理解            相互受容            自己創造感

 ┌─────┐          ┌─────┐
 │エッセイ│          │感想  │
 │書く  │─────→│もらって│
 │難しい │          │うれしい│          ┌─────┐          ┌─────┐
 │めんどう│          └─────┘─────→│わかって│─────→│もっと  │
 └─────┘                            │もらえ  │          │やりたい│
                                     │た/わかった│         │がんばろう│
 ┌─────┐          ┌─────┐─────→└─────┘          └─────┘
 │不安  │          │他者の │             類似                交流意欲
 │抵抗  │          │エッセイ│             相違                表現意欲
 └─────┘          │読む  │             新視点
                    │面白い │             新しい表現
                    └─────┘
```

図14　ステップ9　まとめの図（メモ）

◆ステップ9　理論との接続（まとまりを形成する）

私は、ステップ9は、ここまでで得た気づきが、書くことにより、おのずとまとまっていく段階だと考えています。「自由に」となっています。最初は、書き散らして拡散する感覚ですが、書いているうちに、ある種のまとまりや方向性ができていきます。これは、「形式」の力、「文法」の力といえるでしょう。

ここでいう「まとまり」は、おのずとできていく「まとまり」です。書き始めの時点では、決して人にわかるようにしようとか、見栄えよくまとめようなどと思わずに、むしろ、思いつくまま、浮かんでくるまま、自由におこなう方が効果的です。語や句をコンマで区切って書き出したり、パターンを箇条書きにしたり、ある程度の長さの文章に展開したり、それらが混在していたり、というふうに、自由に書いていきます。書いていくうちに、おのずとまとまりができてきます。今回、私がおこなったように、図にしてもよいと思います。

TAEはステップ9までで終了してもかまいません。ジェンドリンのTAEワークショップの初回は、ステップ9まででした。また、「TAE序文」にも、すべての人が理論構築のパートに進む必要はないと書かれています。

ステップ9で終了し小論文や報告書の形にする場合は、ステップ9のメモ

を見ながら、改めて文章構成を考え、書いていきます（この段階での小論文の書き方は、拙著『TAEによる文章表現ワークブック』を見てください）。

■7. パート2　まとめ

　パート2（ステップ6から9）では、実例による例証と、パターンの一般性（普遍性）と操作性を活用し、テーマとしているフェルトセンスの中に、「共通組織」を創りました。直接照合体を立体的に充実させ、全体の形をおおまかに捉えました。実例を立ち上げるときも、そこからパターンを見出すときも、交差して新しいパターンを見出すときも、テーマとしているフェルトセンスに照合しながらおこないますから、そこには、照合する観点に応じた「普遍的なもの（X）」が暗在しています。

　「TAE序文」では、パート1で創られた全体的領域の「それぞれの構成部分の体験的意味へとさらに足を伸ばし、より精確なタームを生み出す」とされています。

　パターンは、「細部間の関係」であり「細部を脱落させない普遍化」とも言われます。パターンは個別性を越えて成立する関係ですから、方程式（例えば $y=ax+b$）に喩えることができるでしょう。パターン2では、パート1で抱え込んだ豊かな「普遍的なもの（X）」を脱落させないように、様々なパターンによってしっかりと捉えます。パート1で創ったジェル状の塊の中に、面をたちあげ、葉脈を張りめぐらせるイメージです。血管に喩えると、動脈、静脈、毛細血管を張り巡らせます。パート2で終了する場合は、植物的なイメージです。パート3まで進む場合は、この後、骨格を作り、システムとして動かしていくイメージです。

　ステップ6で、IOFI原理により実例を立ち上げますが、このとき、同時に「パターンシート」を使って実例を集めました。これは、オリジナルTAEにはない私の工夫ですが、ジェンドリンの意味創造理論の中では、パターンを繰り返し当てはめることで隠喩的に類似点を立ち上げ、「共通組織」を創っているのだと意味付けることができます。「交差」では、「スキーマ化することによりスキーマ化される」ことを使って、側面間に類似性を立ち上げました。

　体験は多スキーマ的ですから、一つの体験から多くのパターンが取り出せ

ます。「正解」は一つではなく複数ありますが、それは、でたらめであることとは違います。何でもよいわけではなく、不正解がないのでもないのです。フェルトセンスは自立的に有意味ですから、自身にとっての正解／不正解（当てはまる／当てはまらない）を見極め応答する力があります。「そうそう」の感覚があるときは、隠喩的に類似性が創造されるときです。同一のパターンを繰り返し適用することにより、類似性が「共通組織」に繰り込まれていきます。繰り込まれ得るように類似性が立ち上がってきます。

パート２では、主にパターンが使われていますが、ジェンドリンの理論では、パターンはシンボルの始まりです。まだシンボルに収集されていない身体的な意味領域をシンボルに構成していく可能性をもつものです。

パターンからシンボルが発達する過程の理論モデルは第二部で紹介していますが、注意したいことは、第二部でのモデル化は言語の始まりを論じるもので、今日の状況は既に言語で満ちあふれているということです。TAE パート２でも、言語によるパターンを使うことになるわけですが、データの外にある既存のパターンを、データに適用してしまうことがないよう注意しなくてはなりません。パート１で「公共言語の壁」を破りマイセンテンスを創ったのは、それを予防する意味があります。パターンを見出すときも、「交差」によってさらなるパターンを見出すときも、フェルトセンスを感じながら、眼の前にあるデータから身体感覚を使ってパターンを得ます。質的研究では、既存の理論をデータに当てはめるのではなく、データの側から理論を立ち上げていくことを重視します。TAE ステップのパート２でも、既存理論のパターンをあてはめるのではなく、データの側から文脈密着的にパターンを立ち上げていくことが重要です。

パート２まででも、フェルトセンスを一般的表現で、他人にわかるように語ることが可能になります。ここまで来ると「人はフェルトセンスから語ることはできないなどと決して思わなくなります」（「TAE 序文」）とされています。パート２までおこなえば、報告書や小規模な論文を書くことができます。

■理論コラム３：共通組織を創る

最も原初的なシンボルはパターンですが、人間はパターンを実物から分離し、それを動かして他のものに適用することができます。それにつれて物はパターンを持つようになります[81]。このときパターンはスキーマ（枠

第3章　TAEを質的研究に応用する

組み）として働いています。

　パターンは身体的起源をもちます。身体的見え（ジェスチャー）や身体的聞こえは、パターンです。人間は生まれつき対象にパターンを見出す能力をもっています。パターンは言語以前のシンボルであり、言語以上のものを表現します。（詳しくは第二部を読んでください）。

　体験（フェルトセンス）は多スキーマ的ですから、一つの体験を様々なスキーマでとらえることができます。パターンと体験（「体験された意味」）の性質を活用し、ある体験から見出したパターンを別の体験に適用すると、その体験は適用されたパターンを持つようになります。

　ジェンドリンは、人は「Aの中の何がBに似ているのか？」「Aの中の何が問Bに答えることができるのだろうか？」と自問することで、Aの中に、振り返って「既にあった」といえるような、BにあてはまるAの新しい面を、Bにスキーマ化させることができるとしています[82]。

　「BにあてはまるAの新しい側面」ができるとき、「共通組織」ができます。人は、このように問い、体験に新しい局面を創造しながら、体験を「共通組織」と共にスキーマ化していきます[83]。これを繰り返すと、同じ「共通組織」を持つ体験が集まってきます。「最初の同一さができるのは、集めることによってです」[84]。集めることによって「部分」が部分として形成されるようになってきます。

　「共通組織」はジェンドリンが『体験過程と意味の創造』で使っている言葉です[85]。実際に何ができるわけではないので、一種の比喩といえますが、一般的表現の交差により、意味の塊が立体的に充実し、やがてタームが立ち上がってくる質感がよく表わされていると思います。

■8.　パート3をはじめる前に

　パート3（ステップ10〜14）は、「理論構築」のパートです。ジェンドリンは、すべての人がこのパートに進む必要はないとしています。しかし、TAEを質的研究法として見ると、「理論構築」を系統的に行えることは、非常に有益です。

　TAEでは、直接照合体に由来するタームが相互に組み込まれて定義されたとき、理論ができたと考えます。このとき、タームは「概念」になります。

93

概念は相互に連関しシステムをなします。概念が相互に組み込まれたとき、直接照合体に概念の構造体ができます。理論とは概念の構造体であり、概念は論理形式を含意しています[86]。

具体的な作業としては、まず、フェルトセンスと二重化させずに、機械的に論理形式にあてはまるようにタームを置きます。その後、フェルトセンスと二重化させます。すると、直接照合体の側から、論理形式と連関するように隠喩的に類似性が立ち上がってきて、ターム間の関係に、論理形式が含意されます。これは「タームがパターンによって、論理的にも体験的にもつなげられる」と表現されます*。従って、論理形式はパターンを含みます。

どんな論理形式を使うのかが問題になりますが、ジェンドリンが提案するのは「〜は〜である（等式）」と「本来〜である」の二つです。その他、いろいろ「遊んでみましょう」と書いてあります。いろいろ試してみて、フェルトセンスに応答させていくうちに、徐々にフェルトセンスに馴染むものができあがってくるという感覚です。このパートでも、一貫してフェルトセンスを頼りに進みます。

いくつか準備ワークを紹介します。創造性と「遊び」は案外近いものです。フェルトセンスを頼りに、構造体を創っていく感覚をつかんでください。

★☆★ 練習ワーク7 ★☆★　大切なもの

「人生で大切なものは何だろうか」と身体の内側に注意を向け、フェルトセンスを感じてみてください。感じられたら、そのフェルトセンスの中に大きな三角形を描くようなつもりで、あなたが大切だと感じるものを、例えば「愛、時間、居場所」のように、3つあげてください。それをA、B、Cとおき、あなたのフェルトセンスに合うように、「Aは」で始まりBCを最低1回含む文、「Bは」で始まりCAを最低1回含む文、「Cは」で始まりBAを最低1回含む文を作ってください。例えば、「愛を育むには長い時間と居場所が必要である」のように作ります。長く書きすぎず、短い文にするよう心がけてください。

最後に、3つの文の内容が入るように、A、B、Cを最低1回使いながら、あなたにとって「人生で大切なもの」について、短く説明してください。一人の場合は書いてみましょう。グループでおこなっている場合は、口頭で発

---

* TAE ステップ12 メインインストラクション

表し合いましょう。その後、このワークで気づいたことを話し合います。

　テーマを変えておこなってみてください。「今の日本に大切なもの」「これからの世界に大切なもの」もよいでしょう。自分の趣味や仕事の分野で大切なものをとりあげて、おこなってみるのもよいと思います。

　★☆★　練習ワーク8　★☆★　　文学ショートワーク

　短い文学作品、例えば太宰治『走れメロス』、芥川龍之介『鼻』を読んでください。これらの作品はインターネットで、無料で読むこともできます。読み終わった後のフェルトセンスをよく感じてください。

　感じられたら、そのフェルトセンスの中に大きな三角形を描くようなつもりで、あなたがその作品にとって大切だと感じる語句を、3つあげてください。それをA、B、Cとおき、練習ワーク7と同様におこなってください。

　資料を変えておこなってみてください。ここでは、ある程度まとまりのある量の資料にしてください。論説文でおこなってみるのも面白いと思います。映画もよいでしょう。どこかの「お寺」、「動物園」、具体的な「街」（例　渋谷、銀座）もよいと思います。

■9.　パート3

―ステップ10～14―
理論を構築する

　ジェンドリンは「最後の5つのステップは論理というまったく別の力にかかわるステップである」といっています。このパートでは、直接照合によりフェルトセンスとの固有のつながりを保ったまま、論理の持つ道具としての推進力を活用していきます。

　それにより、直接照合体由来のいくつかのタームから論理関係が立ち上がり、論理形式を含意した概念になります。そして概念の構造体である理論ができます。これが可能なのは、一貫して、フェルトセンスを頼りにテーマとしている直接照合体に照合してきたからです。「同一」の直接照合体を経由して創られた（選ばれた）タームは、同じ「普遍的なもの（X）」を含意しています。従って、(X)をめぐるシステムを構成することができるのです。

まず、これまでの作業を振り返り、テーマとしているフェルトセンスを感じ直し、これからの作業の出発点となるタームを選びます。

—ステップ 10—
タームを選択し相互に関係づける

◆ステップ 10（1）　メインインストラクション

> 　3つの語または句を現時点での主要な語または句になるように選びましょう。それらを A、B、C と置きましょう。

◆ステップ 10（1）　説明
　ステップ 10 では、テーマとしている直接照合体のフェルトセンスの全体を感じて、創造的退行をおこない、主要な 3 つのタームを呼び出します。
　実際の作業としては、まず、これまで書いたシートやメモなどをすべて一覧できるようにならべ、繰り返し眺めたり、読んだりします。フェルトセンスは、必ず、「これが大切だ」「これはそうでもない」と伝えてきますから、大切な部分に下線を引くなどしてマークしていきます。眺めるだけでも構いませんが、マークしたものを書き出してもよいでしょう。「役立つヒント」には、いままでのすべての語、句、パターンを見て主要なタームの候補リストを作ってから選ぶよう教示されています。書き出す場合は、関係が深いと感じられるものを近くに配置するなど空間的な工夫を加えながら書き出すとよいと思います。
　私は次のような工夫をしています。テーマとしているフェルトセンスに照らして重要だと感じられる語句をリストアップし、名刺大の小さなカードの一枚に一語、あるいは一句書き抜き、そのカードを、フェルトセンスを頼りに関係がありそうなものを近くに置くように並べていきます*。このように空間的に展開すると、類似しているものが集まって、自然にカテゴリーができてきます。いくつかのカテゴリーをまとめてより大きなカテゴリーを作ることもあります。主なカテゴリーには名前をつけます。しかし、このとき、すべてのカードをカテゴリー化（分類化）したり、すべてのカテゴリーに名

＊カード化して配置する方法は KJ 法にヒントを得ました。

第3章　TAEを質的研究に応用する

前をつけようとしたりしないことです。それぞれのカードは頭を覗かせている氷山の一角というくらいのイメージです。水に浮かんで、動いています。下に見えていない部分がたくさんあります。ここで最も肝心なことは、並べたカード全体をじっと眺めて、よく感じることです。語句間、カテゴリー間の、表に表れていない部分も含めて感じるつもりで、全体をよく感じます。全体をよく感じてから、最も重要だと感じる語句を3つ、フェルトセンスから呼び出します。「役立つヒント」には、選ぶときには、三角形をイメージし、三角形の内部に「フェルトセンスの領分のほとんどとその中心的な核」が入るようにすると書かれています。このとき、重要語をカード化して空間的に配置しておくと、選びやすくなります。3つの語は、候補リストの中から選ばなくてはならないわけでなく、新たな語を採用してもよいのですが、候補リストの中の語や句が自然に含まれて来ることでしょう。これが「ターム」になります。「ターム」は文ではなく語句にしてください。「役立つヒント」には、「内側から動き出す何か」はタームになれると例示されています。

　ステップ10の最初で選ぶタームは、あくまでも「現時点での」主要なタームです。ステップ12の最初に改めてタームを選び直します。ここで使わないタームも、あとでいくらでも加えることができますから、ここではあまり悩まないことです。フェルトセンスを感じながら、これからの作業の出発点にするタームを選べばよいのです。

　フェルトセンスの全体と中核を十分に感じてタームを選ぶことが重要です。ここでおこなっていることは、創造的退行です。創造的退行では、既存の語クラスターに収集されない「体験された意味」の複雑なところに注意を向けていくことが何より重要です。ですから、ここで、完全にカテゴリー化したり、カテゴリー化を繰り返し高次カテゴリーに集約していくような方法はとりません。

　初めてTAEを実施する人は、どんなふうにしてタームを決めればよいのかわからないと言います。しかし、よく聞いてみると、たいていの場合「これでよいのだろうか」と自信が持てないだけで、実は選べていることが多いのです。TAEでは、「あなたのフェルトセンス」が主役です。テーマとしている直接照合体に照合している限り、フェルトセンスの応答を信頼してください。

◆ステップ10（1）　適用例
　ステップ10では、最初に、ここまでの作業全体を振り返りフェルトセン

スでよく感じ直し、ここから先の作業で使うタームを選定します。オリジナルTAEでは、タームリストを作るように教示されていました。実際の作業は、各々工夫すればよいわけですが、今回、私は次のようにしました。

　ステップ9の手書きのメモをパソコンで打ち、文字を拡大して印刷しました。次に、それをはさみで切ってカード化しました。これでタームの候補リストができたことになります。次に、フェルトセンスで感じ、類似していると感じられるものを近くに配置するようにしました。ゆるやかなカテゴリーができてきました。「ぶらぶら」「どんどん」「引っかかり」というタームが重要と感じられました。図15に示します。

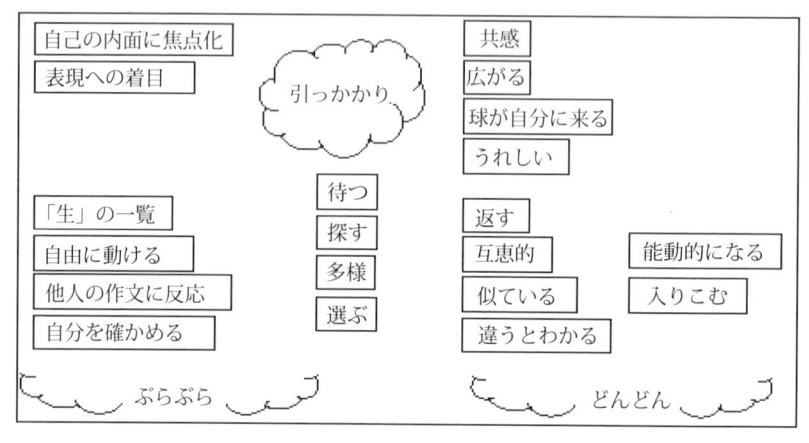

図15　ターム選択の準備（メモ）

　「役立つヒント」にあるように、テーマとしている「さくぶんorgの教育効果」（正確には92編の資料が語るさくぶんorgの教育効果）のフェルトセンスの中に大きな三角形を描くつもりで、「ぶらぶら」「どんどん」「引っかかり」を感じてみました。3つ目のみがオノマトペでないのですが、中核を捉えた三角形をイメージすると、これでよいと感じられたので、これにしました。「である文シート（ターム関連シート1）」に、A「ぶらぶら」、B「どんどん」、C「引っかかり」と記入しました（p.102参照）。

◆ステップ10（2）　メインインストラクション

　さて、AをBの観点から定義してみましょう。次に、Cの観点から定義してみましょう。まず、それぞれの等式を空っぽの公式として書いてみましょう："A＝B." "B＝C."

第3章　TAEを質的研究に応用する

　　イコールの記号を"IS（である）"で置き換えてみましょう。A、B、Cに、先ほど選んだ3つのタームを当てはめてください。
　　今や完全にあっているか、完全に間違っている二つの文ができました。
　　必要であれば、文を修正してください。新しいパターンが現れる場をホールドするように"IS（である）"の語はそのままにしておいてください。お馴染みのつながりで、ターム間の関係を満たしてしまわないよう気をつけましょう。あなたのフェルトセンスの中核は確実にキープしてください。
　　タームを関係づけるたくさんの文を作り、自由に遊んでみてもいいでしょう。A=Bで、かつA=Cなのだから、Bはある種のCである、もしくはCはある種のBである、もしくは内にAをもつBは特別なありかたでのCかもしれません。開かれていて、固定されていない論理と遊んでみましょう。
　　論理にこだわらずに、タームを分割したり、組み合わせたり、新しいタームを1つか2つ入れて文を作るのも自由です。
　　メモリをあわせるように調整しながら、タームの間の"IS（である）"がフェルトセンスの中心を表現していくようにしましょう。
　　間に"IS（である）"のある2～3のタームでフェルトセンスの中核が表現されたところでステップ10は終了です。
　　もしも、この過程でタームが変わってきていたら、中心となるべきタームをあらためて選び直し、A、B、Cとしましょう。
　　選んだタームを、"AはBである"、"AはCである"と書いておきましょう。

◆ステップ10（2）　説明

　3つのタームを選んだら、それを、A、B、Cと置きます。そして、「A=B」とおいてみます。ジェンドリンはこれを「空っぽの公式」と読んでいます。そして「=」を「is」に置き換えて文を作ります。ここでは、フェルトセンスを全く考慮せずに、形式的に「A is B」と書きます。「役立つヒント」には、同一のフェルトセンスから出てきたものなので、イコールのつながりが真実であるようなありかたがあるはずだと書かれています。3つのタームはテーマとしているフェルトセンスを感じながら選んだタームですから、同じ直接照合体に由来しています。従って、直接照合体が暗在する「普遍的なもの(X)」を何らかの形で暗在しているはずです。それを直接言語化することは原理的に不可能ですが、他の語でそれを表現することはできるというのがジェンドリンの理論の基本的な考え方であることは、既に何度か述べました。

　日本語でおこなう場合は「A=B」を「は～である」に置き換えます。「AはBである」という文ができます。次に「AはBである」を変えずに、前、間、後に、自由に語句を挿入し、フェルトセンスに合うように調整します。等式が成立するように、足し算引き算をおこなう感覚で、語を加えたりとったりします[87]。「役立つヒント」には、「最小限の追加や変更」を行うと書かれています。「ある種の」や「少なくとも」などを付けたり、「～する」で終わり

99

そうなときに「～する何かである」としたりする例が示されています。日本語の場合、「ものである」を付加するとうまくいくことがあります。「ものである」には「である」が入っていますね。少々不自然でもよいので、形式的に、「は～である」を保持したまま、フェルトセンスに合う文に調整します。論理形式が保持され、かつ、フェルトセンスに合う新しいパターンができました。この作業を「AをBの観点から定義する」と言います。

　ここは、TAEの特徴が非常にはっきり表れている部分です。TAEは、論理とフェルトセンスをジグザグに行ったり来たりしますが、「AはBである」と置くときは論理の側にいます。それをフェルトセンスに合うように調整するときは、フェルトセンスの側にいます。その過程で双方が変化します。論理形式「AはBである」にフェルトセンスからの語句が挿入され、文が変化します。同時に、フェルトセンスに論理形式が含意されフェルトセンスも変化するとモデル化されています。人間は二つを二重化して感じられるのでこのようなことが可能なのです。ここでの作業は、砂鉄が交じった砂に磁石を押し当てるようなイメージでしょうか。磁石の力が論理の力です。鉄の交じった砂がフェルトセンスです。もともとあったものが形を成します。外から加えられた力が刺激になり、内部全体が、みずからの持っている力によって、整っていく感じです。

　引き続いて「タームを関係づけるたくさん文を作り、自由に遊んでみてもいいでしょう」とされています。論理的関係から考えてこうなるはずだといったんフェルトセンスを脇において文を作ってみてフェルトセンスで感じてみたり、フェルトセンスに合う文を新しいタームを入れながら自由に作ってみたりします。「は～である」は変えずに「目盛りを合わせるように微調整」すると教示されています。この感覚は、まさに、論理形式（は～である）とフェルトセンスを二重化させ相互作用させる感覚です。相互に浸透し合い、両方を含む文になっていきます。

　このステップで、オリジナルTAEでは、A=C、B=Cの文を作り、必要に応じてフェルトセンスに合うように調整するという手順になっています。しかし、「遊んでみましょう」と繰り返されていることからもわかるように、このステップはいろいろ試しながらタームを関係づけるステップですから、細かな手順にとらわれるよりも「自由に遊ぶ」ほうが生産的です。ここでの作業のポイントは、機械的に文を作り、その後、フェルトセンスで感じて調整することです。

私は、ステップ10をシートに記入する方式で標準化しています。私のやり方は、「A=B」「B=C」「C=A」とすべての組み合せで、循環的に「AはBである」「BはCである」「CはAである」の文を作り、前、中、後に、適宜、語や句を補ってフェルトセンスに合うように調整し、気づいたことをメモ欄に書くというものです。メモ欄で自由な発想が広がるようにしています。メモをしていて新しく大切な語句に気づいたら、重要語としてマークします。余裕があれば、逆回り「A=C、C=B、B=A」もおこないます。オリジナルTAEのように、「A=B」「A=C」の右辺同士の関係と「B=C」の文とを比較し、どちらも成立するからにはA、B、Cがどんな関係になっているのだろうかとフェルトセンスに問いかけてみてもよいと思います。しかし、数式ではありませんから、厳密に等式が成り立っているかどうかにこだわり過ぎないようにしてください。あくまでも気づきを得るための手がかりと考える方がよいと思います。ここは試しにA、B、Cを関係づけてみて、フェルトセンスで感じてみることが目的ですから、作業はマニュアル化しすぎないほうがよいでしょう。いろいろやってみるうちに、A、B、Cのターム間の関係が見えてくることでしょう。

　途中でタームを変更したくなったら、変えてもかまいません。その場合、新しいタームで同じようにおこないます。

　3つの主要タームでフェルトセンスの全体と中核が表現されたと感じたら、ステップ10は終了です。

◆ステップ10（2）　適用例

　「である文シート」（ターム関連シート1）に従って進めました。このシートは、「AはBである（A＝B）」「BはCである（B＝C）」「CはAである（C＝A）」の3文の循環形式でA、B、Cを連関させ、気づいたことをメモし、気づきをひと言でまとめる形式になっています。作業をしていて、いずれも、メモを書いているうちに、だんだん気づいていく感覚がありました。というのも、「論理的、かつ、フェルトセンスに合っている文」は、とりあえず関係づけたというだけで、外枠はできたけれども中身はこれからというような感覚だからです。そこを説明しようとしてメモを書くことで、気づきが進んでいきました。このステップでの気づきとして、作業メモに、「ぶらぶらの能動」「周りがいる中での集中」「自由を楽しむ」を書きとめました。

である文シート（ターム関連シート１）

① テーマとしているフェルトセンスを感じ直す さくぶん org の教育効果		
② ３つのターム＊フェルトセンスの中に大きな三角形を描くつもりで、頂点におくタームを選ぶ		
A：「ぶらぶら」	B：「どんどん」	C：「引っかかり」

タームをイコール（「である」）で結びフェルトセンスに合うように加筆する。気づいたことをメモする。　　　　　　　　　　　　＊重要語に下線を引いておく

ターム	形式的に論理的な文	形式的に論理的で、かつ、フェルトセンスに合っている文
A＝B	③「ぶらぶら」は「どんどん」である	④「ぶらぶら」は「どんどん」行く前の準備である
⑤（メモ）「ぶらぶら」は受動的で、「どんどん」は能動的かなと感じた。感じ直すとそうでもない。「ぶらぶら」することも能動的だと気づく。「ぶらぶら」の能動って何だろう？　　　　　　　　　　　　　　　　　　気づき：ぶらぶらの能動		
B＝C	⑥「どんどん」は「引っかかり」である	⑦「どんどん」は「引っかかり」をきっかけに、引っかかったところに「どんどん」行くのである
⑧（メモ）「どんどん」は深く進む。「ぶらぶら」は広く回る。構えが違う。「どんどん」行くときは夢中。周りを見ないで集中　　　　　　気づき：周りがいる中での集中		
C＝A	⑨「引っかかり」は「ぶらぶら」である	⑩「引っかかり」は「ぶらぶら」しているから起きる
⑪（メモ）「ぶらぶら」していないと引っかからない。リラックスしていると開かれた状態ができる。だから引っかかる。スキがある。遊び心がある。少しゆったりした時間。自由を楽しむ　　　　　　　　　　　　　　気づき：自由を楽しむ		
⑫タームの書き出し　＊A、B、Cと重要なタームを出てきた順に書き出す ぶらぶら、どんどん、引っかかり、能動、周りがいる中での集中、自由を楽しむ		

◆ステップ10（1）（2）　理論との接続（「家族的に」使ってみる）

　ステップ 10 は、タームを選択し、相互に関係づけるステップです。

　まず、タームを選択します。創造的退行をおこないながらタームを選定します。扱っている直接照合体（フェルトセンス）のほとんどの領域と中核が入るように、３つの主要のタームを選びます。ジェンドリンは『体験過程と意味の創造』で「思考」の開始として「縁飾り（fringe）」の語を用いながら「一

つの意味を考えるにはシンボルとフェルトセンスの両方が必要だというのが我々の結論である」と述べ、あるタームXの意味に集中すると、それを定義するターム a、b、c が、それがタームXを構成する限り、確実に、我々の注意の範囲に入って来るとしています[88]。A、B、C が「房飾り」にあたります。

　次に、選んだタームを相互に関係づけます。まず、フェルトセンスを考慮せずに、機械的に「AはBである（A=B）」等の文にあてはめ、その後、フェルトセンスに照合し、修正します。ターム（A、B、C）を関係つけるたくさんの文を作り、自由に遊んでみます。ジェンドリンはある「体験された意味」は新しい意味を生んだり、その両親を見つけたりすることができると言います。新しい局面が、他のものとの「間」であるいは、それ自身の「局面」と他のものの「局面」の両方として、特定されていきます[89]。

　私は、ステップ10は、新しいタームを「家族的に」関係づけるステップだと考えています。ジェンドリンは『プロセスモデル』で、新しい概念は、最初は「使用の家族」＊として現れ、しばらくの間使用した後にのみ、内的に構造化に向かえると述べています[90]。『プロセスモデル』は言語の起源について述べたものであり、TAEステップの進行にそのまま当てはまるものではありませんが、ここで、「自由に遊んでみる」根拠を求めると、新しい語を創ろうとする場合（既存の語に新しい意味を含ませようとする場合）、しばらくあれこれ使ってみる段階が必要だということでしょう。

　最近の著作でも、しばらく使ってみた後に暗在的な知性をさらに発展させることができると言っています。いろいろと使ってみることで、形式と暗在的複雑性が交差します。多と多の交差から、「家族的に」ターム間の関係が立ち上がってきます[91]。「創造」は時に「遊び」です。しかし、単なる遊びではありません。一貫して最初のフェルトセンスに照合することを忘れないでください。

＊　ウィトゲンシュタインは、『哲学探究』67節で、言語には、血縁関係とでもいうべき類似性があるとしています。これを「家族的類似性」と呼び、家族のメンバー間の体格、顔つき、眼の色、」歩き方、気質等の種々」多様な類似性は、相互に重なりあい交差し、一つの家族を構成しているとしています。

図16　論理が立ち上がるイメージ（ステップ10、11）

―ステップ11―
ターム間の本来的関係を探究する

◆ステップ11　メインインストラクション

　二つの文のそれぞれの"は"の後に"本来"を加えましょう。「Aは本来Bである、Aは本来Cである」となります。この文がこの先、何を意味するようになるか、あなたにもまだわからないでしょう。
　さあ、なぜ"A"が本来"B"なのかをみつけるために、フェルトセンスの精妙さの中へと入っていきましょう。これらの二つの事は本来どのようにつながっているのだろうか？　まさしくBでなければならないような、もしくは、Bとこの関係でなければならないような、Aのほかならぬ性質は何だろうか？　気づいたことを書いておきましょう。本来的なつながりに名前をつけましょう。今や、AとBの関係がわかりました。その関係を新しいタームにしましょう。
　"Aは本来Cである"についても同じようにやってみましょう。

◆ステップ11　説明
　ステップ11は、ステップ10と同じA、B、Cのタームを用いて進めます。まず、「Aは、本来、Bである」と、フェルトセンスを考慮せずに機械的に置いてみます。その後、「なぜそう言えるのだろう」とフェルトセンスで感じてみて、気づいたことを書きます。その過程でBでなければならないようなAの性質が気づかれてきます。それを新しいタームとして書いておきます。
　役立つヒントには、AとBは同一のフェルトセンスから出てきたのだから、

第3章 TAEを質的研究に応用する

「Aは本来Bである」と言えるはずだと書かれています。ステップ10でも書きましたが、ここでも直接照合体への照合によって、同一性を保証していきます。同じ直接照合体に由来する語であるからには、明らかにしたい「普遍的なもの（X）」を何らかの形で暗在しているはずです。ステップ10では、どちらかというと外側から刺激を与えて全体を揺らして探りましたが、ステップ11では、内側に深く入り込んで探っていきます。

「Aは、本来、Bである」は、「A is inherently B」の訳ですが、あまりぴんとこない日本語だと思われる方も多いのではないでしょうか。「役立つヒント」には「2つのタームの背後のフェルトセンスの中へと入っていくことが必要です」とありますが、実際に、TAEのガイドをしていると、「Aは本来Bである」という文でフェルトセンスの奥深くに入っていくのが難しい人も多いようです。

私は、シートに「Aは、本来、Bである」「AはもともとBの性質をもっている」の二つの文を併記しておき、なぜそういえるのかをメモするように手順化しています（p.106参照）。「もともとそうなんだ」「性質をもっているんだ」と仮定しておいて、「だとしたら何が言えるだろう、それはなぜだろう」とメモを書きながら自問していきます。こうすると、繰り返し使いたくなる言葉が出て来たり、今おこなっている作業の一歩先にあると感じられる語が浮かんできたりします。それを新タームとして書くようにしています。「役立つヒント」には「AもBもXであるようなX」を見つけるとありますが、共通項というよりは、奥にある何かを探る感覚です。

オリジナルTAEでは「Aは、本来、Bである」から新タームXを見出し、「Aは、本来、Cである」も同様におこなうとなっています。二つの文から見出すXが同一なのか異なるのかは、ステップを読む限りでははっきりしませんが、同一だとすると、A、B、Cの中心にあるXに厳しく迫っていくことになるでしょう。この手順で中核を確認するのもよいと思いますが、行く先を一つの語と決めてしまうと、窮屈になってしまいます。フェルトセンスに非常に深く入り込んでいる場合にはそれが可能になるでしょうが、実際におこなってみると、この段階で、一気に一語に到達するのは難しいようです。私は、循環的に「Aは、本来、Bである」「Bは、本来、Cである」「Cは、本来、Aである」の文を作り、メモを書くようにしています。余裕があれば、逆回り「Aは、本来、Cである」「Cは、本来、Bである」「Bは、本来、Aである」もおこないます。オリジナルTAEの手順が、核心に一気に迫っていくのに対

して、私が工夫している手順は、らせん状に回りながら、徐々に深みに降りていく感覚です。

◆ステップ 11　適用例

　ステップ 11 のA、B、Cは、ステップ 10 と同じタームを用います。「もともとシート」（ターム関連シート 2）に従って進めました。

　「Aは、本来、Bである」の③「『ぶらぶら』は、本来、『どんどん』である」から出て来た④「待ち探し」は、一般には使われない造語ですが、フェルトセンスをよく表現している感覚を持ちました。「気に入っている」という感覚が自然に出て来ました。

　「Bは、本来、Cである」の⑦「『引っかかり』は、本来、『ぶらぶら』である」がなかなかうまくできませんでした。「Cは、本来、Aである」をおこなってから戻り、続けました。「かむ」が新タームになりましたが、フェルトセンスでは「ぴったりでない」感覚が残ったままでした。

　「Cは、本来、Aである」（「引っかかり」は、本来「ぶらぶら」である）から出て来た「伸展する」は、フェルトセンスがよい反応を返してきた語です。

もともとシート（ターム関連シート 2）

① テーマとしているフェルトセンスを感じ直す さくぶん org の教育効果		
② 3 つのターム　＊「である文シート」と同じタームを使う		
A：「ぶらぶら」	B：「どんどん」	C：「引っかかり」
タームを「〜は、本来（もともと）〜である（の性質を持っている）」の文にあてはめる。フェルトセンスで感じて気づいたことをメモし、新しいタームを追加する		

ターム	〜は、本来（もともと）〜である（の性質をもっている）
A, B	③「ぶらぶら」は、本来（もともと）、「どんどん」である（の性質を持っている）
④（メモ）「ぶらぶら」というのは何かを待っている状態。目的地にまっすぐ行くのではない。無駄もあるし、自由。寄り道とも違う。ちょっと覗いて出て来てもよいし、外のようで中のようで。外にいるようで自分の世界にいる。そこが寄り道と違う。何かを探している。　　　　　　　　　　　　　　**新しいターム　待ち探し**	
B, C	⑤「どんどん」は、本来（もともと）、「引っかかり」である（の性質を持っている）

第3章 TAEを質的研究に応用する

⑥（メモ）ずるずるっという感じかな。それよりも、自分で引っかかりを見つけながら入って行くのか。山登り。足場。引っかかる場所を見つけながら、自分の足で一歩一歩進んでいく。この足場は「足下を固める」の「足下」。自分の足を乗せる場所。足場を作る…食べる、かむ、つむぐ、引っかかってどんどんつむいでいく、編む、織る、一歩一歩爪を立てながら進む、登る、歩を刻む、刻む、かむ、そしゃくする、かみ合う　　　　　　　　　　　　　　　　　**新しいターム**　かむ
C, A	⑦「引っかかり」は、本来（もともと）、「ぶらぶら」である（の性質を持っている）
⑧（メモ）何かが引っかかったとして、反対の端はぶらぶらしている。片方がひっかかり、もう片方はぶらぶら。しかし、違う。これはそうではない。一旦、引っかかったら、どんどん巻き込まれる。それは自動的だから。引っかかった以上、巻き込まれる。一緒に展開する。回る。伸びる。伸展する。　**新しいターム**　伸展
⑨**タームの書き出し**　＊A、B、Cと重要なタームを出てきた順に書き出す ぶらぶら、どんどん、引っかかり、待ち探し、足場作り、伸展する、かみ合う

◆ステップ11　理論との接続（「X」との関係を探求する）

　ステップ11は、「ターム」の本来的関係を探求するステップです。まず機械的に「Aは、本来、Bである」の文を作り、「なぜそうなのだろう」とフェルトセンスに直接照合します。こうして二つのタームの背後のフェルトセンスの中へと深く入り込んでいきます。そして、「AもXである」「BもXである」ような「X」を得ます。他も同様におこない、取り上げているフェルトセンス（「体験された意味」のあるひとつの局面）の創造を決定しているものへと向かっていきます。

　ジェンドリンは『体験過程と意味の創造』で、次のような説明も行っています。Aの新しい局面がNと一緒に創られるとき、非常に多くの「そのような "NA" 局面」が形成されます。それぞれのNAとBとの間に、少なくとも一つの関係が可能であり、見出され得るとき、それが、AとBとの関係になります。それはNの一局面でもあります。Nの度合いはどんな具合にでも創ることができます[92]。オリジナルTAEの手順では、一気に中核に迫り新局面を創りますが、私が工夫しているものは、らせん状に少しずつ新局面を創りながら入っていきます。

　ステップ10とステップ11は似ているからどちらか一つでよいのではないかという質問を受けることがあります。しかし、この二つのステップは、直接照合体への関わり方が違います。ステップ10は、論理形式を外側から押し当て内部から上がって来るものと相互浸透させていく感覚なのに対し、

ステップ 11 は論理形式（本来〜である）を明かりにして、暗い穴に深く降りていく感じです。最後に新タームを書くときには一歩奥に踏み込む感覚があります。

　A、B、C は同じ直接照合体に由来していますから、「普遍的なもの（X）」を暗在しています。『プロセスモデル』には、直接照合体形成は、複雑さの「すべての（every）」の側面の暗在を作り、同じ直接照合体から生じる無数の陳述は、1 個の実例としてそれを暗在する[93]とあります。「X」は、タイプ a 暗在、すなわち第一の普遍性に関係するでしょう。「第一」は常に「第二」の連続を経由して連続します。「X」は、原理的に、直接シンボル化することはできません。ステップ 11 は、A、B、C に本来的関係を語らせることによって、「X」に迫るステップであるといえるでしょう。

—ステップ 12—
恒久的なタームを選び相互に組み込む

ステップ 12 は長いので、前半、後半に分けることにします。

◆ステップ 12（1）　メインインストラクション

> 　新たに非論理的な中核を構築しましょう。その中核を、ステップ 11 でみつけたいくつかのタームと、本来的つながりを使って、どのように明確に表現できるか自問しましょう。その中核を明確に表現するために、一つの主要なタームを「は」の前にして、他のタームが後に続くような形式の文を作りましょう。
> 　次に、上記の表現の「は」に続くタームの中から一つ選びましょう。そして同様に、その選んだ 2 番目のタームが「は」の前になり、残りのすべてのタームが後に続くような中核の表現を書いてみましょう。
> 　3 番目のターム以下についても、同様にやってみましょう。今、各タームは、残りのタームがすべて入った明確な表現によって定義されました。

◆ステップ 12（1）　説明

　ステップ 12 で、いよいよ理論を創っていきます。理論とは概念の構造体です。TAE では、諸概念が相互に組み込まれて定義されているとき、その諸概念は構造体を成しているとします。このとき、諸概念は互いに連関しシステムをなします。概念とは意味する内容を表示し論理形式を含意する言語シンボルです[94]。

まず、新たにタームを選び直します。「ステップ11で見つけたタームや本来的つながりを使ってフェルトセンスの非論理的中核をどのように明確に表現できるか」と自問し、それを表現できそうなタームを選ぶと教示されています。この教示は、ちょっとわかりづらいと思います。実際に作業するときは、次のようにするとよいと思います。ステップ11でフェルトセンスの深い部分に降りていったわけですから、その感覚に浸りながら、その部分を表現するのに必要なタームを、新たに3つか4つ選びます。ステップ11で新たに見つけた新タームは有力候補です。しかし、ステップ10で選んだA、B、Cと同じでもかまいません。今まで使った語句でも、初めて使う語句でも、フェルトセンスにとって重要だと感じられるタームを選ぶという点さえ押さえておけば大丈夫です。文ではなく語か句にします。どうしても文になるときは、「　」で囲んで句として扱います。

　この後、タームを増やしていきますから、候補になったタームは、たとえ採用しなくても、まとめてメモしておきましょう。どちらを採用しようかと迷った類似表現も後で使えますから、メモしておきます。ここで主要タームとして選んだ語句は、基本的には、この後、削除することはありません。ステップ12のタイトルに「恒久的なターム」とあるのはそのためです。

　ここで選んだ語を再びA、B、Cと置き直します。選び直したわけですから、違う文字にするほうがよいでしょう。この本では、O、P、Qとします。3～4個選びますから、4個選んだ場合はRまでありますが、3個選んだ場合で代表させて説明していきます。このO、P、Q、(R)は、この後、概念構造の連結点になっていきます。

　ステップ12前半は、理論作りの中心になる部分です。O,P,Qを使ってフェルトセンスの中核を表現していきます。まず、フェルトセンスの中核をめざすようなつもりで、「Oは」で始まってP、Qを最低1回含む文を作ります。これで、OをP、Qで定義できます。同様に「Pは」で始まってQ、Oを含む文、「Qは」で始まってO、Pを含む文を作ります。このように循環的におこなうと、O、P、Qが相互に組み込まれた形で定義されます。ここで作る3つの文を「相互定義文」と呼ぶことにします。

　「役立つヒント」には、これにより、それぞれのタームが、それぞれのタームの「間ではなく中へと定義されます」と書かれています。英語では関係代名詞を使うのでうまくいくのですが、日本語の場合は工夫が必要です。私は、「Oは」で始めて、とにかくP、Qを最低1回使いながら、少々長くなって

もよいので、なるべく一文で書き上げるようにしています。その後、長過ぎて意味がわかりづらいときは、2、3文に分割します。「Oは」で始め、P、Qを最低1回使うことさえ固定しておけば、あとは自由に作ってかまいません。「Oは」が終わったら、「Pは」「Qは」をおこないます。「は」は「とは」としてもかまいません。使いやすい方にします。

「役立つヒント」には、「いったんタームを定義したら、そのタームが出てくるときはいつも、タームの意味を同じにキープしましょう」とあります。このアドバイスは非常に有益だと思います。

TAEステップのタームはフェルトセンスを含み込んでいますから、多スキーマ的で、いろいろな意味に使えます。例えば「Pは」で始まり、Q、Oを含む文を作っているとき、Qを少し違った意味で使えば、それはそれでフェルトセンスを表現する文が作れるというアイデアが浮かんでくることがあります。そんなときは、そのアイデアはメモしておくだけにし、Qの意味は、最初の「Oは」で始まる文（Oを定義する文）と同じ意味に戻し、文を考え直します。そうしないと、フェルトセンスの別の局面が立ち上がってきてしまい、中核に向けて集約すべき作業が拡散してしまいます。ステップ6ならば、フェルトセンスのさまざまな局面を立ち上げてよかったのですが、ここでは、直接照合体に構造体の骨格を組んでいきます。従って、連結点となる箇所はしっかりと固定しておく必要があります。タームは連結点です。タームの意味を同じに保つと、文形式の持つ論理的なパワーが働き、フェルトセンスがそれに応答し、その形式を含むように形を成してきます。連結点を共有しているので、相互に組み込むことが可能になり、構造体に成るのです。いろいろ解説しましたが、実は、ここで文を書くのは、さほど難しくありません。むしろ、「Oは」をおこなうと、あとは自動的にできてくるような感覚があります。ここで作る文はいずれも、フェルトセンスの中核を表現していますから、同じことを違う角度から言うことになります。

すべての主要タームが、相互に他を含む文で定義されたとき（相互定義されたとき）、タームの構造体ができたと考えます。TAEでは、このときタームは「概念」になります。

◆ステップ12（1）　適用例

ステップ12では新たにタームを選び直します。TAEステップではA、B、Cとなっていますが、ステップ10で選んだものと紛らわしいので、O、P、

Qとします。

　ステップ11で見つけた「新しいターム」をここでの新しいタームにしました。ただし、「かむ」のぴったりでない感じに焦点を合わせていると、「つかまる」が浮かんで来て、こちらのほうがよいと感じられたので、O「待ち探し」、P「つかまる」、Q「伸展」としました。
　「Oは」で始まってP、Qを最低1回含む文、「Pは」で始まってQ、Oを含む文、「Qは」で始まってO、Pを含む文を作りました。

相互定義シート（タームを相互に組み込む）

①新たなタームを3、4個選定する　　*これらが相互定義されたとき概念になる		
O:「待ち探し」	P:「つかまる」	Q:「伸展」
諸概念の相互定義　　　　　　　　*各概念を残りの諸概念を使って定義する		
②OをPQを使って定義する 　「待ち探し」は、内心「伸展」を望みつつ、「つかまる」ポイントを探りながら、半ば積極的、半ば消極的に、ゆるやかに自由に動くことである。 ③PをQOを使って定義する 　「つかまる」は、「待ち探し」の状態に引き続いて起こる。「つかまる」と、相手と一緒に「伸展」する。 ④QをOPを使って定義する 　「伸展」は、「待ち探し」をしているときに、ふと「つかまり」、つかんできた世界に、引き入れられ、その世界で、「伸展」することである。		

◆ステップ12（2）　メインインストラクション

　一つ一つの文をこんなふうに確認してみましょう：この文は本当にそのタームの自分の意味を言い得ているのだろうか？　と、自問してみましょう。それらの文は同じことを単に違う順序で言っているだけのようにみえるかもしれません。しかし、よく見ると、もっと独自性があれば、より本来的なリンク・タームを作り出し、あなたの意味を表現できる文があることに、気づくでしょう。
　ある文で独自性をさらに展開したならば、残りの文に戻って、追加したリンク・タームを組み込みましょう。このようにしていくと、どの一つのタームの変更や追加も、おのずと残りのタームの定義に反映されていきます。これは、理論がさらに展開する一つの道です。
　ここで、これまでのステップにもどって自問してみましょう：この理論が自分の言いたいことを言い得るために、次にどんな語句を必要としているのだろうか？
　必要な語句を一つずつ追加してください。それぞれの語句は先ほど定義したタームから"導出"してください。"導出する"とは、新しいタームと以前のタームの間の本来的関係を見出すことです。見出した関係を説明し、書きましょう。

◆ステップ12（2）　説明

　いったん構造体ができあがったら、一文一文、フェルトセンスで感じながら検討していきます。創造的退行をおこないフェルトセンスをよく感じ、「もっとつながりをよくするためにどんな語があるとよいか」とか「フェルトセンスを表現するために必要なタームはないだろうか」と自問します。フェルトセンスはいったん脇において、論理的形式のみから「こうなるはずだと」という文を考案し、フェルトセンスに当てはまるかどうか自問してみてもよいでしょう。新たに加えたいタームがみつかったら、既に作った文に加えていきます。ここでタームを加えるときに、ステップ12（1）でメモしておいた候補となった語のメモから選んでもよいでしょう。

　私は、この箇所は、次のように手順化しています。例えば新しいタームRを入れるとすると、既に作った「Oは」「Pは」「Qは」の文に、「R」を入れます。「R」だけだとうまく入らないので、前後に言葉を足して、それぞれの文がよくフェルトセンスを表現するようにします。そして、最後に「Rは」で始まりO、P、Qを最低1回ずつ含む文を使います。「S」を加えるときも同様にします。この手順で作業すると、新しくタームが追加されるたびに、他のタームの相互定義の中に組み込まれ、自身もまた他の諸タームで定義されます。既にできあがった概念の構造体を崩さずに、新しいタームを組み込んでいくことができます。新しいタームも、構造体に組み込まれるとき「概念」になります。

　ここでの作業は、一語増えるたびに既にあるものに書き加えていくわけですが、いちいち古いものを書き写してから加えていると面倒です。シートを使う場合は、新しく加筆した箇所だけ、それとわかるように印をつけて間に入れていくようにしています。パソコンを使って作業すると便利です。既に作った文をコピーして貼付け、新しく書き加える部分はフォントの色を変えて、貼付けた文の間に書き加えていきます。いずれの場合も、既にある文に加筆した後、新しいタームを主語にして「〜は」と始まり、他のタームを最低1回ずつ含む文を書くのを忘れないようにしてください。

　この作業の間も一貫して、テーマとしているフェルトセンスから離れずにおこないます。組み込まれるタームが増えるにしたがって、注意を集中しやすくなってきます。目標が定めやすくなる感じです。

　この作業を続けていると、だんだん、同じことを繰り返し言っているよう

な感覚になってきます。そのように感じられれば、それは「理論創りの作業の終了が近づいてきたこと」を知らせるフェルトセンスからの合図です。加えたいタームがなくなったら、理論化の作業を終了します。

ステップ12前半で、フェルトセンスの中心が、いくつかの諸タームの相互定義の組み込みによって表現されます。これで、理論化が終了します。この作業が終了したとき、タームは「概念」になります。諸概念の相互定義文（概念の数だけあります）を、「相互定義文セット」と呼ぶことにします。相互定義文セットは、数式に喩えると連立方程式といえるでしょう。連立方程式で、一つの論理システムを表現しているということができます。その論理システムは、直接照合体が暗在する「普遍的なもの（X）」のシステムの実例です。TAEでは、この論理システムが理論です。

ここステップ12でも、論理形式とフェルトセンスを相互作用させていることがわかると思います。ここでの論理的形式はOをP、Qで定義することです。この形式を崩さずに、フェルトセンスを表現します。タームを文として破綻のない形につなげようとすることと、フェルトセンスを表現しようとすることが、二重化されています。文が出来て来ることが形式の側の変化です。フェルトセンスが論理形式に合うように表現されてくることがフェルトセンスの側の変化です。このようにして、フェルトセンスの内容が言語化されてきます。シンボル化するものが言語で表現され、論理形式が含意されているシンボル化は、概念化と呼ばれます。

ステップ12前半の最後に、理論の骨格を、自由な文型で書きます。200字から300字程度の文章になることが多いようです。この文章は、完成した理論を言語に展開したもの（ストーリーライン）です。

◆ステップ12（2）　適用例

引き続いて、必要と感じられるタームを追加していきました。「履歴」は、4つ目として入れたいと思っていた候補の語だったので、最初に加えました。作業をしながら気づいたことを、作業メモに書き取っていきました。

相互定義シート（新タームを組み込む）

①新たなタームを一つ組み込む			
O：「待ち探し」	P：「つかまる」	Q：「伸展」	R：「履歴」

諸概念の相互定義　　　　　＊各概念を残りの諸概念を使って定義する
Oの定義にRを組み込む 　「待ち探し」は、内心「伸展」を望みつつ、「つかまる」ポイントを探りながら、半ば積極的、半ば消極的に、ゆるやかに自由に動くことである。<u>「待ち探し」をしているだけでは**「履歴」**は残らない。</u>
Pの定義にRを組み込む 　「つかまる」は、「待ち探し」の状態に引き続いて起こる。「つかまる」と、相手と一緒に「伸展」する。<u>「伸展」すると、自分にも相手にも**「履歴」**が残る。</u>
Qの定義にRを組み込む 　「伸展」は、「待ち探し」をしているときに、ふと「つかまり」、つかんできた世界に、引き入れられ、その世界で、「伸展」することである。<u>そのとき、相手の世界と自身の内面に**「履歴」**が残る。</u>
⑥新概念の定義　　＊新概念Rを諸概念OPQを使って定義する
RをOPQを使って定義する 　**「履歴」**は、「待ち探し」の状態では残らないが、「つかまり」、一緒に「伸展」したときに、双方に残るものである。<u>自分のエッセイを見回り、感想があると、そこに「伸展」して「履歴」を残す。</u>　　　　　　　　＊下線は新たに加えた部分

　「伸展」の定義文に「履歴」を加えているときに「内面」の語が出てきました。これは重要な語だという感じがありました。作業メモには次のようにあります。

> （作業メモ）
> 　「待ち探し」のとき、内面はどうなっているのか。sensitiveになっている。内面にアクセスして待ちの状態。ストップ。でも、ぶらぶらしている。無理矢理ストップさせる厳しさはない。ぶらぶら。自由がある。だから「つかまり」が起こる。「つかまる」は受身形（何かにつかまる）でもあり、自分が「つかまる」（吊り革につかまる）でもある。ぶらぶらは、リラックスしながら止まっている。風に吹かれている。何につかまり、つかまるのだろうか。

　メモを書きながら「sensitive」の語も重要だと感じていました。「履歴は」を書いているときに、「見回り」という言葉が出て来て、面白いと思い、次は「見回り」を加えることに決めました。その後、「内面」「sensitive」「言葉」を加えました。相互定義シートの例示は省略します。

作業メモの一部を紹介します。

（作業メモ）
　「見回り」を定義しているとき、共感が先だと思っていたが、「待ち探し」が先だと気づく。相変わらず、何につかまるのだろうかという疑問。「感想」につかまるのか。とりあえず、「それ」にしておく。
　「内面」を定義しているときずっと残して来た疑問。何に「つかまり」「つかまれる」のだろうか。「感想」に「つかまれる」だけでは、自分が感想を書くときのことが言えない。「言葉」に「つかまる」としてはどうかと思いつく。
　「つかまる」の定義文に「sensitive」を入れているとき「待ち探し」には「不安」もある。「不安」があるから「sennsitive」になると気づく。

この作業をしているうちに、だんだん、同じことを繰り返し言っているという感じがしてきました。タームを加える作業は、一旦終了することにしました。最終的にできたタームによる相互定義文セットは、次のとおりです。これが、この研究における、基本となる「相互定義文セット」になります。相互に組み込まれたので、タームは「概念」になりました。「概念」は互いに連関しシステムをなしています。

基本となる相互定義文セット（ステップ12前半）

O「待ち探し」の定義文
　「待ち探し」は、内心「伸展」を望みつつ、「つかまる」ポイント、つまり、「言葉」を探りながら、時々自分のエッセイに感想がついていないか見回りながら、半ば積極的、半ば消極的に「内面」がゆるやかに自由に動き、「sensitive」になることである。「待ち探し」をしているだけでは「履歴」は残らない。

P「つかまる」の定義文
　「つかまる」は、「sensitive」になっている「内面」が動くことであり「待ち探し」の状態に引き続いて起こる。自分のエッセイを見回るという緊張感があるから、感想がきていると、つまり、その中の「言葉」に「つかまる」と、相手と一緒に「伸展」する。「伸展」すると、自分にも相手にも「履歴」が残る。

Q「伸展」の定義文
　「伸展」は、「見回り」をしながら「待ち探し」をしているときに、ふと「sensitive」になっている「内面」が「言葉」につかまり、つかんできた言葉の世界に「つかまり」、引き入れられ、その世界で、「伸展」することである。そのとき、相手の世界と自身の内面に「履歴」が残る。

R「履歴」の定義文
　「履歴」は、「待ち探し」の状態では残らないが、「内面」が「言葉」に「つかまり」、とりつかれ、一緒に「伸展」したときに、双方の内面に残るものである。なぜなら、「内面」は「sensitive」になっているからである。自分のエッセイを「見回り」、感想があると、そこに「内面」が「伸展」して「履歴」を残す。

S 「見回り」の定義文
　「見回り」は、「待ち探し」の「ぶらぶら」歩きの途中で、自分のエッセイに感想が来ているかどうか見回ることであり、感想が来ていたら、その中の「言葉」に「つかまり」、「sensitive」になっている「内面」はたちまち相手の世界に「伸展」する。「伸展」すると双方に「履歴」が残る。それは単に感想がついていることではない。

T 「内面」の定義文
　「内面」は、「待ち探し」のとき、「sensitive」になる。「言葉」につかまると、一緒に「伸展」し、双方に履歴が残る。自分のエッセイを見回るときは、いっそう「sensitive」になる。

U 「sensitive」の定義文
　「sensitive」は、「待ち探し」の時の「内面」の状態である。「sensitive」だから、「言葉」につかまりやすいし、とりつかれやすいし、「伸展」しやすい（よく伸びる）。履歴も残りやすい（やわらかい）。「sensitive」だと不安でもある。

V 「言葉」の定義文
　「言葉」は、「内面」の結節点であり、「待ち探し」の途中で、「sensitive」になっている「内面」につかまり、とりつく。「内面」は、とりつかれると「伸展」し、「履歴」が残る。とりつく方の「内面」にも、同様に、「履歴」が残る。

　これで理論ができました。しかし、相互定義文セットでは表現に重複があるので、ここで、諸概念の相互定義文で表現されたことを、諸概念を最低1回使用し、短い文章（ストーリーライン）の形で表現しておきます。これが、この時点での理論の中核になります。

理論の中核（ステップ12 前半）

　さくぶんorgにおける日本人大学生は、最初は「待ち探し」。「待ち探し」では、半ば積極的、半ば消極的に、内面がゆるやかに自由に動き、「sensitive」になっている。時々自分のエッセイに感想が来ていないか見回る。来ていると「つかまる」。すると「言葉」にとりつかれ、「内面」がたちまち相手の世界に「伸展」する。「伸展」すると、自分にも相手の世界にも「履歴」が残る。「sensitive」になっているから、「伸展」しやすい（よく伸びる）し、「履歴」も残りやすい（やわらかい）。

◆ステップ12（3）　メインインストラクション

　ようやく、タームが、あなたの奇妙なパターンによって、論理的にも体験的にもつなげられました。ここで、次のようにタームを相互に置き換えて、おもしろい文が作り出せます。置き換えの方法は以下の通りです。F＝AかつA＝Bならば、F＝Bである。ここではF＝Bは新しい文です。あるいは、F＝[Gを含むA]で、かつA＝Bならば、F＝[Gを含むB]である。
　置き換えによって、結論に向かっていく形式的文配列の論理的推進力*を展開することができます。その結論はフェルトセンスに受け入れられるかもしれないし、

第3章 TAEを質的研究に応用する

> 受け入れられないかもしれません。受け入れられない場合は、フェルトセンスにもう一度浸って、違いを見極めます。このように、論理と体験の力に助けられて、あなたの理論は精緻化するのです。　　　　（*訳注：形式論理的推論をさす）
> 　このインストラクションを必要なだけ繰り返して、これまでのステップからあなたが必要とするタームをもれなく入れてください。
> 　厳密な形式に従わなくても、まだ使っていないいくつかの語句を、いずれかの主要なタームの下にほぼイコールであるとして分類してもよいでしょう。同じ分類のターム同士を奇妙なパターンの中で置き換えると、論理の展開に従って次々と文が産出されていきます。このようにして、あなたの新しいパターンは、即座に多くの明確な表現を生み出せるのです。

◆ステップ12（3）　説明

　ステップ12の後半では、前半までで作った理論を精緻化します。ここは必ずやらなければならないわけではありませんが、非常に発見が多いステップです。

　タームを追加して相互定義に組み込む作業をおこなっていると、どちらを採用するべきか迷うような類似語（句）が、必ずといっていいほど出てきます。迷わないまでも、候補として類似語（句）が出て来る場合がほとんどです。ステップ12の後半では、そのような類似する2つの語（句）を、フェルトセンスを考慮せずに全部、置き換えてみて、その後、フェルトセンスで感じてみます。この作業は、パソコンの一括置換機能を使うと非常に便利です。まず、基本となる相互定義文セットを写します（概念の数だけあります）。そして、フェルトセンスを考慮せず機械的に、ある語（例えばS）を類似語（例えばT）に、一括置換します。置き換えた箇所がわかるよう、文字に色を付けておくと便利です。その後、相互定義文をフェルトセンスで感じながらゆっくり読んでいき、気づいたことをメモしていきます。置き換えても全く問題なく読めるものもあります。置き換えると意味が通らなくなる箇所も出てきます。それらをフェルトセンスに判定させていくうちに、意味が通る場合と通らない場合との違いがわかってきます。例えば、Sという概念が、実は意味の上では2種類に細分化できるということがわかってきます。それを、とりあえずは、S1, S2などと、区別していきます。3種類にできるときは、S1, S2, S3と置いておきます。それらを別のタームで表現できる場合は、新タームで表現します。これを、相互定義文セットの各々の文に対しておこないます。

　この作業は、納得できるまで繰り返して構いませんが、置換する前に、必

ず、ステップ12前半で作った、基本となる相互定義文セットに戻って、それに対して置換をおこなうことを忘れないでください。

　細分化の逆、つまり、統合が必要な場合もあります。ステップ12の前半では、タームは入れたいだけ入れてよいので、良く似た意味を表現する語を複数入れてしまい、一方を削除したい、一本化したいと感じることがあります。そのような場合は、相互定義文セットに対して、どちらか一つを残し、一方を他方に置換する作業をおこないます。その後で、相互定義文をフェルトセンスで感じながら読みます。フェルトセンスは、必ず、何らかの応答を返してきますから、それに従って、どちらか一つのタームで代表させたり、新たなタームを考案したりします。

　ここも、TAEの特徴が非常にはっきり表れている部分です。TAEは、論理とフェルトセンスをジグザグに行ったり来たりしますが、「SとTは等しい」として置き換えるときは論理の側にいます。それをフェルトセンスで感じてみるときには、フェルトセンスの側にいます。この作業を通じて、概念を、フェルトセンスに合うように細分化したり、統合したりできます。機械的に置き換えた文をフェルトセンスで感じる時、二重化がおこっています。文には文法の力があるので、意味がつながるように「創造」しながら読んでいきます。その「創造」がフェルトセンスと違うときには、フェルトセンスがすかさず異議申し立てをしてきます。どこがどう違うかを考えることで、双方が相互浸透して変化します。この変化は、あるものが別のものに変わってしまうような変化ではなく、同一のものがより精緻化していく変化です。

　細分化や統合をおこなっている途中で、新しいタームを加えたくなったら、ステップ12の前半の作業をおこないます。新タームを、基本となる相互定義文セットの各々の相互定義文に加え、新タームを主語にする相互定義文を新たに書きます。以後は、それを加えたものを、新たな相互定義文セットにします。

　ステップ12は、前半も後半も、非常に面白いステップです。「役立つヒント」に、「理論的中核から次々と新しいタームを導出し定義できることがわかるので、わくわくしてくるでしょう」とありますが、まさにそのとおりです。TAEの醍醐味を感じるステップです。

　◆ステップ12（3）　適用例
　ステップ12の後半では、前半の作業で類似していると感じられた語（句）

を、置き換えたり、統合したりし、気づきを得ます。
　最初に、「sensitive」を「不安」に置き換えてみることにしました。「つかまる」の定義文に「sensitive」を入れているときに、「不安があるから『sensitive』になる」と気づき、「不安」の語が重要だと感じられていたからです。

相互定義文セットの「sensitive」を「不安」に置き換える

O「待ち探し」の定義文
　「待ち探し」は、内心「伸展」を望みつつ、「つかまる」ポイント、つまり、「言葉」を探りながら、時々自分のエッセイに感想がついていないか見回りながら、半ば積極的、半ば消極的に、「内面」がゆるやかに自由に動き、「<u>不安</u>」になることである。「待ち探し」をしているだけでは「履歴」は残らない。
　（気づき）不安もあるが、期待もある。期待が大きいから不安があるわけで、期待が重要。しかし、もしかして、学生は不安が大きいのだろうか。教師が期待を、意欲へともっていかなくてはならない。自信をもつように促す。安心するようにする。「きっと大丈夫だよ」。

P「つかまる」の定義文
　「つかまる」は、「<u>不安</u>」になっている「内面」が動くことであり「待ち探し」の状態に引き続いて起こる。自分のエッセイを見回るという緊張感があるから、感想がきていると、つまり、その中の「言葉」に「つかまる」と、相手と一緒に「伸展」する。「伸展」すると、自分にも相手にも「履歴」が残る。
　（気づき）これはあてはまるかもしれない。「藁をもつかむ」という言葉があるが、不安だと、動きやすい。動くことで意欲が出て来るという面もあるのではないか。

Q「伸展」の定義文
　「伸展」は、「見回り」をしながら「待ち探し」をしているときに、ふと「<u>不安</u>」になっている「内面」が「言葉」につかまり、つかんできた言葉の世界に「つかまり」、引き入れられ、その世界で、「伸展」することである。そのとき、相手の世界と自身の内面に「履歴」が残る。
　（気づき）ふと不安になるは、おかしい。不安は継続的なもの。

R「履歴」の定義文
　「履歴」は、「待ち探し」の状態では残らないが、「内面」が「言葉」に「つかまり」、とりつかれ、一緒に「伸展」したときに、双方の内面に残るものである。なぜなら、「内面」は「<u>不安</u>」になっているからである。自分のエッセイを「見回り」、感想があると、そこに「内面」が「伸展」して「履歴」を残す。
　（気づき）「不安」だと「履歴」が残らないのではないか。不安だと固くなってしまう。閉ざしてしまう。やはり、「安心」がとても大切。「安心」であり、sensitiveであることが大切だ。「安心」しないと意欲も出ないだろう。
　　　　　　　　　　　　　　　　　　　　　　　　＊下線は置き換えた部分
　　　　　　　　S、T、U、Vも同様におこないます（以下略）

作業メモには次のようにあります。

> （メモ）「sensitive」を「不安」に置き換えたことによる気づきのまとめ
> 「期待」「安心」「不安」「意欲」が入り混じりながら進む。自分のエッセイを見回るときは、「不安」が大きい。しかし「不安」が大き過ぎると、固くなってしまい、「内面」を閉ざしてしまう。だから、教師が、「安心」や「期待」が増し、「不安」が大きくなりすぎないよう、サポートしなければならない。他の学生のエッセイが面白いと、楽しいから「意欲」がわいてくる。感想をもらうと嬉しいから「意欲」がわいてくる。「意欲」は教師との関わりよりも、学生同士の交流の中で生まれて来るのだろう。

この置き換え作業を通じて、「不安」「安心」「期待」「意欲」の関係と、教師ができることと学生ができることの違いについて、気づきが進みました。次に、「つかまる」を「とりつかれる」と置き換えてみました。作業例は省略します。作業メモには次のようにあります。

> （メモ）「つかまる」と「とりつかれる」を置き換えることによる気づきのまとめ
> 書く側は「興味」「能動的」。もらう側は「不安」「受動的」。書く側は、興味をもって、能動的に感想を書くことが大切。そのためには、自由がなくてはならない。自由があるから、能動的になれる。「興味」「能動的」と「不安」「受動的」の関係と、「自由」が大切であることに気づく。

今回は必要を感じなかったので、「統合」はおこないませんでした。

「置き換え」をおこなった結果を反映し、理論の中核に「興味」「能動的」「不安」「受動的」「自由」を加えました。これが、今回の分析により創った理論の中核になります。

理論の中核（ステップ12後半）

> さくぶんorgにおける日本人大学生は、最初は「待ち探し」。「待ち探し」では、半ば積極的、半ば消極的に、内面がゆるやかに自由に動き、「sensitive」になっている。「待つ」は、自分のエッセイに感想が来るのを待つことで、「受動的」である。「探す」は、感想を書くエッセイを探すことで、このときは「興味」をもって「自由」に探すので、「能動的」になる。面白いエッセイがあると、自分から「言葉」につかまり、相手のエッセイの世界に一緒に「伸展」する。双方に「履歴」が残る。この過程で、だんだん「意欲」が出てくる。時々自分のエッセイに感想が来ているかいないか、少しの期待と大きな「不安」を持ちながら見回る。来ていると、その中の「言葉」に「つかまる」。すると「言葉」にとりつかれ、「内面」がたちまち相手の世界に「伸展」する。「伸展」すると、自分にも相手の世界にも「履歴」が残る。「sensitive」になっているから、「伸展」しやすい（よく伸びる）し、「履歴」も残りやすい（やわらかい）。
> 　　　　　　　　　　　　　　＊下線はステップ12後半で新たに加えた部分

一旦、「理論」ができると、非常に生産的です。いろいろなことが、「理論」を使って、即座に説明できるようになります。例えば、後で入れた「興味」を、この理論に従い、他の諸概念を使い説明するというようなことは、即座にできます。それを、「能動的は」「不安は」「受動的は」「自由は」と繰り返しても、同じことを重複して言う感覚になるので、もはや必須の手順ではなくなります。気づいたことがあれば作業メモに書いておきます。

> （メモ）「興味」は、「待ち探し」のときに、「探す」「自由」があるところに生まれるものであり、自分で決められるから「能動的」になり、「興味」が出て来る。自分で決められることが大切だ。

　このようにあれこれメモを書く過程で、理論の骨格の間に、小さな骨組みが足されていきます。理論がよりしっかりしてきます。
　TAEでは「理論」は概念の構造体です。「理論の中核」は構造体の骨組みです。「骨」があれば「肉」があります。「肉」はフェルトセンスといえます。

◆ステップ12（1）（2）（3）理論との接続（概念を組み込んで理論を創る）
　ステップ12は、理論を構築するステップです。まず、テーマとしているフェルトセンスの「非論理的中核」を表現するように、最終的なタームを選びます。この「中核」は、ステップ1で短い一文で表現し、ステップ2でその「非論理的」な部分を確認して以来、一貫して追求してきたものです。ここで、そのフェルトセンスの中核を表現する最終的なタームが選ばれます。
　次にそれらを相互に組み込んでいきます。『プロセスモデル』では、同じ直接照合体を経由して出て来る語には、「同一」の「普遍的なもの（X）」が暗在しており、それらの語は相互に暗在するシステムをなしているとモデル化されています。ステップ12では、その暗在するシステムを展開していきます。
　フェルトセンスの中核を、「Oは（とは）」で始まり「P」「Q」を含む文で表現し、「Pは」で始まり「Q」「O」を含む文で表現し、「Qは」で始まり「P」「O」を含む文で表現します。この作業を「相互に組み込む」といいます。ジェンドリンは、これを「タームをタームの中へと定義していく」ことだといっています。英語の場合は関係代名詞を使用しますが、日本語の場合には、短文をいくつかつなげる方式がよいようです。
　作った文を見ながらフェルトセンスを感じ（創造的退行をおこない）、フェ

ルトセンスの中核を表現するためにさらに必要なタームを選びます。そして、O、P、Q の構造体に加えていきます。例えば、「R」を加えるときには、既に作った、「O は」「P は」「Q は」で始まる文に「R」を含む部分を加え、かつ、「R は」で始まり「O」「P」「Q」を含む文を作ります。これにより、「OPQ の構造体」に「R」が加えられ、「OPQR の構造体」になります。タームは必要なだけ加えます。同じ直接照合体を実例化するターム（「同一」の「普遍的なもの（X）」を暗在するターム）が、分化して全体システムを生み出していきます[95]。ここでは、どの一つの概念においても、直接照合体に暗在する「普遍的なもの（X）」の全体システムが、表現されています。これは、既存の語が、直接照合体由来の新しい意味を含み込んで創造的に修正された姿であるということができます。第 1 章で、意味創造とは、既存の語を新しい意味を含ませて使用することであると述べました。ステップ 12 における概念使用が、TAE による「意味創造」の「一応の」ゴールです。「一応の」としたのは、意味創造には終点がなく、常にさらなる意味創造へと開かれているからです。

　このステップでは、概念間に論理的関係ができていきます。「概念の必要性、論理的含意、他の体験を区分する力」などは、概念の隠喩的特性と論理的形式の両方から生じ[96]、そのような諸概念のひとつの完全な関係項が論理的関係であるとされています[97]。ジェンドリンの理論では、論理的関係とは、概念の隠喩的特性と論理形式から生じる関係です。

　ステップ 12（2）で、フェルトセンスの中心が、いくつかの諸タームの「相互定義文セット」によって表現されます。これにより諸タームは相互に連関しシステムを成します。

　諸タームの相互定義文は、諸タームに暗在するパターンの表現といえます。パターンは方程式に喩えられますから、相互定義文セットは連立方程式に喩えられるでしょう。連立方程式で 1 つの論理システムを表現します。その論理システムは、直接照合体が暗在する「普遍的なもの（X）」のシステムの実例です。TAE では、この論理システムが理論です。論理システムには、多くのパターンが暗在していますから、理論ができると、さまざまなパターンを使いながら、そのシステムを表現することができるようになります。

　このステップまで来ると、創り上げた諸概念の構造体（理論）から、もっと多くのことが語れることが気づかれてきます。「意味内容ではなく論理的な連結から推論が生じ」てくることが、実際に次々に出てきますが、同時にそれがフェルトセンスにとっても受け入れられる感覚が出てきます。従って、

テーマとしているフェルトセンスを、どんどん、筋道立てて説明できそうな感覚が出てきます。それは、フェルトセンスを表現する形で、理論化が収束してきているサインです。

ステップ12（3）では、作った理論を精緻化していきます。12（2）までで既に理論化が収束しており、精緻化する必要がなければ、おこなわなくてもかまいません。

精緻化は、次のような過程で進行します。12（2）でタームを加える過程でさまざまな選択肢が立ち上がって来ますが、同時に、それら諸タームの類似性や区別も気づかれてきます。これらはフェルトセンスの側の、つまり体験的な気づきです。一方、構造体にタームを加えていく過程で、例えば「F=AでA=Bだから、F=Bのはずである」などの形式論理的な気づきも得られます。この両方を活用し、構造体の中の、類似すると感じられる語、あるいは、形式論理的に等価とみなされる語を、機械的に置き換え（パソコンの一括変換機能等を使う）、できあがった構造体（複数の文）を、フェルトセンスに照合します。すると、文の論理形式的な推進力と、フェルトセンスの意味創造性が同時に働き二重化します。二重化していると、文型の推進力あるいは、形式論理的推進力が、そのままの状態に止まれない方向に働くので、新たな分化が起きます。類似していると感じられていた語の違いが明確になったり、異なる語としていたものがより大きなカテゴリーにまとめることが可能になったりという気づきが得られます。

ジェンドリンは、次のようにモデル化しています。ある特定された体験の局面（あるフェルトセンス）に対して、同じくらい価値がある（同等の、等価の）異なる複数のスキーマを同時に適用し、その局面に直接照合すると、一方では、体験の無数的多スキーマ的特徴が働き、体験の違った側面やスキーマの異なる含意が見出され、その結果、スキーマの内的必然性から、スキーマはもはや等価にはなれなくなります。他方で、直接照合している体験の局面からは、「同一であること」が提供され続けます。その過程で、特定された局面（のフェルトセンス）が、同一を保ちつつ新しく気づかれたものを含意し分化していきます[98]。このようなプロセスが生じるためには、同一のフェルトセンスに照合し続けていることが非常に重要です。

もし、フェルトセンスに受け入れ難いものが多く出て来る場合は、既に作った文を修正したりタームを加えたりします。それでもフェルトセンスに受け入れ難い感覚がある場合には、ステップを戻ってやり直します。ステッ

プ 10 から 12 を何度かやり直した結果、やっと納得できる理論ができるという場合もあります。

　理論（論理システム）から出て来る推論がフェルトセンスの側からも受け入れられる感覚が得られたら、いったん、理論化を終了します。原理的に、フェルトセンスは表現しつくされることはないので、理論化の収束は、新たな理論化への道筋を残す方向で収束します。ステップ 12 が終了した段階は、理論構築の「一応の」ゴールと言えます。

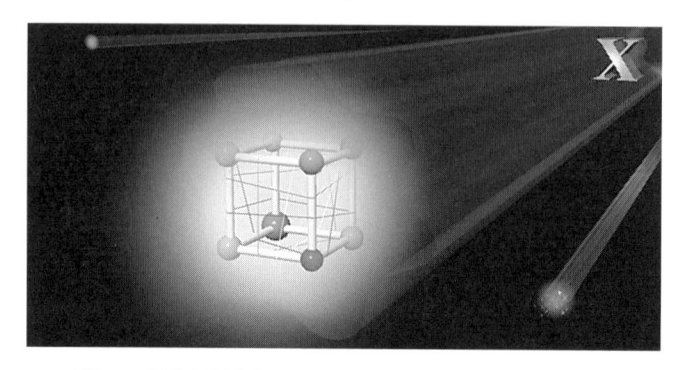

図 17　概念を構造化するイメージ（ステップ 12 から 14）

―ステップ 13―
理論を自分のフィールドの外に適用してみる

◆ステップ 13　メインインストラクション

> 　ここは一休みのステップです。
> 　あなたの諸タームの中の新しいパターンは、モデルとして役立ちます。そのパターンを、芸術、宗教、教育、詩作といった一つないし複数の大きな領域に適用してみましょう。
> 　次のような形式の文を書いてみてください。
> 　＿＿＿＿についてのあること（何らかのトピックの一つの局面）に関する何かが＿＿＿＿（自分のパターン）のようである。その文をフェルトセンスに合うように完成させるような何かが浮かび上がってくるのを待ちましょう。そして、気づいたことを書いてみましょう。
> 　どんな小さなトピックや出来事も、あなたの理論を通せば、面白くて新しい方法で理解できるようになるでしょう。

◆ステップ13　説明

　ステップ13は、「ひと休みのステップ」とされます。自分が今、扱っているテーマ以外の何らかの話題を、今作った理論で説明してみます（書いてみます）。人間の性質、社会、国家、国際関係、言語等、大きなテーマに適用してみることが推奨されています。

　ステップ12まで進むと、創った理論でいろいろなことが説明できるという感覚が自然に出てきます。TAEのガイドをしていると、こちらから質問しなくても、TAE実施者が、創った理論をテーマ以外のことに適用し始めることもよくあります。

　最近では、私は、ステップ13として創った理論をテーマ以外の領域のものや出来事になぞらえて（喩えて）みることにしています。オリジナルTAEが、創った理論を使って他のことを説明するのに対して、私の方法は、他のことを使って自分の理論を説明します。方向は逆ですが、この方法は非常に生産的で気づきが多いので、お勧めしたいと思います。

　毎回フェルトセンスが納得する比喩が出て来るとは限りませんが、うまくいくときには、非常に説明力があります。「比喩」では、隠喩が意味の媒介として働くので、語やサイン（図形）以上のものを捉えられるからでしょう。私は、これまでの体験から、「比喩」によって理論の動きや構造が捉えられると感じています。

◆ステップ13　適用例

　理論ができたところで、この理論を何かに喩えられないかと自問してみました。私の場合、改まって机に向かって「比喩」を考えることもありますが、ふとしたときに考え始めたりします。そんなときは、なるべくすぐに作業メモに自分が考えたことを書き取ります。抜粋を紹介します。

「果樹園」の比喩を思いつくまでの作業メモ

（メモ）6月××日
　夕刻　ある打ち合わせ会に出かける道すがら、歩きながらさくぶんorgの「比喩」のことを考えている。「パーティー会場」が出て来る。いつもの比喩。「森林浴」が出て来る。「ぶらぶら歩き」と合っている。しかし、ぴったりではない。「花粉」が出て来る。「ミツバチが花粉をつけて回る」。悪くないが、「ハチ」というのが、ちょっと嫌だなあ。ハチというと「花畑」か。陳腐な比喩だ。「パーティー会場」の方がまだいい。「ハチが蜜を吸う」「食べる」「消化する」…「織る」が浮かぶ。再び、パーティー。出店。屋台。となると、学園祭、フェスティバル、カーニバル、異種混交

…まだまだという感じで、目的地についたので終了する。「続きはまたにしよう」と感じておく。
　夜　再び「比喩」を考える。良い比喩が出てこない。「パーティー会場」から始まってしまう。「またこれか」という感じ。「森林浴」だっけ…。どっちもいまひとつだ。フェルティバル、学園祭…「はたおり機」。縦糸を用意しておく（エッセイ）、横糸（感想）が来て織る。タペストリーが出来ていく。平面的だ。もっと立体的なものがほしい…「果樹園」が浮かぶ。「私は果樹園を運営している」という表現が瞬間に出て来る。「ああ、これこれ」という感じ。初めてこれが出て来たという感覚がある。果樹園だと、花に受粉することもいえる。受粉じゃなくて、授粉だ。「これこれ」という感じ。実を結ぶところがいい。花を見て歩くこともできる。

翌日
　朝　支度をしながら、「果樹園」はなかなかよいと思い出す。「実がなれば種ができるよなあ」と思いつき、ますます気に入る。さくぶんorgにエッセイを出すことは「木」を植えること。そのときから果樹園が始まっている。しかし、「木」は動かせない、そこが少し違う。ちょっとうまくいかない。どうなっているのか。ステップ5のマイセンテンスを思い出す。「自分が変われる予感を得る」。成長が期待されている、予定されている。「果樹園」とはそういう場所だよね、という思いが出て来る。年に1回花が咲く。実がなって、種ができる。その種を持ち帰る。芽が出るかどうか、それはわからない。「私は果樹園を運営している」という感じが、また、出て来る。運営しているのは果樹園だ。自然だけれども自然のままでもない。完全に人工的なのでもない。そこがいい。いろんな木がある。中には実の成らない木もあるかもしれないが、花があれば虫が来る。果樹園の木であることに変わりはない。全体としては、花が咲くように、実がなるように運営する。実がなれば種ができる。それぞれの学生が種を持ち帰る。いつかどこかで芽が出るかもしれない。そこまでは見届けられないけれども、種を持ち帰るところまでを運営する。
　昼　駅のホームで。「果樹園」の比喩を思い出している。「ハチ」がそれほど嫌でもないと思えていることに気づく。「どんな虫にでもなってくれ」という思いがでている。ハチでもカマキリでもチョウチョでも。学生が自分のなりたいものになればいい。「変身」。羽が生えて「木から離れる」ことが必要だ。「安心して、ぶらぶらしておいで」「好きなものになって（変身して）、花や木をみておいで」という感じ。動きやすい小さなものになって、いろいろな花を見て回ってほしい。ここは果樹園だから守られている。安心できる場所だ。（果樹園は全体がネットで覆われているイメージが出て来ている。）

　（注）パーティー会場の比喩とは、TAEによる分析以前から使っていた比喩。さくぶんorgの空間をテーブルの料理を囲む立食パーティーの会場に喩えるもの。

　「果樹園」の比喩が出て来てからは、「果樹園」が持つ構造のさまざまなパターンが、「さくぶんorg」にも含まれていると感じるようになりました。「果樹園」のパターンと、「さくぶんorg」のパターンが対応していることに気づいたので、表にまとめてみました。これは、ステップ13の「＿＿＿＿についてのあることに関する何かが＿＿＿＿（自分のパターン）のようである」を表でおこなっていることになります。

「果樹園」と「さくぶんorg」のパターン対応表

	果樹園		さくぶんorg		
空間	半ば自然半ば人工的自然が展開する空間を人工的に整える		自由度が高いが教師の配慮がある 学生の成長力と言語の創造力が発動するよう教育的に制御されている		
時間	パターン	類似点	パターン	活動内容（表現の方向）	ステージ
春	樹が植えられる 花をつけている	棒立ち 花がある ＜受動的＞	やらされる感じ 精一杯の姿/それぞれの美しさ/不安もある	作文を書く（率直に自己を表現する）	1
夏	ハチやチョウになり樹を離れる 花を愛でる（色、形、香り）/蜜を吸う、花粉を授ける/受粉する（結実の始まり）	ぶらぶら 待ち探し ＜受動から能動へ＞	自身にペンネームを付ける/いろいろな作文を見て好みのものを探す/好きな作文を詳しく読む/好きな作文に感想を書く/自分の作文を見回る/感想が来ていると嬉しくなる	好きな作文に感想を書く	2
秋	果肉が太る 実を結ぶ	どんどん 入り込む ＜能動的＞	自分に来た感想を読み他者の多様性に触れる/他の人と共感し合えた親密感が残る	感想の感想を書く（自分の作文に付けられた感想を読み、感想を書く）	3
冬	種ができる 種を宿して離れる	意欲を宿して去る ＜可能性＞	他者理解が進む/視野が広がる/頑張らなくてはとの自己創造感/親密感を持ちながら離れる	全員に対して掲示板参加感想を書く	4

パターンの対応で気づいたことのまとめ（さくぶんorg空間の特徴）

さくぶんorgは、次のように設計された教育的な空間である
・<u>自然の力</u>が展開するよう、時間と作用の方向が<u>人工的</u>に制御されている。
・時間（季節）が制御されている。ステージごとに投稿締め切りが設けられている。
・作用の方向（表現の方向）が制御されている。エッセイ、感想、感想の感想、掲示板の参加感想と、書く文章の種類が決められている。
・ペンネームを使い「<u>変身</u>」し、日常のしがらみを離れ、自然の力の発動を促進するよう配慮されている。　　　　　　　　　　　　＊下線は重要だと感じる箇所

「果樹園」のパターンとの対応で気づいたことを踏まえ、ステップ12で作った理論の中核をまとめ直しました。最後に、図で表現しました。

理論の中核のまとめ直し

作文orgの教育空間では、次のことが起きる
・参加者を「受動」「能動」相半ばする「待ち探し」の状態にする（人工的,教育的）
・学生の成長力と、言語の創造力が発動する（自然の力）
さくぶんorgでは、参加者に次のようなことが進行する（←掲示板参加感想の分析）
・最初は、「不安」であり「受動的」である
・「興味」をもつようになり「能動的」に変化する
・他者の世界への「共感」と「伸展」が進行する
・自己拡大感と自己創造感が高まる

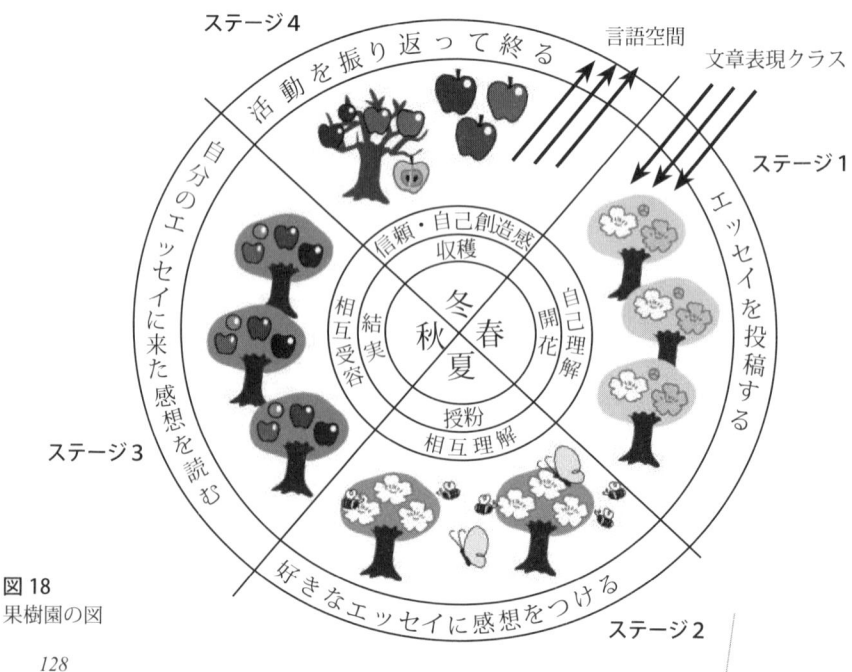

図18
果樹園の図

第3章　TAEを質的研究に応用する

◆ステップ13　理論との接続（柔軟に発想する）

「ひと休み」とされるステップです。自由で柔軟に発想することが求められるステップだといえるでしょう。ステップ14に「ステップ13の広い領域で行ったように、あなたのトピックを再構築することをためらわないでください」と書かれています。自身が長く関わっている領域では、とかく、固定化された古い仮説に縛られがちです。ステップ13で、あえて広い領域に適用してみることによって、新しい理論が新しい領域を開く感覚を得ることができるでしょう。

また、「大きな領域」に適用すると構造的な気づきが得られます。専門外の領域に適用するほうが、細かいことに目が向かず大づかみに捉えられるからだと思います。ステップ12までの作業で、テーマとしているフェルトセンスに概念の構造体ができているので、両者の構造が相互に作用します。このステップでは、直接照合体が暗在している「普遍的なもの」の構造が、より明確になってきます。ステップ12までで終了しても、新しい理論は創れますが、ステップ13をおこなうことにより、構造化をより一層進めることができます。

このステップでおこなっていることは、7つの機能的関係の「関連」「言い回し」だといえるでしょう。「関連」は、あるフェルトセンスの理解のために、広い範囲の体験（テーマとしていることではない他の体験）が機能することです。「言い回し」は、事物、人々、状況などあらゆるものが、フェルトセンスを形成することです。テーマとしているフェルトセンスを、テーマ以外の領域に適用することによって、「関連」と「言い回し」が双方向的に相互作用します。「交差」の範囲をさらに広げるのだと考えてもよいでしょう。

他の話題と「交差」している間に、「スキーマ化することにより自らもスキーマ化される」（sbs）ので、その間に、直接照合体の方も変化を被ります。しかし、（直接照合体の）フェルトセンスと二重化させている限りは、指し示す行為が「同一」を保つ方向に働きますから、その変化は推進（同一の方向への変化）として進行します。それは、有ったものが無くなったり、無かったものが突然現れたりするような変化ではなく、何かが気づかれることにより創造されていく変化です。振り返って初めてもともとあったと言われ得るような気づきです。ここは、そのような気づきを展開するステップです。適用例では、これをパターン対応表としてまとめました。

適用例では、ステップ13で結果を表現する比喩を考えましたが、「果樹園」の比喩から、テーマとしているフェルトセンスに暗在しているさまざまなことが気づかれました。今回 TAE を開始するときに「直接照合」したのは、10年来実践しているさくぶん org の教育効果のフェルトセンスですが、これは体験による「言い回し」といえます。それが、ここまでのステップで形を得、他の領域の「関連」する物事の「言い回し」と相互作用し、「隠喩」が立ち上がり、テーマとしているフェルトセンスの「理解」を促進していると整理できます。

―ステップ14―
理論を自分のフィールドで拡張し適用する

◆ステップ14　メインインストラクション

> 　ここはあなたの理論の本格的な展開になります。それは何年も続くかもしれません。あなたの理論を拡張するために、次のように自問することができるでしょう：どんな問いが生ずるだろうか？　またはこの理論からどんなさらなる理解が導き出されるだろうか？　密接に関係する要因でもれているものはないだろうか？
> 　必要であれば、追加したそのタームが導出されるように、本来的なつながりを付け加えましょう。
> 　新しいタームを1つつなげる毎に、その新しいタームについて他のタームによって何が言えるかを、置き換えによって調べてみましょう。
> 　このようにして、あなたの理論はさらに先へと拡張できるのです。
> 　その理論を、あなたのフィールドの中で説明し明確化したい領域や関心事に、適用してみましょう。自分の理論はどこに意味ある違いをもたらすだろうか？　その違いを自分の理論の中のタームで新鮮に定義してみましょう。

◆ステップ14　説明

　このステップは、テーマとしているフェルトセンスに戻って、理論を本格的に展開するステップです。「何年も続くかもしれない」とされています。

　このステップでも、テーマとしているフェルトセンスに照らし、必要な修正を加える作業は継続していきます。また、フェルトセンスが意図していないことを含意してしまっていると感じるときや、フェルトセンスがうまく表現できていないと感じるときは、前のステップに戻ってやり直します。ジェンドリンは、ステップ10から14は何度も繰り返してもよいステップだとも言っています。

第3章 TAEを質的研究に応用する

　しかし、フェルトセンスは完全に言語化しつくすことはできません。ある程度できていると感じたときは、創った理論を自分のフィールドの中で適用してみてもよいでしょう。

　この段階では、同じ領域の他の理論と比較してみることも有効です。この段階までくると、構造体ができているので、外から力を加えても壊れないだけでなく、加えられた力に対して一貫した論理システムのもとで反応を返すことができます。

　TAEでは、創った理論を社会に開くことが大切です。質的研究の場合には、学会発表、論文発表をおこなっていくことといえます。「役立つヒント」には、一旦、理論が展開すると、新しい理論からさまざまなことが自ずと続き、発見があるだろうと述べられています。

　TAEステップ14に具体的手順が示されているわけではありませんが、ジェンドリン理論を合わせ見ると、TAEの作業を論文に展開する「橋渡しの手順」を示すことができます。ここではそれを示します。

　ジェンドリンは『プロセスモデル』で、創造的退行（『プロセスモデル』のタームでは「熟考」）を経て形成された直接照合体を経由する言葉は、直接照合体由来の新しい意味の実例であるとしています[99]。形式の上では「同一」の既存の言葉が、直接照合体を経て語られることで、そこに暗在する「普遍的なもの（X）」を含意し、新しい意味を帯びて語られます。このとき、既存シンボルは創造的に修正され、意味が創造されます。

　このモデルに基づくと、創った理論を、フェルトセンスに照合しながらそれ以前のステップに適用することにより、以前に使った語句やパターンに新たな意味を含意させ、語り直すことが可能になります。この考え方に基づき、TAEの結果を表現していく際には、フェルトセンスに照らしながらTAEステップを「戻る」流れで書いていくとよいと思います。次にあげるのは、アウトラインのイメージです。

　大筋としては、「理論」→「パターン」→「実例（パターンクラスター）」→「拡張文」「マイセンテンス」と戻っていきます。「戻る」過程では、それぞれのステップで使った「パターン」や「実例」をそのまま使うのではなく、ステップ13で得た「理論」を参照しながら「戻り」ます。

〈橋渡しの手順〉
　1．リサーチクエスチョンを確定します。

2．先行研究に言及します。（既存理論との違いを書きます）
3．TAEステップ13で創った「理論」を書きます（これは論文要旨に相当します。「理論」の「概念」が論文のキーワードになります）。
4．「理論」を複数の「パターン」の連立で表現します。ステップ7や8で見出したパターンを使いながら、新たな表現で書き直します。数が多いときはいくつかをまとめて「大パターン」にします。
5．「パターン」（大パターン）に対応するデータ（資料）の箇所を「実例」として示しながら、「理論」を説明していきます。
6．「拡張文」や「マイセンテンス」に相当するまとめを書きます。「理論」を新たに短い文で表現することになります。「理論」の「概念」を新キーワードとし、それを使って「新マイセンテンス」を創ってみるとよいと思います。
7．テーマとした体験に戻ります。「理論」がそこでどのように機能するかを推測したり予測したりします。
8．テーマとしているフェルトセンスを感じ直し、言い尽くせていないところを、「今後の課題」として書きます。

　以上は、私がジェンドリン理論から導いた、「橋渡しの手順」です。オリジナルTAEのステップ14は、結果を発表していく際の「心構え」を説いて締めくくられています。
　「役立つヒント」には、次のように書かれています。「あなたの理論」は無視されることもあるだろうけれども、理論には社会的な機能があるので、「あなたのみつけた新奇なパターン」がテーマとする領域を再構築するかもしれません。「新しく特異なもの」は「既存の仮説」に埋没しがちで、私たち自身も、せっかく新しく理論を創っても、それが先行する既存理論の「本当に言わんとすること」を導き出せたと考えがちです。しかし、古い理論に依拠するだけでは、「めざすところの精確な理解」、には到達できないのです。TAEは、個人のフェルトセンスから理論を創り、社会に差し向けることを励ますための手順です。ステップの最後は、「フェルトセンスから創った理論により」、私たちは「個人の理解を私たちの世界に打ちたてる」ことができると結ばれています。

◆ステップ 14　適用例

このステップは何年もかかるとされています。適用例の「さくぶん org の教育効果」も、研究としてはまだ完結していません。研究とは終わりのない作業であるともいえます。大きなゴールの前に小さなゴールを設定し、途中経過をまとめて発表していくことも必要でしょう。私は小さなゴールとして今回の分析結果をもとに、学会発表と論文発表をおこないました[100, 101]。リサーチクエスチョンは「さくぶん org の教育効果」としました。研究の背景を書いた後、さくぶん org を「果樹園型」の教育活動と特徴づけ、さくぶん org 空間を、学生の成長力と言語の創造力が自然に発動するよう、ペンネーム使用で日常を離れ、時間と言語表現による相互作用の方向を設計した教育的インターネット空間であると意味づけました。日本人大学生の掲示板参加感想を分析資料とし、TAE ステップを分析方法として分析した結果を、次の表をあげて示しました。これは「橋渡しの手順」の「4」にあたります。「大パターン」の下に、ステップ 7 で見出したパターンを配置したところです。

日本人学生の掲示板参加感想のまとめ

①最初は「不安」であり「受動的」である 　初めは嫌だった　　（パターン 1 の前半の部分）
②「興味」をもつようになり「能動的」に変化する 　初めは嫌だったが、共感されてうれしくなった（パターン 1） 　コメントができるから嬉しい（パターン 2） 　またこのウェブページを見に来たい（パターン 15） 　いろいろの表現があって読みがいがあった（パターン 16） 　どんどん面白くなっていった（パターン 18） 　いっぱい感想を書いていきたい（パターン 19） 　（感想が来て）嬉しくて、交流しているな〜っと感じられました（パターン 20） 　意外とすらすら書けた（パターン 22） 　たくさん感想がもらえたのが嬉しかった（パターン 26）
③他者の世界への「共感」と「伸展」が進行する 　似ているとわかった（パターン 3） 　自分と違う意見を言ってくれて面白かった（パターン 5） 　他の人のフェルトセンスを感じられた（パターン 10） 　みんな生きている（パターン 6） 　みんな違っている（パターン 21） 　いつの間にか読みふけった（パターン 25） 　留学生ががんばっている姿に感動した（パターン 30）

> ④自己拡大感と自己創造感が高まる
>   いろいろな知識を得た（パターン4）
>   自分を理解する（パターン7）
>   多角的な視点を得た（パターン8）
>   日常で気づいていないことに気づいた（パターン13）
>   自分の考えが広がった（パターン14）
>   自分の気持を素直に書いていいんだ（パターン17）
>   勇気をもらった（パターン23）
>
> ⑤その他
>   こういう活動は新鮮だった（パターン11）
>   表現の方法を身につけることができた（パターン12）
>   貴重な機会だった（パターン28）
>   ネットのやりとりが不思議だった（パターン29）
>   外国人の日本語はうまい（パターン24）
>   意外と日本に来たことがある（パターン27）

　これにより、さくぶんorgには次のような教育効果があるとまとめました。

> 　さくぶんorgは、言語表現を通じた他者との相互作用に不安を抱え受動的である学生を、独自の活動設計により「待ち探し」（待ちながら探す）の状態におくことで、自ら興味を持ち能動的に変化するきっかけを与えた。学生は言語表現を媒介に他者の世界に「伸展し」（伸びていき）、他者と共感し、自らの成長や、成長への意欲を実感した。さくぶんorgは、学生に、インターネット上の言論空間で他者を信頼し能動的にかかわる言語使用者に変化するきっかけを与えた。（＊「待ち探し」「伸展する」は造語なので「」で囲んだ）

　これが今回の分析の結果になります。まだ研究途中の小さなゴールでしかありませんが、これまで教育効果として語ってきた自己理解、他者理解、相互信頼感の醸成と矛盾しないけれども、それに収まりきらない、さくぶんorgの教育効果を、いくらか捉えられたと感じています。学生が「待ち探し」を経て「受動」から「能動」へと自ら転じ、相互に他者の世界に「伸展する」ことで自己拡大感と自己創造感を高めることが、さくぶんorgの教育効果です。それは、学生の成長力と言語の創造力によって可能になります。ペンネーム使用と表現の時期と方向を制御することによって、その発動を促進する教育活動が、さくぶんorgなのだということができます。

　今回の分析の結果、今後の課題も見えてきました。「待ち探し」「伸展する」がこの活動の特徴だということがわかりましたが、その過程がどのように進行するのか、さらに詳細に研究したいと考えています。「理論」として取り出した活動過程が、個々の学生において、どのように進行するのかを検証す

ることが必要です。検証の過程で、大きく「伸展」する学生と、あまり「伸展」しない学生の違いや、その要因も明らかにしていけると考えています。

　今回の「理論」は、さくぶん org に参加した日本人大学生の参加者の掲示板参加感想を資料として創りました。この「理論」が、さくぶん org に参加する外国人日本語学習者にも適用できるかどうかも検証してみたいと思っています。また、この「理論」が、さくぶん org 以外の教育活動に拡大して適用できるかどうかも検討してみたいと思います。今後の課題は数多くありますが、今回の分析は、ここで一旦、終了します。

　今回、TAE を実施した体験を振り返り、私が最もおもしろいと感じているのは、「さくぶん org」が「果樹園」と似ていたということです。自宅は梨の産地に位置しており至近距離に梨園があります。ここに住んで 8 年目になりますが、10 年来取り組んでいる「さくぶん org」と果樹園の類似など、全く考えたことがありませんでした。それが、ある瞬間、結びついてからは、非常に近いものだと感じられています。結びついたのは一瞬ですが、その一瞬のためには TAE ステップが必要でした。この一瞬を招き寄せる手段が意味創造の手順なのでしょう。

◆ステップ 14　理論との接続（理論を本格的に展開する）

　テーマとしている領域に戻って、フェルトセンスから作った理論を本格的に展開するステップです。質的研究の場合、論文発表等の形で創った「理論」を学界に提供し、創造的修正に差し向けていくことで、自分の理論をさらに展開させていくことができます。繰り返し強調してきたことですが、ある研究から得られた結果は、「普遍的なもの (X)」の 1 つの実例でしかありません。複数の研究結果で、一つの領域を照らし合っていくことが重要です。

　上の項でも述べましたが、TAE ステップとジェンドリン理論を合わせ見ると、TAE の結果を論文に展開する「橋渡しの手順」を示すことができます。（論文作成自体は、論文作成法に従っておこなうべきものですから本書では扱いません）。

　方法が一つであるはずはなく、TAE ステップ以外にもすぐれた方法がたくさんあることでしょう。はっきりしていることは、明確な手順を踏んで思考することで、漠然と思考するだけでは到達できないところに行けるということです。TAE のような手順など必要ない人もいるかもしれません。しかし、なぜその結論に至ったのかの説明を求められれば、分析過程を示さなければ

ならないでしょう。説明を求める姿勢も必要です。質的研究は、双方向に、それをめざしていかなくてはならないと思います。

■ 10. パート3　まとめ

　パート3（ステップ10から14）では、「体験された意味」（フェルトセンス）の意味創造性と、「論理」が持つ道具としての推進力の両方を活用し、パート2で創った直接照合体の立体に、骨格を入れ構造体を創りました。

　骨格ができれば、直接照合体はしっかりします。外から圧力が加わっても簡単に壊れません。また、構造ができると動かすことができます。外からの刺激に対して、体験された意味の意味創造性を活力にして、体系的に反応することができます。反応する過程で、さらに構造体が精緻になり、こまかな骨組みが足されていきます。例えば、創った理論に対して誰かに質問されたとしましょう。あなたは、パート3で創った概念と論理的関係を使って、説明できるはずです。説明しているうちに、自分の理論の細かいところに、さらに気づくことでしょう。ジェンドリンは、「TAE序文」で、「タームがフェルトセンスを言語化し、かつ論理的なつながりも持つようになると、この二重性によって我々はどのような言明からも二つの仕方で進むことができる」と言っています。論理的に結びついたタームをもてば、体験過程から直接見出すよりもはるかに強力な推論を生み出します。その一方で、体験過程を明らかにしていけば、論理だけでは決して到達できない所に行くことができます。

　もし、作った理論でうまく対応できない難問に出会ったら、前のステップに戻り、理論を開いて、タームを取り替えたり新しいタームを加えたりすることを繰り返します。いつ終了するかは、テーマとしている直接照合体のフェルトセンスが決めます。

　意味創造の作業は、その性質上、終わりのない営みです。フェルトセンスが「だいたい言えている」と感じたら、理論が完成したとみて、他の人と共有してみましょう。理論は、一旦、完成したら、自ずと展開していく性質をもっているので、個人の直接照合体由来の理論は、創り手である個人を離れても、その推進力を発揮します。

　質的研究の結果は、実験室で追試実験をおこなう方法で検証することはで

きませんが、実践の場で役立てられることで検証され、自ずと創造的な修正に向かっていきます。

　ジェンドリンは「理論は社会的な機能を持っている」と言っています。私たちは、TAE ステップを用いて、個人のフェルトセンスを個人の理論として理論化することにより、「私の世界理解」を「私たちの世界」に差し向けることができるのです。

理論コラム4　論理を立ち上げる

　ジェンドリンは、スキーマ化されることが続くと、「共通組織」が、次第に、一般的で独立的特徴を帯びて来るとしています。そして、そのような「共通組織」の一般的独立的使用が「論理形式」なのだとし、その例として、部分―全体、衝動―結果、衝撃―抵抗をあげています[102]。独立的になった論理形式は、思考における「道具」となり、さまざまな技術的使用が可能になります。「道具は道具自身の一貫性を要求する」[103]ので、特定のフェルトセンスに二重化して創造的退行（直接照合）を行うと、隠喩が働き、その論理形式を含むように類似性が創られ、新しい局面が立ち上がってきます。TAE ステップのパート3（ステップ10から14）は、主にこの機能を使います。

　等式（イコール）は「論理形式」です。あるものとあるものが同じように働くと機械的に置いてみます。例えば「生徒は先生である」と置いたとしましょう。これを、フェルトセンスに二重化して感じてみるとします。すると、「生徒」のもつ、あるいは、「生徒と先生の関係」がもつ、さまざまな側面が立ち上がってくるでしょう。生徒の中に、先生にとって「先生」といえるような、さまざまな教育活動を導くものがあるということが気づかれるかもしれません。

　この過程を、ジェンドリンは、一方で、体験の無数的多スキーマ的特徴が働き体験の違った側面やスキーマの異なる含意が見出され、内的必然性からスキーマがもはや等価にはなれなくなり、他方で、直接照合している局面の体験から「同一であること」が提供され続け、その過程で、特定された局面が、「同一」を保ちつつ新しく気づかれたものを含意し分化していくと説明しています。

　これが可能なのは、あるひとつのフェルトセンスに直接照合しているからです[104]。「同一であること」はフェルトセンス（直接照合された「体験

された意味」)の働きによって提供されます[105]。ひとつのフェルトセンスに、論理形式の道具としての推論力が働くとき、いっそうの分化、いっそうのスキーマ化がもたらされます[106]。

　この過程を手順化し直接照合体から概念システムを創ることができます。概念システムとは「理論」です。一つの直接照合体のフェルトセンスに論理形式を二重化して感じ、直接照合体を、それ自身であり続けながら論理形式を含意するように、分化させていくのです。

　直接照合体が形成されたとき、既に、バージョニングの過程で、普遍性に由来する「同一」のもののバリエーションが、すべての側面に暗在(タイプa暗在)しています。従って、直接照合体は、「同一」のものを暗在する無数の新しい言明を引き起こします。個と普遍の関係で同じ直接照合体を実例化するターム群はクラスターを形成し、語は互いに他を暗在しています。従って、「どんなタームでも、どんなスキーマでもそれらはどんどん分化して、タームの全体システムを生み出す」ことができるのです[107]。

　論理的な含意が生じて来るのは論理形式からですが、それがタームに含意されるのは、体験の上に論理形式が押し付けられ、(隠喩が働く)まさにそのときです[108]。論理形式が体験を決定するのではなく、論理形式が一種の刺激になり、体験から類似性が立ち上がってくることが重要です。

　このように、一つの直接照合体のフェルトセンスに照合している限り、「創造に対して開かれているもの」に照合できるので、それに対して論理的形式を二重化して立ち上がってくるものは、恣意的にはなりません。さまざまな、論理形式や文型をフェルトセンスに押し付け二重化する過程を経て、だんだん、タームがフェルトセンスを表現し、かつ、論理形式を含意するようになっていきます。ジェンドリンは、概念が独自に(フェルトセンスを表現するように)特定されたときの、それら諸概念の全体的関係が、論理的関係なのだとしています[109]。論理的関係が全体システムとしてできあがったとき、それは「理論」と呼ばれます。このとき、「ターム」が「概念」になります。このように、論理形式と二重化され、フェルトセンスが論理的関係を含意するに従って概念化が進んでいきます[110]。

　概念の論理的含意が、フェルトセンスから隠喩的に創られることが重要です。概念は論理形式を含みます。「論理形式」とは、一般的独立的になった類似性の共通組織です。概念は論理形式を「取り入れており、使っており、体験に押し付けて」います。ジェンドリンは、「概念とは、本来的に隠喩

的なものである」としています[111]。すべての概念は、論理的関係を含んでいます。関係とは、何かと何かの比較の結果であり、観点の選択に関わりますが、観点は隠喩によって新しく創り出され、理解によっていっそう特定化（明確化）されていくのです。

　このような過程を経て創られるので、概念は、本来フェルトセンスを伴っています。ただし、概念はフェルトセンスから分離、独立することもできます。独立的になった純粋に論理形式的な使用においては、概念はフェルトセンスを伴いません[112]。概念には、二様の使い方があるのです。

　概念と直接照合は、共にシンボル化ですが、好対照をなしています。直接照合は、シンボル化されるものを単に指し示すだけです。概念は、シンボル化されているものを独自に特定し表象しており、概念それ自体がシンボル化されたものを表わし、描き、再生産し、含んでいます[113]。

　理論化は個人の中で起こります。一人の人間が創る理論（個人理論）は、個人の身体において実例化した「普遍的なもの」の理論化（普遍化）の実例です。普遍的な理論の一つの実例です。多くの実例で照らし合うその先に「普遍的なもの」が次第に形を成してきます。この循環を通じて、理論の創り手である個人は、自身の身体感覚において実体化した普遍的なものを普遍化し、個別的身体を通じて普遍性に参加することが可能になるのです。

　一旦、創りあげられた理論は、創り手を離れておのずと展開します。他の人の創った理論を自身のフェルトセンスと二重化することで、受け手は理論を創造的に修正していくことができます。これにより理論の受け手もまた創り手となり、個別的身体を通じて普遍性に参加することが可能になります。

　TAEは、個人の身体感覚の推進と普遍性への参加、すなわち、個人の人生の充実と社会の発展を、同時に実現していこうとする意味創造の方法の一つの実例です。

第4章　TAE で文学作品を読む

　ジェンドリンは『体験過程と意味の創造』序章で、自身の意味創造論と文学研究法との親和性を指摘しています[114]。TAE は文学研究法として活用できる可能性を持っています。この章では、文学研究の入り口として、自分自身の作品理解をまとめてみましょう。
　文学作品を読み終わったとき、自身の中に、その作品に対しての、言葉にしがたい独特な「感じ」が形成されていることに気づいたことはありませんか。それはあなたの作品理解のフェルトセンスだといえます。文学作品をあまり読まないという方は、映画のエインディングを思い起こしてください。キャストやスタッフの名前の文字が流れはじめてしばらくの間、自身の中に映画の余韻が残っているのを感じることでしょう。そのとき、あなたが感じているのは、その映画に対する作品理解のフェルトセンスです。
　文学作品の作品理解のフェルトセンスに TAE を適用することは、作品理解を深めるだけでなく、TAE を用いて言語データを分析する練習になります。また、文学作品に触れることは、質的研究の基礎となる人間理解、世界理解を深めることにもなります。
　文学作品の「読み」は個別的なものです。人の数だけ読み方があります。一人の人間でも、時を隔てて読めば違った読み方をするものです。正しい読み方は一つではありません。しかし、どうでもよいわけでもありません。自分なりの「読み」を深める態度が、文学作品の理解をより確かなものにします。TAE を実施することは、その過程を援助します。
　ここでは、短い作品で練習してみましょう。適用例として川端康成『伊豆の踊子』をあげます。それぞれ、自身が読みたい作品で、実施してみてください。
　まず、『伊豆の踊子』を読み、読み終わったときの読後感をよく感じます。何度か読み、さらに、印象に残っている場面を繰り返し読み、読後感をよく感じます。何らかの「感じ」があるはずです。うまく言葉にできなくてもよ

いので、それをなるべくはっきり「この感じ」というふうに感じてください。それがあなたの『伊豆の踊子』の感想のフェルトセンスです。これからそのフェルトセンスをテーマに、TAEを実施していきます。これを「テーマとしているフェルトセンス」と呼ぶことにします。

■ 1. パート 1

―ステップ 1〜5―

手順 1. 最初にマイセンテンスシートに記入していきます。①のテーマの欄に「『伊豆の踊子』の感想」と書きます。「感想」は作品理解のフェルトセンスです。この適用例では、この作品理解のフェルトセンスに対してTAEを実施していきます。フェルトセンスがなければTAEは始められません。

手順 2. 『伊豆の踊子』を読むことも、他のこともいったん停止し、テーマとしているフェルトセンスをよく感じます。感じながら、浮かんでくる言葉をコンマで区切って並べていきます。浮かんでこないときは、身体の内側に注意を向けて、しばらく待ってみます。ぴったりでなくても、近い言葉でかまいません。たくさん書く必要はありません。出てくる言葉は、関係ないように思えるものでも、無視したり捨てたりしないで、すべて書きとめます。7、8個書いたら最後に「…」をつけます。書いた語の中で、大切だと思う言葉に下線を引きます。「マイセンテンスシート」②に書きます。

手順 3. テーマとしているフェルトセンスを、一つの短い文または長めの句で書きます。これを仮マイセンテンスと呼びます。②で下線を引いた言葉を組み合わせたり使ったりして書くのもよい方法です。書いた文または句の中の最も大切な語に二重線を引きます。「マイセンテンスシート」③に書きます。

手順 4. 仮マイセンテンスの二重線を引いた箇所を（ ）にした文を書きます。これを「空所のある文」と呼びます。マイセンテンスシート④に書きます。

手順 5. 仮マイセンテンスの（ ）の中にあった語（キーワード1と呼びます）と、その語の通常の意味を書きます。辞書を引くとよいでしょう。「マイセンテンスシート」⑤⑥に書きます。

手順6． テーマとしているフェルトセンスを感じながら、空所のある文の（　）に入るキーワード1以外の語を呼び出します。これをキーワード2とします。キーワード2の通常の意味を書きます。マイセンテンスシート⑦⑧に書きます。通常の意味とは辞書に出ている意味です。辞書を引くとよいでしょう。

　手順7． 手順6と同様にキーワード3を呼び出し、通常の意味を書きます。基本は3つですが、数に決まりはありません。フェルトセンスは言葉にしつくされることはありませんから、キーワードは無数にあります。マイセンテンスシート⑨⑩に書きます。

　手順8． それぞれのキーワードについて、テーマとしているフェルトセンスの独自の意味を書きます。短い語句をコンマで区切って並べます。辞書と全く同じにはならないはずです。微妙なところにこだわって、あえて他の人には通じないような、そのフェルトセンス独自の意味を書いてみましょう。書いたら最後に「…」をつけておきます。まだまだあるという意味です。さらにフェルトセンスの奥深くに入りこんでいきます。書いた語句の中で、テーマとしているフェルトセンスにとって重要だと感じられるものに波線を引きます。「マイセンテンスシート」⑪⑫⑬に書きます。

　手順9． 空所のある文の（　）に、すべてのキーワードと、フェルトセンス独自の意味の中で下線を引いた語を、コンマで区切って並べます。これを「拡張文」と呼ぶことにします。「マイセンテンスシート」⑭に書きます。

　手順10． 拡張文を見ながら、テーマとしているフェルトセンスを短い一つの文または長めの句で書きます。仮マイセンテンスをそのまま使いたい場合は、それをそのまま書きます。これをマイセンテンスと呼ぶことにします。仮マイセンテンスとマイセンテンスは同じでも違っていてもかまいません。「マイセンテンスシート」⑮に書きます。

　手順11． ここまでの作業で気づいたことをメモします。マイセンテンスの補足説明を書くのもよい方法です。「マイセンテンスシート」⑯に書きます。

　このステップで終了することもできます。マイセンテンスを冒頭文として短い感想文を書いてもよいでしょう。

マイセンテンスシート

①テーマ　　＊テーマを一つ選び、「この感じ」としてもつ。下に事柄をメモする
『伊豆の踊子』の感想

②浮かんでくる語句　　　　＊「この感じ」のフェルトセンスに浸りながら書く
清々しい、満足感、親切にするのが当たり前、信頼、やすらか、空虚、甘さ… 　　　　　　　　　　　　　　　　＊大切な語、数個に下線を引く

③仮マイセンテンス　＊フェルトセンスを短い一つの文にする。長めの句でもよい
空虚な満足感が広がる　　　　　　　　　　　＊最も大切な語句に二重線を引く

④空所のある文　　　＊仮マイセンテンスの二重線の部分を空欄にした文を書く
（　　　）満足感が広がる　　　　＊空欄に入る言葉をフェルトセンスから呼びだす

キーワードの通常の意味と、フェルトセンス独自の意味を書く		
⑤キーワード1 　空虚な	⑦キーワード2 　清々しい	⑨キーワード2 　生まれ変わる
⑥通常の意味 　からっぽ、内部に何も 　ないこと、空	⑧通常の意味 　さわやかで気持がよい	⑩通常の意味 　死後他のものになって 　再び生まれる、心を入 　れかえて、性格、行動 　などが一変する
⑪フェルトセンスの意味 　何でも入ること、汚い 　ものが入っていないこ 　と、清明さ…	⑫フェルトセンスの意味 　美しい、静か、晴れ晴 　れしている、見通しが 　よい…	⑬フェルトセンスの意味 　洗われる、汚いものが 　落ちる、解放される…
		＊大切な語、数個に波線を引く

⑭拡張文を書く　　＊空欄に、すべてのキーワードと波線の語を並べた文を書く
（空虚な、清々しい、生まれ変る、何でも入る、静か、見通しがよい、洗われる、 解放される、…）　満足感が広がる

⑮マイセンテンス　＊フェルトセンスを短い1つの文にする。語も文型も自由
流れ込む満足感が甘さをもたらす

⑯メモ（マイセンテンスの補足）
汚いものがなくなり空っぽになった精神に、何かがどっと流れ込んできて、甘い満 足感をもたらす。

■2. パート2

—ステップ6〜8—

　手順12. テーマとしているフェルトセンスがよく表れている場面を2〜4個選びます。「パターンシート」①②③④に書きます。
　手順13. それぞれの場面からパターンを見出します。パターンとは繰り返し表れる可能性のある何かと何かの関係です。規則性のようなものを表わす一般的な表現です。「これはこうである」「このときはこうなる」など短い一つの文で書きます。「パターンシート」⑤⑥⑦⑧に書きます。

パターンシート

テーマとしているフェルトセンスに関連する場面を抜き出し、パターンを見出す			
場面		見出したパターン	
場面1	①最後の場面。主人公が「少年の体温に温まりながら」涙を流している (p.45)。	パターン1	⑤信じ、信じられていると感じる
場面2	②「水戸黄門漫遊記」を読んだあとの場面。死んだ子どもが「泣く力もなかったが、それでも一週間息があったそうである」。引き続く箇所に旅芸人の暮らしが、それほど世知辛いものではなく「肉親らしい愛情で繋がり合っていることも感じられた」(p.31)。	パターン2	⑥家族に見守られて生きる
場面3	③乗船場で、鉱夫にみなしごを連れた老婆の世話を頼まれる場面。「面倒だろうがな。わしらが手を合わせて頼みてえ」(p.43)。	パターン3	⑦みなしごを支える無垢の善意がある
場面4	④主人公が伊豆の山々を見ながら涙ぐむ場面。「二十歳の私は自分の性質が孤児根性で歪んでいると厳しい反省を重ね、その息苦しい憂鬱に耐え切れないで伊豆の旅に出て来ているのだった」(p.38)。	パターン4	⑧自己嫌悪から脱出したい

＊ページは、新潮文庫『伊豆の踊子』による

第4章　TAEで文学作品を読む

手順14. パターン1を場面2に適用して、フェルトセンスで感じてみます。場面2にパターン1と関係がありそうなことがないかと感じてみます。どんなことでもかまいません。適用例の場合、場面2の旅芸人の一家が「肉親らしい愛情で繋がり合っている」様子の中に、「信じ、信じられていると感じる」という面がないかと感じてみます。これを、パターン1を場面2に「交差する」といいます。気づいたことをメモし、その後、新しいパターンとして短い1つの文にして書きます。同様に、パターン1を場面3、4と交差します。「パターン交差シート」①②③に書きます。

手順15. 同様に、パターン2と場面1、3、4、パターン3と場面1、2、4、パターン4と場面1、2、3を交差させます。「パターン交差シート」④から⑫に書きます。

手順13～15は、選んだ場面の数に応じておこないます。

パターン交差シート

パターンと場面を交差させる。メモを書き、新しいパターンを見出す				
	パターン1	パターン2	パターン3	パターン4
場面1	―	④「少年の体温」は家族の温かさを想起させる。主人公は少年としてそれを感じたかったのだろうが、今それを感じている。**新パターン**：家族の愛は世間への信頼の核である	⑦主人公は自分の中にもみなしごを支える無垢の善意を感じ、少年を信頼して甘えられる自分も感じている。**新パターン**：世の中を信じられれば安心していられる	⑩少年に甘えながら涙を流している主人公には、もはや自己嫌悪はない。**新パターン**：他人に甘えてもよいと思えるようになった
場面2	①幼子も家族に見守られながら1週間、懸命に生きたのだろう。旅芸人の一家は世間の差別の中でも、家族で支え合って幸せに生きている。**新パターン**：身近な人の支えがあれば、外の世界が辛くても耐えられる	―	⑧不幸や厳しい暮らしの中でも、家族の愛はいつも変わらない。家族の愛は最も無垢な善意ともいえるだろう。**新パターン**：家族の愛は無垢の善意である	⑪旅芸人たちは、差別を受けても、自己嫌悪になったり脱出したいと思ったりしていないようだ。それは身近な人の愛があるからだろう。**新パターン**：身近な人の愛があれば自己嫌悪にならない

場面3	②鉱夫たちは主人公を信じるからこそ、老婆とその子どもたちを見ず知らずの主人公にたくしたのだろう。主人公は信じられて嬉しかったのだろう。**新パターン**：主人公を信じる鉱夫たちの信頼がある	⑤老婆は孫をくくりつけられて途方にくれている。親族のもとに帰ってからも困難な生活が待っているのだろう。**新パターン**：時には家族が負担になる	―	⑫踊子の素直さを感じていたから、鉱夫たちの頼みを素直に受け入れられたのだろう。踊子の素直さが、主人公が自己嫌悪から脱出するきっかけとなった。**新パターン**：素直さが自己嫌悪から脱出させる
場面4	③「孤児根性」という言葉には、周囲の人の温かさを素直に受け取れない主人公の精神が感じられる。**新パターン**：自分も他人も信じられない	⑥「孤児根性」という言葉に、家族の愛を欲している主人公の姿が表れている。**新パターン**：主人公も家族に見守られたかった	⑨主人公もおそらく無垢の善意に支えられてきたのだろうが、それに気づいていない。**新パターン**：主人公は支えられている実感が薄い	―

―ステップ9―

手順16. ここまでのステップで気づいたことを自由に書きます。

> 自由に書く（メモ）
> 　この話は主人公が自己嫌悪から脱出する話だといえるだろう。踊子の純粋さ。旅芸人の家族の温かさ。主人公に対する信頼。差別する茶店の婆さん、村人たち、それを受け容れてしまっているようにみえるおふくろ。そこには差別をなくすために戦う姿は見られない。しかし、差別は越えていくものとして描かれているだろう。差別の暗さと、人々の明るさが前景になったり背景になったりしながら、伊豆の山並みの起伏のように展開していく。そこには善意と信頼がある。確かにそれはあるのだが、差別が越えられていくところまでは描かれていない。それが可能かどうかはわからない。

　このステップで終了することもできます。その場合は、自由なメモを書いた後、他人にわかりやすい文章になるように展開します。ここでは次に進みます。

■3. パート3

―ステップ10―

手順17. ここまでのステップすべてを振り返り、テーマとしているフェルトセンスにとって重要だと思われるタームを書き出します。そのときに、似ている語を近くに配置するなど、空間的な工夫をするとよいようです。

> タームの書き出し（メモ）
>   満足、甘さ、温かさ、家族、支え合う、見守る、善意
>   無垢、信じる、素直さ、信頼
>   差別、理不尽、受け入れてしまう、越える
>   自己嫌悪、
>   脱出

手順18. タームを書き出したリストをみながら、テーマとしているフェルトセンスにとって重要だと思われるタームを3つ選びます。リストにある語から選ぶのが基本ですが、一度も使ったことがない語や句でもかまいません。テーマとしているフェルトセンスの中になるべく大きな三角形を描き、三角形の頂点になる語を選ぶ感覚でおこないます。選んだ語をA、B、Cと置きます。適用例では、「A 境界、B 善意、C 信頼」としました。「である文シート」（ターム関連シート1）②に書きます。

手順19. まず、機械的に「AはBである」の文を作ります。これを「である文」と呼ぶことにします。「である文」は「形式的に論理的な文」です。次に、「である文」を、テーマとしているフェルトセンスに合うように修正します。このとき、「は」と「である」の部分はそのままにしておきます。つまり「AはBである」の文の前、間、後ろに語句を付け加えますが、「は」や「である」を変えたり取ったりしないようにします。この作業で気づいたことをメモしておきます。「である文シート」の③④⑤に書きます。

手順20. 同様に、「BはCである」「CはAである」など、すべての組み合せでおこないます。「である文シート」⑥から⑳に書きます*。

手順21. 作った文やメモをみながら、タームのつながりを考えてみます。A=BとA=Cの右辺同士と、B=Cで書いていることを比較したり、他にもい

＊ジェンドリンらのオリジナルTAEではA=B、A=Cの組み合せのみをおこないます。詳細は第3章のステップ10の項を見てください。

ろいろな結びつきを試したりして、考えます。ここは「遊び感覚」で試してみるところです。最後に、このシートでおこなったこと全体に対して気づいたことを、「である文シート」㉑に書きます。

である文シート（ターム関連シート１）

①テーマとしているフェルトセンスを感じ直す 『伊豆の踊子』の感想		
②３つのターム　＊フェルトセンスの中に大きな三角形を描くつもりで、頂点におくタームを選ぶ		
A：「境界」	B：「善意」	C：「信頼」
タームをイコール（「である」）で結びフェルトセンスに合うように加筆する。気づいたことをメモする。		
ターム	形式的に論理的な文	形式的に論理的で、かつ、フェルトセンスに合っている文
A＝B	③「境界」は「善意」である	④「境界」は「善意」の交換を妨げるものである
⑤（メモ）踊子と村人の間に境界がある。「おふくろ」にも境界がある。村の子どもと遊べない踊子。		
B＝C	⑥「善意」は「信頼」である	⑦「善意」は交換されると「信頼」を作っていくものである
⑧（メモ）主人公は旅の一座から善意を受けることが度重なり、だんだん人間を信頼していく		
C＝A	⑨「信頼」は「境界」である	⑩「信頼」はときに「境界」を越えてできるものである
⑪（メモ）旅の一座は差別感情にさらされている。しかし、主人公は彼らを心底信頼するようになる		
B＝A	⑫「善意」は「境界」である	⑬「善意」はときに「境界」を越えていくものである
⑭（メモ）主人公が宿から踊子の兄に銭の投げ、投げ返される場面は、境界を越える姿といえるだろう		
C＝B	⑮「信頼」は「善意」である	⑯「信頼」は「善意」の交換によって生まれるものである
⑰（メモ）これは、B＝Cとほとんど同じ。善意の交換が続くと信頼になる。		
A＝C	⑱「境界」は「信頼」である	⑲「境界」は「信頼」ができるのを阻むものである

第 4 章　TAE で文学作品を読む

⑳（メモ）境界は善意の交換を阻む。だから信頼ができていかない。差別が残る。
㉑（メモ）このシートの作業全体を通じて気づいたことを書く 境界があって、善意の交換を妨げている。だから、信頼もできない。しかし、ときに、善意が境界を越えて交換される。それが続くと、やがて、信頼が生まれる。善意が境界を越えないと、信頼ができていかず、差別が残る。

―ステップ 11―

手順 22. まず、機械的に「A は、本来（もともと）、B である（の性質をもっている）」*の文を作ります。次に、その文を、テーマとしているフェルトセンスで感じます。その文のようにいえるかどうか、いえる場合、どのような点なのか、いえない場合、なぜなのかなど、気づいたことをメモします。適用例の場合、「境界は、本来（もともと）、善意である（の性質をもっている）」の文を作り、『伊豆の踊子』の感想のフェルトセンスで感じます。メモを書き、新しいタームを見出します。新しいタームはテーマとしているフェルトセンスにとって重要だと感じられる語にします。「もともとシート」（ターム関連シート 2）③④に書きます。

手順 23. 同様に、すべての組み合せでおこないます。A、B、C と新しいタームを書き出し、気づいたことを書きます。「もともとシート」⑤から⑮に書きます**。

もともとシート（ターム関連シート 2）

① テーマとしているフェルトセンスを感じ直す 『伊豆の踊子』の感想		
② 3つのターム　＊「であるシート」と同じタームを使う		
A：「境界」	B：「善意」	C：「信頼」
タームを「〜は、本来（もともと）、〜である（の性質を持っている）」の文にあてはめ、フェルトセンスで感じて気づいたことをメモし、新しいタームを追加する		
ターム	〜は、本来（もともと）、〜である（の性質をもっている）	

＊　オリジナル TAE では「A is inherently B.」となっています。
＊＊　オリジナル TAE では A=B、A=C の組み合せのみをおこないます。詳細は第 3 章のステップ 11 の項を見てください。

A, B	③「境界」は、本来（もともと）、「善意」である（の性質をもっている）
	④（メモ）境界は仲間を守る意味もあるだろう。内部を守る　新しいターム：内部
B, C	⑤「善意」は、本来（もともと）、「信頼」である（の性質をもっている）
	⑥（メモ）善意は人間がもともともっているものがふと出るのである。信頼はその積み重ねの結果である。積み重ねというより、繰り返し。**新しいターム：繰り返し**
C, A	⑦「信頼」は、本来（もともと）、「境界」である（の性質をもっている）
	⑧（メモ）そうはいえない。境界があると信頼は生まれない。信頼があると少々の境界は境界にならない。乗り越えられる。　新しいターム：越境
B, A	⑨「善意」は、本来（もともと）、「境界」である（の性質をもっている）
	⑩（メモ）善意がもともと境界の性質をもつとすると他人に向かうもの。自分に向かう善意はないのか。他人の無垢の善意が自分に向く。自分の中の境界を自分で越えられる。　新しいターム：自己受容
C, B	⑪「信頼」は、本来（もともと）、「善意」である（の性質をもっている）
	⑫（メモ）信頼というのは、そこで何が起きても、善意に基づく行為であると信じることだといえる。　新しいターム：信じること
A, C	⑬「境界」は、本来（もともと）、「信頼」である（の性質をもっている）
	⑭（メモ）そうはいえない。境界は信頼がないと生まれる。信頼がないと自衛するために境界を作る。善意があるとそこを越えていく。主人公は恋愛で境界を越えた。善意の他に恋愛も越境を可能にする。　新しいターム：恋愛
	⑮**タームの書き出し**＊A、B、Cと新しいタームを出てきた順に書き出す。気づいたことを書く 　境界、善意、信頼、内部、繰り返し、越境、自己受容、恋愛。越境して自己受容に向かう。そこに、善意や信頼がどうかかわっているのか。

―ステップ12前半―

　手順24．これまでのステップを振り返り、タームを選び直します。ステップ11で見出した新しいタームは最有力候補ですが、それにこだわらず、テーマとしているフェルトセンスにとって最も重要だと感じられる語を3〜4個選びます。もう少し多く選んでもかまいません。後で加えることもできます。今は3つ選び、これをO、P、Qと置くことにします。適用例では「O信頼、P越境、Q善意」としました。「概念組み込みシート」②に書きます。

　手順25．「Oは」で始まりPQを最低1回ずつ含む文を書き、テーマとしているフェルトセンスの中でのOの意味を説明します。これを「OをPQで

定義する」といいます。同様に、PをQOで、QをOPで定義します。このように諸タームを相互に定義することを、諸タームを「組み込む」といいます。ここで書いた文を「相互定義文」と呼ぶことにします。「概念組み込みシート」③に書きます。

　新しいタームを一つ選びます。ステップ11で見出した新しいタームやこれまで使った語を中心に、テーマとしているフェルトセンスにとって重要な語を選びます。一度も使ったことがない語でもかまいません。これをRと置くことにします。適用例では、「内部」を新タームとしました。「概念組み込みシート」④に書きます。

手順26.「概念組み込みシート」③の相互定義文の各文のそれぞれに、新タームとそれを入れるための最低限の語句を加えます。既にある部分は変更せずに、加えるだけにします。文法上どうしても必要な場合に限り変更しますが、活用形の語尾を改変する程度に止めます。結果的に、2〜3文になってもかまいませんが、加入部分が多くなりすぎないように注意します。「概念組み込みシート」⑤に書きます。

手順27.　その後、新タームRを他の諸タームで定義します。つまり、「Rは」で始まりOPQを最低1回ずつ含む文を書きます。「概念組み込みシート」⑥に書きます。「ターム」は相互定義文に組み込まれたときに「概念」になります。

　新ターム（新概念）の組み込みは、テーマとしているフェルトセンスにとって必要だと感じられるだけ繰り返します。だんだん、同じことを繰り返しいっているような感覚になってきます。そのときは、理論がまとまってきているときです。

概念組み込みシート

①テーマとしているフェルトセンスを感じ直す 『伊豆の踊子』の感想		
②新たなタームを3、4個、選定　＊これらが相互定義されたとき概念になる		
O:「信頼」	P:「越境」	Q:「善意」
③諸概念の相互定義＊各概念を残りの諸概念を使って定義する。諸概念が相互に組み込まれる		
OをPQを使って定義する 「信頼」は「善意」が「越境」するときに生まれる		

PをQOを使って定義する 「越境」は「善意」と「信頼」があって可能になる QをOPを使って定義する 「善意」は相手を「信頼」して「越境」していくことである	
④新タームの追加　＊新しいタームRを加える	R：「内部」
⑤新概念の組み込み　　　　　＊諸概念OPQの定義に新タームRを組み込む 　　　　　　　　　　　　　　　　　　　　　　　　　　　　＊下線は加えた部分	
Oの定義にRを組み込む 「信頼」は「善意」が「内部」に向かうだけでなく「越境」するときに生まれる Pの定義にRを組み込む 外への「越境」は「善意」と「内部」での「信頼」があって可能になる Qの定義にRを組み込む 「善意」は相手 (外部) を「信頼」して「内部」から「越境」していくことである	
⑥新概念の定義＊新概念Rを諸概念OPQを使って定義する	
RをOPQを使って定義する 「内部」は「信頼」と「善意」が満ちている場所であり「越境」を阻むことも、支えることもある	
メモ 自己の内部の信頼は自己受容といえるだろう。「身近な人の支え」も内部の信頼。	

＊必要なだけ新タームを加え同様に繰り返す

―ステップ12後半―

　手順28.　この箇所は、必要な場合にのみおこないます。ここまでの作業の中で、例えば、ステップ12の最初にタームを選ぶときや、ステップ12の前半で新しいタームを加えるときなどに、類似している語のうちどちらを採用しようかと迷うようなことがあります。また、ある語とある語が、辞書的には類義語ではないけれどもテーマとしているフェルトセンスの中では近いと感じられることがあるものです。そのような語を拾い上げ、相互定義文に、置き換えて入れてみます。適用例では「善意」と「恋愛」が近い意味を持つように感じられたので、「善意」を「恋愛」に置き換えてみました。「置き換えシート」②に書きます。

　手順29.　ステップ12の前半で作ったすべての相互定義文の中の語を、②に従って機械的に置き換えます。適用例では、すべての相互定義文の中の「善意」を「恋愛」に置き換えることになります。「置き換えシート」③に書きます。

第4章　TAEで文学作品を読む

手順30. 置き換え後の文を、1文ずつ、フェルトセンスで感じてみます。感じているうちに、似ていると感じていた語の微妙な違いや、一見異なると見えた語のどこが似ていたのかなどが見出されてきます。それらをメモします。メモは文ごとにおこなうと丁寧ですが、適用例のように最後にメモしてもかまいません。この作業により、一つの語をいくつかに細分化する必要が見出されたり、よく似た意味を表している2語を1語に統合できることが見出されたりします。

　タームの置き換えは、テーマとしているフェルトセンスにとって必要だと感じられるだけ繰り返します。適用例では、次に「内部」と「家族」を置き換えてみました。

置き換えシート

①テーマとしているフェルトセンスを感じ直す 『伊豆の踊子』の感想
②置き換える概念　Q：「善意」をS：「恋愛」と置き換える　※下線は置き換えた部分
③概念の置き換え　＊諸概念OPQ（R）の定義のうち一つの概念を置き換え、気づいたことを書く
Oの定義のQをSに置き換える 「信頼」は「<u>恋愛</u>」が「内部」に向かうだけでなく「越境」するときに生まれる Pの定義のQをSに置き換える 外への「越境」は「<u>恋愛</u>」と「内部」での「信頼」があって可能になる Qの定義のQをSに置き換える 「<u>恋愛</u>」は相手（外部）を「信頼」して「内部」から「越境」していくことである Rの定義のQをSに置き換える 「内部」は「信頼」と「<u>恋愛</u>」が満ちている場所であり「越境」を阻むことも、支えることもある
メモ 　善意は恋愛と入れ替えても成立する。善意と恋愛は同じような機能をもっているといえるだろう。どちらも、越境を可能にする。主人公が恋愛感情を持つということは、主人公が善意を持つことであるといえるだろうか。恋愛感情を持つから善意が生まれるのだろうか。
④置き換える概念　R：「内部」をT：「家族」と置き換える　※下線は置き換えた部分
⑤概念の置き換え　＊諸概念OPQ（R）の定義のうち一つの概念を置き換え、気づいたことを書く
Oの定義のRをTに置き換える 「信頼」は「善意」が「<u>家族</u>」に向かうだけでなく「越境」するときに生まれる Pの定義のRをTに置き換える 外への「越境」は「善意」と「<u>家族</u>」での「信頼」があって可能になる

Qの定義のRをTに置き換える	「善意」は相手（外部）を「信頼」して「家族」から「越境」していくことである
Rの定義のRをTに置き換える	「家族」は「信頼」と「善意」が満ちている場所であり「越境」を阻むことも、支えることもある
メモ	内部は家族と入れ替えても差し支えないという感じがする。しかし、内部というと自分自身を意味することもできるから、家族だけにするのは物足りない。内部は自己＋家族だろう。そうすると、内部に対する善意は自分に対する善意となり自己受容ということになるだろう。内部（家族）からの越境が信頼で、内部（自己）からの越境が恋愛なのかもしれない。「内部」は「家族」と「自己」に細分化できる。

※必要なだけ置き換えをおこない、同様に繰り返す

手順31. 新タームの追加と相互定義、置き換えによる確認などをおこなっていると、だんだん同じことを繰り返し表現しているような感覚が強まってきます。それは理論がまとまってきているときです。追加や置き換えの作業を反映し、最終的な概念を確定します。最終的な概念の相互定義文ができた時点で、概念の構造体ができたと考えます。TAEでは、概念の構造体が「理論」です。

手順32. 相互定義文の内容を、ひとまとまりの数行の文にまとめます。ここで作る文章は「理論の骨格」になります。文型は自由ですが、最終的に確定した概念を、すべて最低1回使って書きます。相互定義文で意味していたことを変更しないよう、その意味のまとまりを保ったまま書きます。4～5文になってもかまいません。新しいことを展開したり、長く書きすぎたりしないように注意します。

理論の骨格

「信頼」は「善意」が「家族」と「自己」に向かうだけでなく「越境」するときに生まれる。「越境」は「家族」の「信頼」と「自己」の受容があってはじめて可能になる。「家族」の「信頼」は、「善意」の「越境」を支えることもあるが、阻むこともある。「善意」が自分に向くと、「自己」受容のきっかけとなる。「恋愛」も「善意」と同様、「越境」を可能にするが、この小説では可能性が示されるのみである。この小説は、ある青年が、旅芸人の「家族」と伊豆を旅したことにより、自分にも人々にも無垢な「善意」があることに気づき、「自己」を受容できるようになり、社会に対する「信頼」を取り戻す話である。

第4章　TAEで文学作品を読む

―ステップ13―

　手順33. 作った理論を、テーマとして扱っているフェルトセンス以外のことに適用してみます。まずは自分の体験と交差させてみるとよいでしょう。同作家の他の作品や作家の履歴、文学以外の分野、例えば心理学や社会学等の学説と交差させてみても面白いと思います。適用例は省略します。

―ステップ14―

　手順34. もう一度テーマとしているフェルトセンスに戻って展開します。文学作品の感想文を書いてみるとよいと思います。さまざまな方法が可能ですが、次のようなやり方もあります。

1)　理論の骨格をいくつかに分割し（これは新しいパターンといえます）、つながりがよくなるように順序を入れ替えます。
　　適用例の場合、
　　　①「信頼」は「善意」が「家族」から「越境」するときに生まれる
　　　②「越境」は「家族」の「信頼」と「自己」の受容があってはじめて可能になる
　　　③「家族」の「信頼」は「越境」を阻むこともある
　　　④「善意」が「自己」に向くとき「自己」受容のきっかけとなる
　　　⑤「恋愛」は「越境」を可能にする。
　　の部分に分け、この順序で書いていくことができます。
2)　分割した部分の理論の内容を表現するように、作品の中から場面を補いながら書きます。まず、ステップ6で抜き出した場面の中で使えそうな場面があれば、それを書きます。その後、作品に戻って適当な場面を抜き出し、付け加えていきます。ステップ13で交差した自己の体験や、他の領域のもので、使いたいものがあれば、それも入れて書きます。
3)　それぞれの部分に、内容を表現する小見出しをつけます。

　2)　3)　の適用例は省略します。実際に感想文として展開する場合は、読

み手がいるのか、それは誰なのか（教師なのか友人なのか不特定多数なのか）、その読み手の特性、発表する場合は媒体の特性、与えられた字数等を考慮する必要があります。

　言語表現は状況に応じて産出されるものです。ここに示した『伊豆の踊子』の読み方も、TAE の手順を説明するという状況の中で産出されたものです。私という一人の人間であっても、状況が異なれば異なった読み方をするだろうと思います。

　また、どんな状況であっても、『伊豆の踊子』の「唯一の正しい読み」はないのだということも確認しておきたいことです。TAE は文学作品の「唯一の正しい読み」を導くものではありません。個人が、「そのときのその人独自の読み」を、深めたり明確にしたりすることを促進します。

　文学作品の鑑賞だけでなく、絵画、舞踊、映画などの芸術鑑賞、また、自然観照でも、TAE は有効です。鑑賞（観照）は能動的な営みです。その営みが確かなものになることによって、鑑賞（観照）されるものの価値が創造されていきます。これは、個が普遍に参加することの実例であるといえます。

第二部
TAE の背景としての
ジェンドリンの意味創造理論

第5章　ジェンドリンの意味創造理論

　ジェンドリンは、1962年に出された『体験過程と意味の創造』で、意味創造過程を、体験過程とシンボルの相互作用として理論化しました。そこでは、シンボル的行為である「直接照合」に始まる体験過程とシンボルの機能的関係を7つに分類し、モデル化しています。1997年に出された『プロセスモデル』では、体験過程がシンボルと相互作用を始めるまでの過程が、モデル化されています。それは、いかにして身体から言語が立ち上がってくるかをモデル化することでもありました。そのためには『体験過程と意味の創造』ではほとんど触れられていない「パターン」について考察する必要がありました。それをおこなっているのが『パターンを越えて考える』です。これを間におくと『体験過程と意味の創造』から『プロセスモデル』へと発展させられたジェンドリンの意味創造理論を、ひとつながりとして、粗描することができます。ジェンドリン哲学はもっとずっと広いものですが、この本では、これらの著作を中心に、TAEの理解に必要な範囲に絞り、ジェンドリンの理論を粗描していきます。

　粗描を始めるにあたって、第一部のときと同様、この粗描が私（得丸さと子）によるジェンドリン理解の実例にすぎないことをお断りしておきたいと思います。読者が、それぞれのジェンドリン理解を形成され、この粗描が、対話によって創造的に修正されていくことを希望します。ジェンドリンの理論における意味創造の営みは、普遍性を実例化し、実例で普遍性を照らし返す不断の循環プロセスです。この実例はその一部を成すものです。

■1.　身体（機能的身体）は秩序を持つ

1.1.　B-EN の循環プロセス

　生きている人間の身体は、常に環境と相互作用しています。ジェンドリン

第5章　ジェンドリンの意味創造理論

の理論では「身体は環境との相互作用です」[115]。ここでいう「身体」は解剖学的な身体ではなく、生きて機能する生命体としての人間身体です*。ジェンドリンの表現を使えば、「人間は肺ではなく呼吸です」。

環境には、自然、事物、人間関係、文化、歴史など、生きている身体が相互作用しているすべての物や状況が含まれます。人間という動物はすぐれた脳をもっており、脳は身体全体を通じてのみ機能します[116]。このことからも明らかなように、人間の身体には文化や言語が作り込まれており、人間においては、環境（状況）、身体、言語が、共に一つのシステムを形作っています[117]。この、環境と相互作用しつつある機能的身体を、ジェンドリンは身体－環境（B-EN）と表記します[118]。この本では、単に、身体と表記していますが、すべて、身体－環境、即ち、環境と相互作用しつつある機能的身体という意味です。

身体環境相互作用プロセスは、多くの協働的プロセスに分化されていますが、あらゆるものがあらゆるものと関係し合うように（everything by everything）相互影響しています。この様相はイブイブイング（eveving）と表現されます[119]。この本では、これに「万事連関」の語をあてたいと思います**。身体環境相互作用プロセスは生命が生き続ける限り不断不休の循環プロセスです。

1.2. 暗在的複雑性の中へと生起する

身体は、自身が生き続ける方向を知っており、生き続ける限り、みずからその方向を探索し、その中へと進んでいきます。これを「暗在的複雑性の中へ生起する」（Occuring into Implying.）といいます[120]。

生きている身体は、環境の中の対象と、一定の、前もって定められた相互作用が営めるように、「未定」のあるいは「潜在的（potential）」なパターンを含んでいます。これらの相互作用の対象は、存在するかもしれないし存在しないかもしれないのですが、身体的秩序は、もしそれらの対象が万一存在するなら獲得するに違いないような相互作用のパターンを含んでいます[121]。つまり、生きている身体は、環境とのさらなる相互作用を含んでいます。吸い込む空気、食べる食物、今いる状況で、するべきこと、言うべきことなど、次のステップに包含されるすべてのものを暗在（imply）しています。身体は、

---

* 身体的生命感覚（a sensing of body life）とも表現されています[263]。
** 末武康弘氏が『ジェンドリン哲学入門』の中で使用している訳語です。

159

相互作用する環境を暗在する、具体的に進行しつつある「知性」((knowledge) だと言うことができます[122]。

　身体に暗在する対象が実際に生起するとき、対象は身体プロセスを推進します。対象は、暗在的に含まれていることの中へと、起きて来るのです。身体プロセスは、「生起ー暗在ー生起ー暗在」と進んでいきます[123]。これが「暗在的複雑性の中へ生起する」ことです。

　身体は、生きている限り、推進（同じ方向への変化、つまり生き続ける方向への変化）し続けます。従って、身体は環境におけるそれ自身の継続性を含んでいます。大きく環境が変化して諸プロセスの一つが停止しても、残りの諸プロセスの相互影響によって、プロセス全体が再開されます[124]。生きて環境と相互作用する機能的身体は、自己によって秩序づけられる自己組織プロセスです[125]。

　植物の身体も、動物の身体も、環境と相互作用する自己組織プロセスです。植物は知覚（perception）を伴うことなく生きる身体環境相互作用です。このような知覚を伴わない身体環境相互作用が、動物や人間の中でも常に起きています[126]。植物で明らかなように、本来、身体環境相互作用は、知覚されないもの、すなわち、暗在しているものです。ジェンドリンはそれを、「前概念的タイプの秩序（preconceptual type of order）」（『体験過程と意味の創造』）、「暗在的複雑性（implicit intricacy）」（「TAE序文」）、「複雑性（intricacy）」（『パターンを越えて考える』）、「暗在するもの（Implicit）」（『プロセスモデル』）、などと呼びます。この本ではこれに「暗在的複雑性」の語をあてています。それは、「次なる生起を暗在する多くの相互影響しつつある細部」です[127]。この「暗在的複雑性」には秩序があり、それは、（顕在的）「形式」を越えており、常に「形式」に秩序を与えているというのが、ジェンドリンの理論の根幹です＊。

＊ ジェンドリンの理論での「形式」は、パターン、規則、概念、言明（陳述）、言語、時にはその背景にある文化、歴史等を含む広い意味で用いられています。ジェンドリンは、西洋哲学の伝統は、「形式」の役割を過剰に重視し、「形式」以上のものを見失ってきたと主張しています。とりわけ近代の哲学者は、自然や人間、個人やその実践、その中で身体が持つ独自の秩序を見失い、すべての秩序は「形式」によって一方的に課せられているとしています。ジェンドリンは、この課された秩序は、何の上に課されたのだろうか、課すというからには、課されるものがあるはずではないかと問います[264]。それが、ジェンドリンのいう「暗在的複雑性」です。ジェンドリンは次のように述べています。これまでにも、暗在的複雑性の存在に着目した先達はいました。フロイトの「イド」は一種の暗在的複雑性と言えます。しかし「イド」はそれ自身の秩序を持たず、社会的文化的形式を課されるべき存在だとされています。ウィトゲンシュタインは語の使用の分析を通じて、語の意味を決定する概念などないことを見出しました[265]。しかし、例示する方法で示すにとどまり、語がその中でどのように働くかの考察には進みませんでした。バフチンやバタイユも現前するもの以上のものの存在に気づいていましたが、特異なケースのみだとしました[266]。

第 5 章　ジェンドリンの意味創造理論

　通常、科学は知覚されるものから始めます。しかし、ジェンドリンの理論では、知覚は、身体が暗在する複雑性と、五感により分離されたパターンに二重化されています[128]。パターンは、常に、より広い身体環境相互作用プロセスの暗在的複雑性に秩序づけられています。だから、私たちは、知覚からではなく、身体環境相互作用プロセスに暗在する秩序から始めなくてはならないのです[*]。

　身体は環境との相互作用ですが、人間身体のありようが「種」としての類似性を備えている以上、人間と環境の相互作用には、「種」に普遍的なものがあります。それが人間身体の身体的秩序です。高等動物としての人間身体は、複雑な環境との相互作用過程を生きる身体的秩序の具体的な塊（mass）です[129]。

　その身体的秩序の内的受容性が体験過程です[130]。ジェンドリンは『体験過程と意味の創造』では、「体験過程の秩序は身体的秩序と似ているようであり、それを私は『前概念的』なタイプの秩序として述べてきたし、これからも述べていきたいと思う[131]」と言っています。最近の著作では、人間身体は、身体環境相互作用プロセスの暗在的複雑性を、内側から感じることができると述べ[132]、それを暗在的理解（Implicit Understanding, IU と省略）と呼んでいます[133]。IU には、創造的退行による直接照合、軽く照合される状態、全く照合されない状態があります。IU は照合されなくても（注意を向けられなくても）、常にあります[134]。暗在的複雑性は、それ自身の時間と空間をもちません[135]。照合されることにより、「今、ここ」の時間と位置ができ、一つのユニットとして自己同一的に機能するようになります[136]。

1.3.　タイプ a 暗在と第一の普遍性

　みずから生き続ける方向を知っている身体は、身体環境相互作用プロセスの複雑な秩序を暗在している知的な存在であり、その内的受容性である体験

『存在と時間』でそれに迫ったハイデガーも、1926 年以降は、実践や経験（体験）は言語や、「存在」という概念モデルによってのみ決定されるとしました[267]。デリダも、人は何らかの前提を避けては思考できないとし、そのような分離不可能なものを「余剰」と呼びました[268]。しかし、「余剰」は混沌とした中間地帯で[269]、それ自身の機能を持たないとされています[270]。このように、これまでの哲学ではおしなべて、暗在的複雑性はそれ自身の機能を持たないとされています[271]。（哲学の分野では「経験」の語が用いられますが、本書では「体験」を用います。）

[*] ジェンドリンは、フッサール、前期ハイデガー、サルトル、メルロ・ポンティーら現象学者が、暗在的複雑性（経験（体験）、現象）へと直接的に分け入っていったと評価しています[272]。しかし、彼らは、異なる仮定が異なる結果をもたらすというそのこと自身が、経験のさらなる複雑性を見出すことにつながっていくことに、気づかなかったとしています[273]。

過程は、意味創造の源泉です。

　人間と環境の相互作用には、人間身体のありようの「種」としての類似性に根ざす普遍的な秩序がありますが、この暗在的複雑性の秩序は、個別的身体の中に、個別的体験を通じ、「体験された意味」として暗在しています。この状態はタイプa暗在[137]と呼ばれます。このうちのいくらかは、振り返って「第一の普遍性」であったといわれるものです。第一の普遍性は暗在するのみで、私たちはそれを見たり聞いたりすることはできません。直接照合やシンボルによって連続され、「第二の普遍性」になったときに初めて、「それがあった」といわれることが可能なものです。普遍性として連続されることがないままタイプa暗在しているものもあります。タイプa暗在する複雑な秩序は、第一の普遍性よりも広いということです。

　質的研究との関連でいうと、現象に暗在する普遍的なものを、いかに、鋭く、かつ、豊かさを失わずに取り出すかが、研究の成否を分けるといえるでしょう。ジェンドリンの用語で正確にいうと、現象にタイプa暗在する秩序を、第二、第三の普遍性として取り出し、振り返って第一の普遍性として「暗在していた」と言えるようにするのが、質的研究ということになります。第二、第三の普遍性については、この後の項で説明します。

■ 2. 直接照合は最小のシンボル化である

2.1. 人間は直接照合により体験過程を感じられる

　身体が、自身が生き続ける方向を知っている知的な存在であることは、私たちの何気ない日常の行動の中でも確かめることができます。慣れた通勤経路で自宅から職場に向かう間、私たちは非常に多くの事物や出来事と適切に相互作用しています。混雑するターミナルで、鞄の決まったポケットから定期券を出し自動改札機の決まった場所にタッチし、行き交う人とぶつからないように注意しながら階段を上がり、目指す電車が来るホームに行き、その日の列の状態に応じて適切な位置に並ぶといった行動は、かなり複雑なものです。その過程には、多くの事物との相互作用が含まれていますが、慣れた道では、それらに注意を向けることは、ほとんどありません。これは、直接照合がおこなわれていない姿です。しかし、何か通常と違ったことがあれば、その瞬間、そこに注意が向くでしょう。それは直接照合する瞬間です。この

第5章　ジェンドリンの意味創造理論

とき私たちは、実は自身が状況全体を「それと知っていた」ことに気づきます。体験過程はすべてを含んで進行しています。しかし、注意を向けられない限り、体験過程はそれと気づかれることはありません。

　しかし、例えば、友人と一緒に、初めて入るレストランで食事をするとしましょう。入り口からウェイターの後について、いくつかの椅子やテーブルにぶつからないように進みながら案内された席につき、メニューを見ます。ここまでの過程で、いちいち「彼はウェイターだ」「これが椅子だ」「これはテーブルだ」「これはメニューだ」と言語化しないでしょう。しかし、慣れた通勤の道にあるものとの関わり方と、初めてのレストランにあるものとの関わり方には、少し違いがあるはずです。初めての場所では、言語化こそしませんが、それぞれの物が「ここにある」として注意を向けているはずです。これは、ごく軽いものですが、一種の直接照合といえます。ただし、創造的退行を経た直接照合とは異なります。このような「ちらりと見てそれと知る」過程は、いちいち言語化する必要がありません。直接照合は、基本的には、言語を媒介としない、単に注意を向ける（指し示す）行為です。この、物を見て（聞いて）それが何かを知る過程は、ジェンドリンのモデルでは、第一の普遍性が、第二の普遍性として連続される過程です。物の判定の過程には、第一、第二の普遍性が働いています。

2.2.　直接照合

　直接照合は、高等動物としての人間が生まれつき持っている能力です。直接照合の過程は、次のようにモデル化されます。

　直接照合では、不断の体験過程の推進と、指し示すという行為による一時的休止が二重化されます[138]。推進と休止が二重化されるので、注意を向けている対象（のフェルトセンス）がわずかに異なって繰り返されます。これをバージョニングと言います[139]。その中で「同一」になれるものが跳び出し（fall out）、ゆるやかにまとまり（ジェル化し）対象化します。これが直接照合体です。直接照合体を形成することにより、体験過程は「データ」（資料）として扱うことが可能になります*。この過程を、より徹底しておこなうと「創造的退行」になります。

　直接照合体が形成されたとき、それはフェルトセンスとして感じられます。

---

* 『体験過程と意味の創造』[274]では、「具体的な感じつつあるデータ」が体験過程だとされています。筒井健雄氏は、「detaであり、哲学では『所与』と訳す」とし、「資料」「データ」と訳しています。

直接照合体には、推進の「次(先)」に来るべきものが暗在しています。私たちは、その「次(先)」を、「これ」とか「あれ」として感じることができます。それはまだ言葉にできませんが、そこでは、その状況におけるすべての言うべきこと、するべきこと、思考の細部が「正確に」暗在的に機能しています[140]。したがって、それは単なる「内部」や「主観」ではなく、身体の内側から感じられる身体環境相互作用プロセスの「次(先)」です[141]。ここがエッジであり、その感覚がフェルトセンスです[142]。

　注意を向けるという行為はシンボル的行為ですが、この過程にはシンボルは介入しません。人は、体験過程を、シンボルを媒介とせずに直接的に感じることができます。直接照合は、内容を表示しないシンボル化で、「最小のシンボル化」と言われます[143]。

2.3. フェルトセンス

　フェルトセンスは、身体の内側に注意を向け直接照合すると感じられる「体験過程の特定の局面の感覚」です。

　体験過程の特定の局面に注意が向けられ直接照合体ができると、それはフェルトセンスとして感じられるようになります。注意を向けられること、指し示されることによって初めて特定され(自己同一的な一つのユニットになり)、その感覚がフェルトセンス(意味ある感じ)として立ち上がってきます。注意を向けること自体、既にシンボル的過程です。フェルトセンスは、基本的に言語を伴わない感覚(「この感じ」)ですが、既に自立的な意味をもって実感されます。うまく言葉にできないけれども何かしら意味があると感じられます。この過程が意味の実体化と呼ばれるのはこのためです。実体化には、既に、指し示されることによる新しい観点の創造が含まれています[144]。

　フェルトセンスは、基本的に言語を伴わない感覚であり、未分化の「体験された意味」が含まれています。そのため、「うまく言葉にできない感じ」「言葉にしてみて言い切れていない感じ」として感じられます。それは、「『あー』とか『うー』としか言えない事」であったり、「何だかムズムズする感じ」[145]であったりします。しかし、実感として感じられるその具体的感覚には、普遍的な身体的秩序(身体が暗在する暗在的複雑性の秩序)に由来する莫大な「体験された意味」が、指し示された特定の局面に集約された形で、豊かに含み込まれています。

　人間は、身体が相互作用している状況全体のような広汎なものに直接照合

してフェルトセンスを感じることもでき、「需要と供給のルール」[146]といった非常に限定的な局面に照合してフェルトセンスを感じることもできます。人、物、出来事、何でも、直接照合体を形成させフェルトセンスを感じさせる指示の観点（ポインター）になります。

ジェンドリンは『体験過程と意味の創造』の中ではフェルトミーニングの語を使っています。フェルトセンスとフェルトミーニングは同じと考えてよいでしょう。『フォーカシング』では、フェルトセンスを用いています。『プロセスモデル』では、いずれもほとんど使用されておらず、直接照合体の語が用いられています。フェルトミーニングという場合、「意味」ということが強調されます。フェルトセンスという場合は、それが実際に感じられる「感覚」である点が強調されます。直接照合体は、指し示す先のジェル化した対象（object）ですが、私たちはそれをフェルトセンスとしてしか感じることができません。直接照合体を感じるということが、フェルトセンスを感じるということです。

2.4. 第二の普遍性（1）「この感じ」

意味創造は、指し示される行為（シンボル的行為）により、推進し続ける体験過程が、一時的休止と二重化することで始まります。そこから直接照合体として跳び出す「同一」のものは、体験過程にタイプa暗在する普遍的なものが、指し示された観点に応じて立ち上がった、第二の普遍性です。それは「この感じ」として感じられ、振り返って、第一の普遍性として暗在していたと言われることが可能になるものです。直接照合体としてジェル化し実際に感じられるのは特定の局面ですが、背後には、常に莫大な「体験された意味」が働いています。この過程を徹底的におこなえばおこなうほど、創造的に退行し、背後にある「体験された意味」をより豊かに活用できるようになります。詳しくは創造的退行の項を見てください。

■3. パターンは最も原始的なシンボルである

3.1. 人間はパターンを見出す能力を持つ

ジェンドリンは、『パターンを越えて考える』で、「シンボルはパターンをパターンとして知覚することから始まる」[147]と述べています。パターンは

シンボルの始まりです。ジェンドリンの理論では、すべてのシンボルはパターンを含んでいます[148]。

人間が生まれつきパターンを見出す能力を備えていることは、よく知られています。ジェンドリンも生後２日目の人間の乳児が人間の顔のパターンに反応することを取り上げています[149]。乳児は、本物の人間の顔に反応するのはもちろんのこと、ボードに書かれた人の顔のパターンにも反応します。この、すべての人間の顔のパターンに反射的に微笑む「原始的微笑」には臨界期があり、やがて消滅します。しかし、パターンを見出す能力は、その後も終生、保持されます。

ジェンドリンは、パターンを「部分間の比率のセット」[150]としています。人間は、猫の絵に「猫」を見出しますが、それは、各部分の比率のセットが実物の猫の比率のセットと同じだからです。パターンとは、何かと何かの関係だととらえておきましょう。

身体的な見え、聞こえ、動きといったパターンは動物の中にも暗在していますが、独立した機能をもちません[151]。たとえば、猫のパターンは鳥の反応を引き起こします。しかし、このとき、鳥は猫に反応しているのであって、パターンに反応しているのではありません。ある魚の雄は、他の雄の横腹に赤い斑点があるとき攻撃します。生態学者が赤い丸が書かれている白い板をぶらさげても、即座に戦いの行動をはじめます。しかし、魚が色や形に反応していると見るのは生態学者であって、魚にとって、カードはもう１匹の魚であり、赤い斑点に反応しているのではないのです[152]。

無生物もパターンを暗在しています。しかし、それを「それ」として取り出すのは、人間です。雪の結晶に含まれる美しいパターンを見出し知覚するのは人間だけです[153]。

3.2. 二重化

人間にとって、すべての物はパターンを含んでいます。人間にとって、常に、物はパターンと二重化されています。二重化とは同時に両方を感じることです[154]。このように二重化されている人間にとっての対象を、ジェンドリンはシーン（seen）と呼びます[155]。

シーンには、分離可能な感覚（見え、聞こえ、匂い）があります。それはシンボル的な産物です[156]。人間はパターンを分離する能力をもっていますが、分離することは「について」（aboutness）のレベルを構成することです。

第 5 章　ジェンドリンの意味創造理論

人間は二重化された感じとしてしか、それを感じることはできません[157]。パターンは常に何か「の」(「についての」)パターンであり、人間の知覚は常に、その「何か」と「の」(「についての」) に、二重化されています。人間にとっては、常に何でも、「何かのように」見え、聞こえおり[158]、パターン（シンボル）の背後には、常に「のようなもの」があります。

　パターンは本来的にそのフェルトセンスと二重化 (doubling) されている[159]ということができます。同様に、シンボルもフェルトセンスと二重化されているということができます。

　ジェスチャーゲームの過程を考えると、パターンとフェルトセンスが二重化されていることがよくわかります。「新聞紙のさまざまな使い道を、言葉を使わずジェスチャーのみで示し、それが何かをあてる」というゲームをするとしましょう。ジェスチャーをする人が、新聞紙を広げて肩にかける動作をしたとしましょう。見ている人は、それが何を意味するかを、身体の内側に注意を集中して探すことでしょう。それが何か、なかなかわかりませんが、そのうち「それ」とわかる瞬間がやってきます。一瞬かもしれないし、じわじわと浮き出て来る感覚かもしれませんが、いずれにしても「それ」とわかる瞬間は、身体感覚（フェルトセンス）の変化が、「それ」と知らせてくれるに違いありません。言葉に展開する前に、「わかった」という身体感覚があるはずです。この身体感覚の変化は「推進」と呼ばれます。「わかった」ときはパターンによって身体が「推進」されるときです。その後、その「わかった感じ」を言葉に展開し、「寒いときにコートの替わりにする」などと表現することが可能ですが、「わかった」という感覚自体には、言葉は必要ありません。何かを「それ」と判定するのは、第一の普遍性と第二の普遍性によることは既に述べましたが、それを知らせるのは身体です。パターンとフェルトセンスは一つの身体の中で二重化されているので相互に作用し合います。ここで進行したのは、「身体的見え」のパターンによる「理解」の過程です。言葉に展開する段階で「第三の普遍性」が関わってきます。

3.3.　パターンの分離と内／外の区別

　パターンはフェルトセンスと二重化されていますが、分離して用いることもできます。そのときパターンが、行動の残りから分離され、行動空間の「外部」ができます[160]。これにより、内外の区別が生じるとモデル化されています。外部の空間は「パターン空間」で、ここでは、位置を動かすことがで

167

きます[161]。見出されたパターンは、もともとそれが由来する個別的文脈を離れ、多くの異なる実例の中で、繰り返し機能することが可能です[162]。そのときパターンは道具としての操作性を発揮します。例えば私たちは、星のパターンを含むものを集めることができます。ヒトデにも、紅葉の葉にも、星形のクッキーにも、靴下のプリント模様にも、星のパターンを見出すことができます。パターンは、繰り返し現れることができる一般的な形式です。だから「星のパターンを含むもの」とひとくくりにすることが可能です。この場合、星を見出すたびに「星のフェルトセンス」を感じてはいないでしょう。ですからこれは、一応、パターンがフェルトセンスから分離して独立的に用いられている姿だといえます。しかし、じっと目を凝らして感じれば、星のフェルトセンスと二重化させることも可能です。

同様のことは言語シンボルに対してもいえます。言語教育で「パターンプラクティス」という方法があります。「猫がネズミをつかまえる」を「猫がネズミをつかまえた」（過去）、「ネズミは猫につかまえられた」（受身）などと変形する練習をします。これは、パターンを変形させている姿です。パターンはこのように道具としての操作性を持っています。フェルトセンスから分離して用いるので、このような操作が可能になるのです。しかし、「猫がネズミをおつかまえになった」（尊敬）とすると、「これはおかしい」という感覚が出てきます。このことから、完全にフェルトセンスと分離していたわけではないことがわかります。

パターンが、本質的にフェルトセンスと二重化されていながら、それから分離し操作的に用いることもできるという点は、重要です。これにより、論理的パターン（論理的関係）と暗在的複雑性の両方を活用して思考するTAEのステップが可能になります。

3.4. パターンは暗在的複雑性によって機能する

先に述べたように、動物はパターンを知りませんが、動物身体（生きて機能する自己組織プロセス）は、状況に適切に反応していきます。植物の成長は、人間が取り出すパターンによって説明されます。しかし、植物はそれを知ることなく、人間が取り出すパターン以上の精密さで自己組織プロセスを推進していきます。

植物や動物の例でわかるように、パターンはそれと知られることなく、身体環境相互作用プロセスを推進させています。科学はさまざまなパターンを

第 5 章　ジェンドリンの意味創造理論

見出し、物事をパターンの観点で研究しますが、パターンが暗在的複雑性の機能を作動させるのではなく、身体の暗在的複雑性によってパターンが機能するのです[163]。この順序の逆転は、ジェンドリン理論の根幹です。

人間は、生来の能力によりパターンを見出すことができますが、人間身体は植物と同様に、パターンを知ることなしに暗在的複雑性によって自己組織プロセスを推進しています。パターンとフェルトセンスを二重化することにより、暗在的複雑性の秩序をパターンとして取り出すことができるのは、このためです。

人間はパターンによって、パターンを越えて思考することができます。なぜならば、パターンは、より広い身体環境相互作用プロセスの中で働いており、それにより推進されるからです[164]。ジェンドリンは、「人間は、既に知られているパターン以上に思考することができる」といっています[165]。

3.5. 第二の普遍性（2）パターン

人間にとっては、常に何でも、「何かのように」見え、聞こえています。人間が五感として分離しているのは、この「見え」「聞こえ」等です[166]。人間の知覚は常に具体物とパターンに二重化されています[167]。例えば、今、私が食べているものは、口に入り消化されていく具体物であると同時に「クッキー」です。パターンが認知されるので、個別の対象は「〜のようなもの」として知覚されます。

パターンは、暗在（タイプ a 暗在）しているものが連続（タイプ b 暗在）される姿です。「〜のようなもの」は普遍性ですから、パターンは普遍性です。

ただし、パターンは第二の普遍性です。それは「普通の意味での普遍性に向かう道の第一歩」とされます[168]。ジェンドリンの理論では、この、パターンと暗在的複雑性の二重化から、何かを対象として捉え操作する可能性と、実感として感じられるフェルトセンスを媒介として暗在的複雑性と応答する可能性が開かれます。いずれも人間身体がもつ能力に基礎づけられています。人間身体を基盤として普遍性が発展していきます。

人間は、何かにパターンを見出すとき「個」の中に「普遍」を見て（聞いて）います。従って、普遍性は 1 回生起すれば充分です。たとえ 1 回でも、背後に「のようなもの」が暗在しているので、そこに普遍性を見出すことができます。ジェンドリンは、パターンは、「既に個別の行動対象から解き放たれた何か」なので、その「見え」や「聞こえ」をあらわにするには、「1

回生起すれば十分」で「他との比較による共通性は必要ない」と言っています[169]。この考え方は、質的研究において、個別例の検討により普遍的なパターンを見出せるという考え方を導きます。

■ 4. パターンから言語が発展する

4.1. メッシュ

人間の身体は、身体的秩序の一つの具体的な塊ですが、『プロセスモデル』では、さらに次のように精緻にモデル化されています。

身体的秩序の塊は、諸プロセスが、あらゆるものがあらゆるものと相互影響し合うように協働的に分化され、万事連関しています[170]。絶えざる環境との相互作用の中で、過去に実際に生起した連続は、古いものの上に新しいものが重なり、ピラミッドのような層状のメッシュ（網）になっています[171]。まだ一度も生起したことがない遺伝的なものもメッシュ化されています。非常に原始的な通常は人間に生起することがないようなものが「ある人の5歳の誕生日に起こる」かもしれません[172]。メッシュは、身体が暗在する行動可能性といってもよいでしょう。

文脈の生起は、ピラミッド状に積み上げられた様式のメッシュの中にあり、かつ、現在の万事連関のメッシュの中にもあります。メッシュの中では、一つの連続は、「〜と〜」の両方になることができます[173]。

身体と環境の相互作用はそのつど新しいわけですが、実際に生起する文脈の連続は、そのつど新鮮に、「身体的な万事連関が、何が生起するか、というよりも、何が生起しているかを決定します」[174]。連続は一度にすべてが生起するわけではなく、生起する連続、生起に対して暗在的に機能し影響を受ける連続、暗在するのみで機能もしないし影響もうけない連続の3種類の様態があります[175]。 何かが生起するときは、暗在していたとき以上のものをもち[176]、また、何かが生起すると、以前は暗在していなかったものが暗在的に機能するようになるかもしれない[177] というふうに、複雑に絡み合っています。

4.2. シンボルの始まり

ジェンドリンの理論では、言語は身体感覚（フェルトセンス）から形成さ

第5章　ジェンドリンの意味創造理論

れます。ジェンドリンはその根拠を、パターンと身体感覚の二重化においています。このモデルでは、身体との結びつきを離れることなく、パターンから言語が発展していきます。

　言語の始まりとしてのパターンを考えるにあたっては、「身体的見え」、つまりジェスチャーがわかりやすいでしょう。身体的見えとは、ある行動文脈の中で、身体がどのように見えるかです[178]。どんな動物でも、ある行動文脈における身体と身体的見えの間には、その「種」に特有の本質的な結びつきがあります[179]。

　「身体的見え」には2個の身体が必要です。ジェンドリンは2個の身体の相互作用からパターンとシンボルを説き始めます。例えば、餌を求めて別々に歩いていた2匹の猿が不意に出会ったとしましょう。餌を求めて歩くという行動文脈は一時的に休止し、推進を続ける身体プロセスと二重化します。次の戦いの行動文脈の最初である手を振り上げ胸を叩く威嚇のジェスチャーをしたとしましょう。ジェスチャーの間、行動文脈は休止のままで、わずかに異なって繰り返されます。このような状態はバージョニングと呼ばれます。

　バージョニングの間、2匹の猿の間で、相手の（外的）身体的見えを知覚することによる（内的）身体プロセスの変化が、交互に影響し合います。その中から、次の行動文脈として生起可能な身体プロセスが立ち上がってきますが、それは2匹を共に推進するもののはずです。2匹の身体プロセスから「同一」になれそうな何かが立ち上がってきて、実際に「同一」になれたとき文脈が推進されます。それは、休止していた文脈が再構成されるときでもあります。「同一」になれないときは、推進（再構成）されません。

　人間の場合、同様の過程で、相手の身体的見えにパターンを見出すところが異なります。その過程は次のようにモデル化されます。行動文脈のバージョニングに伴うパターンの連続のそれぞれの小片は、行動文脈を、時間を越えてひとつながりに「同一」に保ちます。そのときパターンは、行動文脈を「同一」に保ちながら再構成します[180]。この間、人間は、（内的）身体プロセスの連続を感じるだけでなく、（外的）身体的見えのパターンの連続を知覚し続けます。両者の連続が二重化されます。（内的）身体プロセスの「感じ－感じ－感じ」と、（外的）身体的見えの「パターン－パターン－パターン」の二重の連続ができます。こうして、パターンは、その行動文脈にいること「についての」シンボルになっていきます。

やがて、バージョニングを通じて「同一」になれる身体的見えのパターンが跳び出します。跳び出さないこともありますが、何が跳び出すか（跳び出さないか）は、環境と相互作用しつつある身体プロセスの万事連関が決めます。パターンが跳び出すとき、休止しバージョニングしていた文脈が再構成され、文脈が再開（推進）されると同時に、跳び出したパターンが分離可能となります。
　このとき、再構成された文脈はクラスター（房）を形成するとモデル化されます。同時に、クラスター全体に、跳び出したパターンの派生物が暗在するようになります。たとえば、ある手の動きが文脈を推進したとき、それと似ている手の動きの派生物がクラスターに暗在します[181]。
　この「跳び出す」感覚は、アニメーションのコマ送りを考えるとわかりやすいかもしれません。わずかに異なる絵をじっとみていると、描かれているものが浮き立って来ます。
　しかし、この場合は絵ではなく、生きている２個の身体です。このモデルの重要なところは、身体的な共感が最初に来ることです。同じ文脈で相互作用する２個の身体は互いに似ており、同じ類の身体的見えを持っています。そして、各々の身体に、身体的見え（パターン）の連続と二重化された身体プロセスの変化（感じ）のつながりができます。この二重化があるので、身体が身体的見えを暗在するようになります[182]。
　これは「自身の身体的効果が、他者の身体の上に順番に解釈（rendition）を作らせる」[183]と表現されます。こうして、２個の類似した身体間の相互作用から、身体的見えという、「その文脈にいること」のシンボルが、内的身体プロセスと分ち難く結びつきながら立ち上がってきます。身体的見えはパターンでありシンボルの始まりです。ある文脈での内的身体感覚（感じ）はフェルトセンスです。ジェンドリンのモデルでは、シンボルがフェルトセンスと分ち難く結びついています[184]。フェルトセンスは「今、ここ」での具体的身体感覚ですから、その背景には、常に、さらに広大な「体験された意味」が働いています。
　しかし、ここまでのモデルでは、２個の身体が、実際に同じ文脈に居る必要があります。ジェスチャーはまだ言語とはいえません。

4.3. ３つのタイプの推進
　身体的にそこに居ない文脈を推進できる身体的聞こえは、言語といえるで

第5章　ジェンドリンの意味創造理論

しょう。ジェンドリンは言語の発達をモデル化するにあたり、3つのタイプのパターン推進をモデル化しています。身体的見え推進、単独推進に、also 推進です。3つのタイプの推進は、互いに他に暗在します[185]。

　猿の間に起きたことを「身体的見え―身体的見え推進」と言います（「身体的見え推進」と省略します）。人間が、人や動物や物からパターンを見出すのを単独推進と言います。人間と人間が出会ったときにも、身体的見え推進が起こります。

　also 推進とは、他者が単独推進されているのを見る個人が、自分もまた（also）推進されることです。（見られている人はそのことに気づいている必要はありません。）この推進のためには、見ている個人が、他者が対象に対しておこなっているジェスチャーの身体的効果を「知っている」ことが必要です。そのためには、先立つ身体見え推進が必要です。従って、also 推進には身体見え推進が暗在しています。また、他者は対象物のパターンによって単独推進され、それを見ている個人も対象物（この場合は他者）のパターンによって推進されるわけですから、also 推進には2つの単独推進が暗在しています。

　ジェンドリンの挙げる例はわかりにくいので、次のような例で考えてみましょう。停止したベビーカーの脇に2人の大人がいるとしましょう。スーパーに買物に行く途中で、母親が知人と出会って話し込んでいます。2人の大人は赤ん坊が眠っていると思い込んでいますが、実は赤ん坊は起きていて2人を見ています。母親が手を振るしぐさをし、再びベビーカーが動き出したとき、赤ん坊は、「人と離れるフェルトセンス」を感じ、手を振るしぐさが「人との別れ」を意味すると知ったとしましょう。しばらくして、その赤ん坊が、動いているベビーカーの中で、見知らぬ通行人が手を振るしぐさをするのを見たとします。通行人は、赤ん坊に見られていることには気づいていません。このとき赤ん坊が、自分のベビーカーの動きとは関係なく、「人と離れるフェルトセンス」を感じ、通行人が「人との別れ」を体験しているのだと知ると、それは also 推進といえます。ベビーカーはスーパーに向かっており、赤ん坊は誰とも別れていませんが、赤ん坊は「人と離れるフェルトセンス」を感じました。「手を振るしぐさ」という身体見えのパターンそのものにより、自分がいる文脈（スーパーに行く）ではない別の文脈を感じたといえます。also 推進では、人は直接的な身体間の相互影響によって推進されるのではなく、身体的な相互影響なしに、間にある「パターンそのもの」によって推進

173

されます。also 推進は「パターンそのものによる推進」といえます[186]。

　これが続いていくと、自身が単独で何らかの対象に推進されるとき（単独推進）でも、同様に推進される他者が暗在するにようになります。互いに離れたところにいる他者が、いずれも「パターンそのものにより」身体的にどちらの文脈にもいない、別の文脈を推進することが可能になっていきます。

　「パターンそのもの」により、眼の前に対象がなくても推進されるようになると、自分が自分のパターンに推進されることが可能になります。「パターンそのもの」のフェルトセンスは独立的に有意味ですから（独立的に感じられますから）、それを、今、ここで身体が感じているフェルトセンスと相互作用させることが可能になります。身体は、パターンがその身体感覚にとって適切かどうかのフィードバックを返します。これによって「自問自答」が可能になってきます。

4.4. クラスターと側面的交差

　パターンによる推進が繰り返されているので、人間の身体的メッシュの中のある部分は、ある文脈で身体がどのように見えるか、聞こえるか（身体的見え、聞こえ）のパターンの類似性によって再構成され、クラスターをなしています[187]。このクラスターは、ある文脈での身体のありように基づいているので「非常に深い身体的支持を持って」[188] います*。このクラスターをパターンクラスターと呼ぶことにします

　例えば、一つのジェスチャーの手の形のバリエーションの連続（第一連続と呼ばれます）からジェスチャーが作られると、クラスター全体に派生的な手の動きが暗在していきます。次に別の文脈で別の手の動きのバリエーションがジェスチャーされるときには（新しい第一連続）、既に最初の第一連続からの派生物が暗在しているので、それと交差することになります。これが繰り返されると、文脈で交差する派生物は、さまざまな第一連続の交差物となり、第一連続にとってはオノマトペ的だけれども、第二連続としてはもはやオノマトペ的ではないという状況になってきます。よく似て見える手の動きが、違った文脈を再構成していることもおきてきます。例えば、投票の場面で手を挙げることは一票を投じる意味がありますが、尋ねてみると「窓の

---

* 『プロセスモデル』では、このクラスターは、「動物が走ると、それは飲むことができない」[275]とか、「切り倒した木には登ることができない」「登っている間に切られた木からは降りられない」[276]というような文脈相互の関係を暗在しているとされます。

第5章　ジェンドリンの意味創造理論

外に知人をみつけて合図を送ったのです」ということもあり得ます。

　人間身体に暗在する文脈のメッシュは、既に、さまざまな側面的交差の結果を暗在しています。従って、まだ、クラスター形成の繰り返しがあまり及んでいない領域にクラスターを立ち上げる第一連続が起きる可能性は、極めて少ないと言えます。しかし、ジェンドリンは、即興的なオノマトペ的表現や芸術には、この可能性が残されているとしています。学問の世界でも不可能ではありません。

　既にさまざまなクラスターを暗在している現在の状況では、ほとんどの芸術や学問は、既存のパターンの繰り返しか、既存のパターンの派生物との交差物です。それに価値がないわけではありませんが、可能性はさらに大きいのだということを確認しておきましょう。それは人間身体が暗在するメッシュの可能性ということでもあります。

図19　メッシュのイメージ

4.5.　収集的交差とカテゴリー

　メッシュのうちのある部分は、パターンクラスターだけなく、言語（シンボル）によっても類化され、カテゴリーを成しています。このカテゴリーは、「文脈（s）」と表記されます。カテゴリーは、「収集的交差」によって、常に繰り返し再構成されています[189]。

　ジェンドリンは、パターンによる「側面的交差」が繰り返されるうちに類似性が集まり「収集的交差」に移行するとモデル化しています。「パターンは反応されることにより類(カテゴリー)になっていく」と表現されています。

175

ジェンドリンが挙げる例は次のようなものです。一つのジェスチャー*から「kinnickinnick」という音が引き出されたとします。「k」とか「kin」という音は、ある行動文脈における身体のありようから引き出されたオノマトペ的なものですが、それは暗在するすべての他の文脈の身体のありようと「交差」し、すべての音の形成において機能します。これは「側面的交差」です。「kin」「kind」「ken」も、それぞれ別の文脈で使われ、それぞれ文脈を再構成するとしましょう。これが繰り返されるたびに側面的に交差し、派生物の交差による生産物が包含されていきます。

そのうち、自身の性質において集めた文脈（s）を再構成することのできる最も短いユニットが、独立した実体（entity）、即ち、一つ（a）の部分になり、集められた文脈（s）から跳び出て（fall out）きます。そのときそれ（一つ（a）の部分）は、集めた文脈（s）を推進し、語ユニットが形成されます。語ユニットの形成は、言語が新しい音の形成を伴わないで発展し続けるポイントでもあります。言語は、音の質に新しい形成やバージョニングを保持させることよりも、存在する音を結合することによって発展するようになります[190]。

「収集的交差」で、何が実体として跳び出してくるかが問題になりますが、単純に「共通部分」というわけではありません。跳び出したものは、「それ自身として再起することのできる何かであり、その他の生起とこの生起の両方であることができるような何か」であり、「簡潔に言うと、そのようになることができる何か」[191]だとされます。

側面的交差から収集的交差への移行が起こる可能性は、現在はないに等しいといえます。なぜならば、既に語ユニットが豊富に暗在しているからです。現在では、収集的交差は、側面的交差から移行するよりも、既にある語ユニットを使用することによって進行します。

ジェンドリンの例はわかりづらいので、身近な例で考えてみましょう。最近、若い人がよく「チョー何々」という表現を使います。「チョー」と言うときには必ず、独特の音の調子、顔の表情を伴いますから身体感覚を伴うオノマノペ的表現と言えます。この表現がどのように始まったかはわかりませんが、今、架空のストーリーとして、この語が、もとは、ある具体的なフェルトセンスのオノマトペ的表現としての「チョームカツク」の1語から発達

---

* 『プロセスモデル』では「ダンス」となっています。「ダンス」はジェスチャーの休止であると定義されています[277]。

第5章　ジェンドリンの意味創造理論

してきたと仮定しましょう。この語と「誇張する」「貴重な」「お調子者」などの「チョウ（チョー）」から、あるとき「超」が一つの実体として独立し、「超カワイイ」「超スゴイ」などと用いられるようになれば、「超」が接頭語としてさまざまな文脈を集めている姿ということになります。現在は、この段階に近づきつつあるといえそうです。今はまだ声の調子や表情を伴うことや、若い人の間である程度限られた場面で用いられることを考えると、文脈と身体感覚との密着性を色濃く残しているといえそうですが、今後、それらのオノマトペ的要素が薄まり、誰でもどんな場面でも使う表現になれば、収集的交差が完了したといえるでしょう。

　身近な例で考えてみましたが、実は、この例が側面的交差から収集的交差への移行を説明できているとはいえません。最初の「チョームカツク」が、既に「超」と「ムカツク」の既存の2語の組み合せであった可能性が高いからです。既に言語がある状況では、白紙の状態から新しい語が創出される可能性は閉じられているといってよいでしょう。一見、新しいようでも、既にある語のアレンジにすぎないことばかりです。ですから、架空のストーリを立てて説明するしかないのです。言語は私たちの可能性を広げるものであると同時に、新しい感性を既存の言語カテゴリーへと狭めるものでもあります。

4.6.　語の使用による収集的交差

　既に言語がある状況では、語は「創出」されることはなく、「使用」されます。意味の創造は、今や、いかに既存の語を、新しい意味で「使用」するかであるということになります。言語の「使用」は、収集的交差です。

　ある文脈で言語を使うことは、眼の前の文脈を、既にある語ユニット（文脈 (s)）と交差することです。眼の前の文脈 (this) はその細部を脱落することなく[192]、文脈 (s) のメンバーとして作り込まれ、類として「同一」(a)（一つの類）に収集されます[193]。このとき語ユニットが、交差しているものから跳び出てきます。跳び出たものに文脈全体が暗在し、新しい意味を帯びるようになります。

　ジェンドリンが挙げる例は、次のようなものです。私たちは、暗在するウサギ「というもの (a)」がなければ、このウサギを、体験することができません。それは、視覚的なウサギ「というもの (a)」の見えを要求し、ウサギ「というもの (a)」の像としてのウサギの像を再認させます。また、ウサギ「というもの (a)」の動きのパターンを要求し、ウサギの集まり (rabbits) を

177

要求します[194]。現実に眼の前を横切った具体的な細部を伴うウサギだけが、それがウサギかどうかを決めることができます。

このときには、「隠喩」が働きます。隠喩が、新しく異なった文脈の中で、語の古くて文字どおりの意味と一緒に、類似性を創造します[195]。隠喩により類似性が創造されたときに、収集されます。「猫は決して、子犬を持たない」と表現されています[196]。

日本語には「a」や「s」がないので、ぴんとこないところもありますが、「a」は「～というもの」といいかえられるでしょう。これがジェンドリンの理論での第三の普遍性です。語ユニットは第三の普遍性です。

このモデルでは、第三の普遍性は、文脈を類において一緒に再構成することによって、「同一」に作り、そこから跳び出てきます[197]。「跳び出ること」は、文脈全体が跳び出てくるものの中に暗在していることを意味しています。従って、第三の普遍性は、それが再構成する文脈すべてを保持しています[198]。

第三の普遍性は、文脈を再構成しながら、人間の状況の中に暗在しています。人間の状況は語ユニットとともに再構成されているということもできます。ジェンドリンは、これが文化なのだといっています[199]。しかし、人間の文化の原型*は言語以前なのだとしています[200]。

4.7. 第三の普遍性

ジェンドリン理論の第三の普遍性は、一般的に言われる普遍性に最も近いものですが、実際の個別的状況の中で、再構成、再形成を繰り返しているものとしてモデル化されています[201]。第三の普遍性は、状況を再構成し自らを再形成することで、個別的状況を推進し、状況が何であるかをさらに創造していきます[202]。人間の状況が既に言語とともに類化されている現在、目の前にある文脈は既に先立つ文脈と交差させられていますが、尚かつ、シンボルが意味することを変化させていきます。反対に、今、連続している個別的文脈は、それ自身が集める文脈（s）から跳び出す第三の普遍性に作り込まれることによって、推進されていきます[203]。これが意味の創造です。

このような意味の創造が、常に十全に起こるとは限りません。シンボルの意味を全く修正せずに収集されることは原理的にはないはずですが、ほとん

---

*「原型（元型）」（archetype）はユングが用いている概念です。

どの場合、たいして修正せずに収集されます。日常生活とはそのようなものだということもできるでしょう。いつもいつも、あまりに大きな修正を要求されると、身体は疲弊してしまいます。

しかし、新しい状況に出会って大きな修正が必要なこともあります。そんなときにうまく創造的修正がおこなえないと、私たちは身体的な行きづまり感をもちます。変化のスピードが速い現代は、そういうことが多い時代だといえるでしょう。

ジェンドリンのモデルでは、言語使用はカテゴリーの再形成です。言語カテゴリーはパターンクラスターによって、身体的メッシュに連関しています。従って、このモデルでは、言葉は身体からやってきます。やってこないときは、状況が何であり、何を言おうとしていたかについて、身体的方法で感じることを除いては、私たちがそれについてできることは、ほとんどありません[204]。状況にいること（being）が、語に出て来させます。

行きづまっている状況も、身体的方法で注意を向ければ、創造的修正の契機になります。TAE はそれを可能にする一つの具体的な方法だといえます。

■5. フェルトセンスとシンボルの7つの機能的関係

ジェンドリンは、収集的交差における創造的修正の程度を加味し、意味創造の過程を、フェルトセンスとシンボルの7つの機能的関係にモデル化しています。フェルトセンスとシンボルが1対1に対応し、フェルトセンスが既存の一つの言語カテゴリーに収集されるのがパラレルな関係で「直接照合」「再認」「解明」の3つです。1対1で対応するシンボルがないため既存の言語カテゴリーに収集され尽くされず、カテゴリーを創造的に修正するのがノンパラレルな関係で「隠喩」「理解」「関連」「言い回し」の4つです。

5.1. 直接照合

「直接照合」については、既に何度も述べてきましたが、簡単に復習しておきましょう。人は、身体の内側に注意を向けると、体験過程を感じることができます。注意を向けるという行為は、指し示すことであり、シンボル的行為です。指し示されることにより、体験過程（体験）の特定の局面が立ち上がり、同時に意味を帯びます。これがフェルトセンスです。フェルトセン

スは「この感じ」として感じられるものですが、根本的には言葉を伴わない全体的身体感覚です。

「直接照合」は、シンボルを媒介としないシンボル化です。シンボルを媒介としないので、シンボル化する内容を表示（represent）しません。「最小のシンボル化」といわれるゆえんです。だから、シンボルによる制約を受けることなく（正確には最小限にして）特定の局面の意味を感じることができます。まだシンボル化されていない部分をも含み込み、一つの全体として感じられるのが、「直接照合」の利点です。

通常、シンボルとフェルトセンスは二重化されていますが、分離して感じることもできます。あるシンボルのフェルトセンスに対して「直接照合」したり、あるシンボルへの注意を保ったまま、まだシンボル化されていないフェルトセンスに「直接照合」したりすることも可能です。

「直接照合」においては、フェルトセンスと体験の特定の局面の意味が1対1で対応しているので、「パラレル」です。

5.2. 再認と解明

「再認」と「解明」は、フェルトセンスとシンボルが「パラレル」な関係です。「再認」は、シンボルがフェルトセンスを呼び出す方向（実体化）に働き、「解明」はフェルトセンスがシンボルを選ぶ方向（普遍化）に働きます。

第2章3項で例にあげた「忘れていた人の名前を思い出す」プロセスは、「再認」（recognition）と「解明」（explication）だといえます。

「解明」の「フェルトセンスとシンボルの相互作用」は、次のようにモデル化されます。それは、「表現したいフェルトセンス」と、「シンボル（語）が呼び出すフェルトセンス」の二つのフェルトセンスを、身体の内側で相互作用させるプロセスです。「忘れていた人の名前を思い出す」プロセスで、「この人は誰だったかなあ」と身体の内側に注意を向けると、それがポインターとなり、体験の特定の局面が「自立的に有意味」に機能するようになります[205]。このとき直接照合体ができ、私たちはそれを、フェルトセンスを感じることで知ることができます。これが「表現したいフェルトセンス」です。それに「直接照合」していると、それを意味するシンボルがおのずと姿をあらわします。

例えば、「名前を忘れた人のフェルトセンス」に「直接照合」していて「山本さん」というシンボルが出てきたとします。呼び出されたシンボルはポイ

第 5 章　ジェンドリンの意味創造理論

ンターとなって、フェルトセンスを呼び出します。この場合、「山本さんだったっけ」と感じてみると、「山本さん」の語は「山本さん」のフェルトセンスを呼び出します。これが「再認」です。通常の言語使用では、すべての言葉は、ほとんど同時的に再認されるフェルトセンスを伴っています。フェルトセンスがなければ単なる雑音やインクの染みでしかない音声言語や文字言語が、フェルトセンスを伴うことによって意味を成していきます[206]。

　選ばれたシンボルの「再認されたフェルトセンス」と「表現したいフェルトセンス」は、身体の内側で相互作用します。フェルトセンスは、適切なシンボルを選ぶ力がある[207]ので、同一のときは「そうそう」と感じられ、同一でないときは「ちがう」と感じられます。直接照合体のフェルトセンスは「自立的に有意味」なので、「同一／同一でない」のフィードバックが得られるのです。これが解明です。「解明」のプロセスには、「再認」が含まれています。

5.3. 隠喩と理解

　次に「ノンパラレル」な関係を見てみましょう。「理解」（comprehension）と「隠喩」（metaphor）です。

　例えば、「私の恋人は赤いバラのようだ」の「隠喩」の場合、「私の恋人」と「赤いバラ」の二つの既存のシンボルで表現したいのは、それぞれの「再認されたフェルトセンス」ではなく、新しい意味です。どのようにして、古いシンボルから新しい意味を表現することが可能になるのでしょうか。その過程は次のようにモデル化されます。

　まず、二つのシンボル「私の恋人」「赤いバラ」は、それぞれ体験の領域を呼び出し、「再認されるフェルトセンス」を呼び出します。これらはそれぞれ、それ以上分化（explicate）されない塊（mass）としてあります。主部シンボル「私の恋人」が呼び出す体験の領域は、述部シンボル「赤いバラ」が呼び出す体験の領域とは異なっています。しかし、この異なる領域に、「赤いバラ」の「再認されたフェルトセンス」を「直接照合」していると、その体験の塊に新しい局面が立ち上がって来て[208]、類似関係（likeness）が創られます[209]。その新しい局面は新しい意味（類似関係）を表すようになります。この過程は、「私の恋人」「赤いバラ」の二つのシンボルが、意味の媒体（vehicle）を作り、その局面をシンボル化した[210]と表現されます。

　シンボルは体験の新しい局面を表すとき新しい意味を持ちます[211]。二つ

181

のシンボルは新しい局面を意味するようになったので、新しい意味を持つようになりました。二つのシンボルは、新しい局面の隠喩的シンボルになったといえます[212]。このように、「隠喩」におけるシンボル化は、古い体験からその体験の新しい側面が現れることに依っており、また、既に意味を持つシンボルが新しく意味することができる可能性に依っています。「隠喩」は旧さと新しさの間の二つの関係を含みます[213]。「隠喩」によって新しい類似性が創られ、第三の普遍性になっていきます[214]。

「理解」は、シンボル化の度合いがさらに低く、出発点となるシンボルが浮かんでいないような場合とされます。何か新しい意味を理解していても、いざ誰かに説明しようとすると、出発点となるシンボルが浮かんでこないことはよくあるでしょう[215]。例えば、第2章3項であげた、ミーティングで思いついたアイデアを忘れてしまった場合、それを思い出したとしても、いざ他人に説明しようとすると、自分の中で言葉を探し、言いよどみながら話すことになるでしょう。その過程で、「そのアイデア」が、自分自身にとっても、より豊かで顕在的なものになってきます。私たちはシンボルを他人に語るためだけでなく自分自身に語るためにも使用します[216]。

「理解」では、先行するフェルトセンスを表現するために「隠喩」が発案されます[217]。まず、「表現したいフェルトセンス」が、関連しそうなシンボルの複合体（complex）を呼び出します。この過程は「表現したいフェルトセンス」が、関係ありそうなシンボルの「再認されたフェルトセンス」を集めて新しい意味を創ると表現されます[218]。

呼び出された複数のシンボルの「再認されたフェルトエンス」が「表現したいフェルトセンス」を取り囲みます。その感覚に直接参照していると、表現したい体験の新しい領域に、新しい局面が「表現したいフェルトセンス」を表現するように立ち上がってきます。

「表現したいフェルトセンス」は、取り囲んでいる「再認されたフェルトエンス」と相互作用し、それぞれの可能なシンボル化に対して、正確であるか不正確であるかの応答を繰り返します。この過程で、それらのシンボルのシステムから、まだ「表現したいフェルトセンス」を意味するシンボルではないけれども、新しい「シンボル的媒体」が形成されます[219]。このようにして新しい意味が創造されてきます[220]。

「理解」では、「表現したいフェルトセンス」が、シンボルを呼び出す選択者としても、語がシンボル化に成功したかどうかを判定する審判者としても

機能しています[221]。「表現したいフェルトセンス」のシンボルからの自立性は最大限に高いので[222]、多くのシンボル化が可能です。ある「表現したいフェルトセンス」を、普通は言語でシンボル化しますが、舞踊家はダンスで、音楽家は音楽でシンボル化します。多くのダンス、多くの音楽が可能なのと同様に、言語でシンボル化する場合にも、多くの正確な言語化が可能です[223]。

選択や審判の過程で「表現したいフェルトセンス」は変化します。この変化は、暗在的であったものが顕在化するという変化であり、より正確に、より豊かになるという変化です。

5.4. 関連と言い回し

「理解」には、「隠喩」「解明」「再認」が含まれています。また、「理解」の背後には、「関連」「言い回し」と呼ばれるシンボルとフェルトセンスの機能的関係が存在します。

「関連」「言い回し」もノンパラレルな関係ですが、「隠喩」「理解」が、ある（一つの）フェルトセンスとそれについての一つまたはそれ以上のシンボルとの関係であったのに対し、「関連」と「言い回し」は、より広い、あるいは、時間的に長い、シンボルとフェルトセンスの機能的関係です。

「関連」は、ある（一つの）フェルトセンスの「理解」のために、広い範囲の体験（テーマとしているそのことではない他の体験）が機能する場合です。「言い回し」は、広い範囲のシンボル、事物、体験が、あるフェルトセンスを創造する場合をさします。

「関連」から見てみましょう。「体験された意味」ならどんなものでも「関連」として働くことができます[224]。「理解」のためにシンボル化されるのはほんの数個だとしても、より多くの「関連」ある意味や体験の存在が必要です[225]。

「関連」におけるシンボルの働き方は多様です。例えば、ジェンドリンは、若いころに習い覚えた重要な言葉（例えば師の教え、格言）が、年をとり多くの体験を積んだのちに初めて完全に「理解」できるようになる例をあげています[226]。これは、わからないながならも、そのときのフェルトセンスを「体験された意味」として持ち続けていてはじめて可能になることです。また、ジェンドリンは、「関連」の例として、いかに優れた絵画批評であっても、その絵画を見た体験がありその絵のフェルトセンスを持っていなければ「理解」できないだろうと言っています[227]。

183

次に、「言い回し」を見てみましょう。どんな体験（事物、人々、状況など）も、あるフェルトセンスを形成することが可能です。これが「言い回し」です。ジェンドリンは、ある場で長く働く努力をしている人は、その場における多くのフェルトセンスを持っているはずだが、これは体験による「言い回し」だとしています。絵画、音楽などの芸術も、それを見る人（聴く人）にフェルトセンスを生じさせるという意味で、「言い回し」とみなすことができます。ほとんどの会話は「言い回し」であるということもできます。

ただし、全くフェルトセンスがない白紙の状態というのはありませんから、「言い回し」によるフェルトセンスの創造は、常に、あるフェルトセンスが創造的に修正される姿なのだということもできます[228]。

質的研究において、長く携わっているフィールドでの実践知を実践者本人がテーマとする場合、体験による「言い回し」で形成されたフェルトセンスを扱っていくことになります。他者の体験のインタビューの文字起こしデータを資料とする場合、文字シンボルによる「言い回し」で形成されたフェルトセンスを扱っていくことになります。この過程で、研究者自身のさまざまな体験が「関連」として働くことになります。多くの場合、インタビュアーと分析者は同じ人ですから、インタビュー場面でのインタビュアーの表情（身体的見え）、声色（身体的聞こえ）の「言い回し」のフェルトセンスも同時に使っていくことになります。この理論では、その文字起こしの「理解」は、データが意味する「普遍的なもの（X）」の実例でしかありませんが、実例であるとはいえます。

「関連」と「言い回し」は互いに関係しあっています。実際に一つのシンボルを「理解」するためには、多くの他の体験の援助が必要です[229]。一つのシンボル（物、人、状況、行為などすべて）は、既にそれ自身再認的に有意味ですが、他のものと「隠喩」の中で創造的に相互作用し、新しいフェルトセンスを生み出していきます。それは、徐徐に創造されつつあるフェルトセンスを修正していくことでもあります[230]。

5.5. 会話するということ

日常的な会話でも同様です。一定時間以上の会話では、話し手が語るにつれて、聞き手の中に、「理解」に必要なフェルトセンスが形成されてきます。それが、次にくる語の「再認的フェルトセンス」と相互作用し、創造的に修正されることが続いていきます。聞き手は、その形成されたフェルトセンス

から、話し手が次に述べるであろうことについてのフェルトセンスを持ちます[231]。

話者に共有されている知識や、その場の会話の流れなど、いわゆる特定の文脈の中にあって初めて、ある一つの発話が理解できます。多くの他の体験やフェルトセンスが、ある一つのシンボルの理解を助けています。これは「関連」です[232]。

話し手が、聞き手の予測するフェルトセンスと全く違うことを話したら、そのときは、それを「理解」するために、聞き手の中に既に存在する過去に体験した多くの他の体験やフェルトセンスが機能します。これも「関連」です。シンボルを「理解」するためには、個人の中に多くの体験やフェルトセンスが存在することが必要です。

「言い回し」によるフェルトセンスの創造的修正は、多くのステップを通じておこります。それは同時に「関連」として働き、その次のステップの「理解」を援助するというふうに、この関係はステップバイステップで続いていきます[233]。

■ 6. 創造的退行と直接照合体

6.1. 創造的退行

ジェンドリンの理論では、7つの機能的関係で体験過程とシンボルを相互作用させることにより、第三の普遍性を創造的に修正し、意味を創造することができます。その一方で、実際に、「体験された意味」の莫大な意味創造性が十全に活用された真の意味創造は、これまでさほど多くはなかったともいえます。

ジェンドリンは『プロセスモデル』で、身体感覚を活用する意味創造に成功した例として、ダンサーのイサドラ・ダンカン、物理学者のアインシュタイン、演劇のスタニスラフスキーを挙げています[234]。このような意味創造は稀だとはいえ、誰に対しても、その可能性は開かれています。ジェンドリンは、意味創造をすぐれた能力を持つ特別な人だけのものにしてしまわず、誰もが個人の体験から新しい意味を創造し、普遍性を照らすと同時に自身も普遍的な営みに参加する社会を構想しています。わかりやすく言えば、個人が自身の体験に根ざして思考し伝え合うことで、社会もよくなり、個人も人

生に意味を見出すことができるということです。たとえささやかな実例であっても、実例で普遍性を照らし返す営みを継続することが重要です。この理論では、自身の身体に暗在する可能性を活用すれば、誰でも個別的文脈から新しい意味の領域を開くことができます。

　文脈のメッシュには既に多くのクラスターやカテゴリーが形成されていますが、まだ未分化な広大な領域があります。意味創造過程の随所で、メッシュの未分化の領域を活用することができれば、より創造的に意味を創ることができます。ジェンドリンのモデルでは、理論的には、それは可能なのです。このモデルでは、ある種の直接照合においては、未分化な領域を、シンボル化における意味創造に関与させることができます。それは『体験過程と意味の創造』で「創造的退行」(creative regress) と呼ばれ、『プロセスモデル』で「熟考」(deliberate) と呼ばれる直接照合です。この本では、「創造的退行」に代表させて用いています。

　「創造的退行」は直接照合の一種です。一時的にすべての「すること(行為)」や「語ること（会話や独話）」を止め、身体の内側に注意を向けることです。特定のシンボルを起点として「このシンボルで私は何を意味したいのだろうか」と身体の内側に注意を向けると、創造的に退行し、そのシンボルに収集されていない領域に入っていくことができます。また、創造的退行は、通常の言葉で語ることの行き詰まりから自然に起こることもあります[235]。「退行」とは、進行中の体験過程から、背後の「体験された意味」（身体的な文脈のメッシュ）に退くことです[236]。身体の内側の感覚に「戻ること」と捉えると理解しやすいと思います。これはフェルトセンスを感じることであり、直接照合そのものなのですが、それを徹底して、広く、深く、鋭くおこなえばおこなうほど、創造的に退行することができます。

6.2. バージョニング

　創造的退行では、進行中の行動の休止を徹底的におこなうので、体験過程の不断の自律的変化（推進）と休止の二重化が、より広汎に深くおこります。その結果、「状況全体」がわずかに異なって繰り返され、莫大に分化します。

　状況全体がバージョニングし、その連続が身体的に感じられる。「全体－全体－全体」と「感じ－感じ－感じ」が二重化 (doubling) されます。このとき「今、ここの体験過程」と関連がある「体験された意味」から、「今、ここの体験過程」のすべての側面に「タイプa暗在的普遍性（a type-a implicit universal)」[237] が創られます。これは「体験された意味」に暗在する「この体験過程」に関連する「普遍的なもの」で、振り返って第一の普遍性と呼ばれるものです。この「普遍的なもの」は遠く意味の源泉（普遍性）につながるものでもあります。創造的に退行すればするほど、体験された意味の未分化な領域に深く入り込むことができ、その領域を分化することができます。

　やがて、状況全体のバージョニングの、わずかな変化の連続の中から、諸バージョンを通り抜けて「同一」と感じられるものが、「このようなもの（as such）」としてクラスターを形成します。意味は、体験過程が「このようなもの（このような感じ）」になるときに生じます[238]。

　これは、「今、ここの体験過程」が一つの実例であるような、「このような体験過程」のクラスターでもあります。このクラスターは状況全体の可能性のクラスターで、会話可能性や行為可能性のカテゴリーにも連関しています。やがて、その中から「同一」と感じられるものがジェル化して全体から跳び出してきます。ここまでの過程は、長い時間がかかることもあり、非常に短い時間で進行することもあるとされています。

　この跳び出したものは、「非常に大きな何か」[239] と表現され、大文字のDRと表記されます。DRとは「Direct Referent」の省略形で直接照合体のことです。大文字の直接照合体は、創造的退行＊を経てジェル化して跳び出した直接照合体のことで[240]、充分な創造的退行を経ない場合の直接照合（体）と区別されます。両者は連続的なので、この本では厳密に区別せず、単に直接照合体と表記していますが、創造的に退行し大文字のDR（直接照合体）を形成させることが重要であることを、確認しておきましょう。

　直接照合体が跳び出すとき、未分化な領域を含むメッシュ全体が変化し、状況全体が新しくなります。その新しくなった状況全体が直接照合体として身体的に感じられ、休止していた身体プロセスが推進されます。この推進は新しい「今、ここの体験過程」のフェルトセンスとして感じられます。「推進された身体は今や状況と直接的に交差し、言うことやすることが、新しい全体の実例になる」と表現されます[241]。

　ジェル化して跳び出した直接照合体には、意味の源泉からのタイプa暗在的普遍性が第二の普遍性として連続されタイプb暗在しています。それは、

＊『プロセスモデル』では、「delibarate」（熟考する）の語が用いられています[278]。

推進によって変えられようとしている方向であり、まだ言語化できません。しかし、ジェンドリンは、人は、今わかる個別的なものだけでなく、長い目で見ればもっとも価値あることを望むし、今の考えがベストでないならベストになりそうなものを望むとします*。直接照合体にはそれが暗在しており、人はそれをフェルトセンスとして感じます。それはまだ言語を伴わない感覚ですが、既に第二の普遍性です。

6.3. モナド－ダイアフィル化による発展

『プロセスモデル』では、創造的退行を経た意味創造が、「モナド」**と「ダイアフィル」により、さらに精緻にモデル化されています。モナドは「理解」（comprehension）のようなものであり、ダイアフィルは「隠喩」のようなものである[242]とされています。

モナドは、常に、生きている個人において、身体諸プロセスを「同一」に保つ方向に働いています。しかし、創造的退行がおこなわれ休止と推進が二重化されると、状況全体がバージョニングし、暗在的複雑性のすべての側面で莫大な差異化が起こります。このときダイアフィルが、普遍的なものを「モナドイン」[243]し、直接照合体にタイプa暗在する方向に働きます。一方、モナドは、ダイアフィルによる「変化」を「同一」に保つ方向に働くので、「変化」を通じて「同一」になれるものが直接照合体として跳び出します。同時に、暗在する普遍的なもののうちのいくらかが第二の普遍性として連続され、直接照合体に「モナドアウト」[244]します。これは、普遍的なものの個人における実例化です。「どの直接照合体も可能な『一つの全体』をほのめかす数えきれない多くの可能な直接照合体の中の一つにすぎない」とされます[245]。

直接照合体が跳び出すときには、暗在的複雑さの全体が推進されるので、語によって集められていない局面も推進され[246]、第二の普遍性として連続されます。第二の普遍性なので、まだうまく言葉にできず「この感じ」にとどまりますが、暗在的普遍性が、個人に実際にフェルトセンスとして感じられます。第一の普遍性は、第二の普遍性の連続において暗在的に機能するときにのみ実際に現れることが可能になります[247]から、これにより、暗在す

---

* 『プロセスモデル』には、「このような何かを言う古い方法は、神の意志を求めることである」とあります[279]。
** モナドは、ライプニッツが用いている概念で、「複合体をつくっている単一の実体」で部分の組み合せで作ることができず、発生も終焉も一挙におこなわれるとされています。

る普遍性が、普遍的な類（カテゴリー）（第三の普遍性）として言語化される道が開かれます[248]。

ダイアフィルは、思考の接続点の交差でも働きます。テーマとしている「感じ」（の全体）と、他の経験に対する「感じ」（の全体）が交差されると、ダイアフィルの働きにより、最初の経験の中で他の体験が機能するようになり、類似性が創造されます。モナドが「同一」をキープする方向で働くので、タイプa暗在していたものが局面として立ち上がり、振り返ってずっと暗在していたとみられる新しい局面が創造されます[249]。これは、既に触れた「sbs」（スキーマ化することでスキーマ化される）と呼ばれる過程の、さらに精緻なモデル化です。

第二の普遍性として連続されるときにはクラスターが形成されますが、充分な創造的退行を経て直接照合体が形成されたときには、暗在的複雑性の全体が推進され、クラスター全体が新しくなっているので、見出されるパターン、呼び出される語、語られる（書かれる）言明、おこなわれる行為（ダンス、絵画、行動）のすべてが、一挙に新しい意味を帯びるようになります。

質的研究との関連では言語化が重要です。創造的退行を経て形成された直接照合体は、一つの言明が直接照合体の1個の実例でありうるような、無数の新しい一般的な言明を生じさせる素になります[250]。従って、直接照合体からモナドアウトする新しいターム群（概念群）は「直接照合体実例的」に使われることが可能になり[251]、互いに調和する（一貫する）タームシステムを作ることができます[252]。このタームシステムにより、直接照合体の全体を理解することが可能になります。これは「直接照合体的把握」（direct referent grasp）と呼ばれます[253]。

直接照合体には普遍的なものが実例化しているので、直接照合体から創られた概念は、「ずっと大きな真実からモナド化しつつある概念の力」をもっており、直接照合体由来の概念がモナド化したクラスターは、「どんな人のどんな文脈にでも、真実で意義ある方法で適用できる」とされます[254]。

ジェンドリンのモデルでは、普遍的なものは直接照合体に実例化し、直接照合体を経由したターム（概念）と概念間システム（理論）は、さらにそれを実例化するので、普遍的な力をもちます。従って、個人の直接照合体を経て創られた概念や理論で、個人を越えた現象を捉えることが可能なのです。

TAEステップは、普遍的秩序を暗在的に実例化する直接照合体から概念や理論を創り、普遍的なものを実例として取り出す過程を導く系統だった方法

だということができます。創造的退行でダイアフィルによりタイプa暗在し（モナドイン）、直接照合体形成の過程でモナドにより第二の普遍性として連続された（モナドアウト）第一の普遍性を、個人に実感として感じられるフェルトセンスを媒介とし、さらに創造的退行を繰り返しながらシンボルと応答させていきます。「直接照合」「隠喩」「言い回し」で暗在的意味を実体化し意味創造の可能性を開き[255]、「再認」「理解」「関連」により、未分化な意味の塊を分化し普遍化していきます[256]。この過程を繰り返すことで、シンボルの収集するカテゴリーを創造的に修正し、直接照合体に暗在する普遍的なものを、第三の普遍性として展開（顕在化）し、意味を創造していきます。

創造的に修正されたシンボルは、特定されている（テーマとしている）直接照合体に対して妥当ですが[257]、妥当なシンボル化は多数あり、正解はひとつではなく可能な類似のシンボル化がありえます。しかし、同じ直接照合体に照合しているかぎり、いずれも直接照合体の実例であり、直接照合体のフェルトセンス（第二の普遍性）を普遍化（第三の普遍性）しています。その直接照合体は可能な多くの直接照合体の一つに過ぎませんが、充分な創造的退行を経ている限り、照合する観点に応じた普遍的なものを実例化しています。

意味創造過程で重要なのは、開始時や接続点での創造的退行を経た直接照合体形成です。もしもジェル化した感覚が生じないなら、「そのときは、直接照合体形成はなかったということです」[258]。ジェル化なしの思考は、普遍性につながる「体験された意味」の意味創造性を十分に活用することができません。意味の実体化が充分でないならば、普遍化の手順をいかに系統的におこなっても、結果として得られるものは既存の意味の焼き直しにすぎず、新しい意味は創造されません。意味創造の営みの成否は、個人の直接照合体形成における意味の実体化にかかっているといえます。

■ 7. 応答的秩序

ジェンドリンのモデルでは、個人において形成される直接照合体のフェルトセンスが、同一性、正当性を保証していきます。創造的に修正されたシンボルは、直接照合された体験の局面に対して妥当です。ここからおそらく、次のような疑問が出てくることでしょう TAEを応用した質的研究では、研

第5章　ジェンドリンの意味創造理論

究対象者の数だけ、研究結果が羅列されていくに過ぎないのではないか、個々の研究結果が研究対象に暗在する「普遍的なもの」の解明へと進んでいくことを、どのように保証していくのであろうか、という疑問です。

　この疑問に対しては、ジェンドリンの「応答的秩序」の概念が新しい局面を開いてくれます。ジェンドリンは、この問い自体を変えなければならないといいます。「唯一整合的なシステムがなければならないと仮定すること」をやめ、「二つ以上のシステムをいかに扱うべきなのか」を問うべきだというのです。

　ジェンドリンは、何であれ、探求の対象には「応答的秩序」があるとします。(自然、実在、世界、出来事、体験、実践、等々) 何について探求しようとするのであれ、その探求の対象は、私たちが事前に知っていた以上の精密さで、最初に手にしていた理論と仮説だけからは決して導かれえないような、驚きに満ちた、より精密な結果を返してきます[259]。探求の対象は、指し示すものに対して、客観的な応答を返して来ます。例えば、観察者の視点を設定し、何かを測定したり比較したりすることによってはじめて得られる量的研究における応答の客観性もその一つです。

　ジェンドリンは、ある応答秩序で得られた結果は、手続きとは独立的に利用され得るとしています。単に、異なる結果を比較するのではなく、手続きの中で相互作用させることが重要です。一つの結果は、相互作用の中に置かれることによって、別の研究の中で暗在的複雑性の秩序の解明のために用いられることができるとしています。

　ここまでの章を通じてみて来たように、人間は、フェルトセンスとシンボルを二重化し相互作用させる能力があります。また、フェルトセンスはシンボルに対して応答する能力を持っています。これを活用し、私たちは、他の研究での結果を、外からの定式化として置き、内なる直接照合体と相互作用させることが可能です。TAEの手順の中では、ステップ12後半の理論の精密化のステップで、他の研究で見出された概念をタームとして採用し文に組み込んでみて、それを、フェルトセンスで感じ直すという手続きを踏むことで、手続きの中で他の研究の成果を相互作用させることが可能になります。また、ステップ13で他領域に応用する際に、他の研究の概念により記述された結果を、自身の概念で記述してみることも有効でしょう。

　これが可能なのは、各々の研究が、普遍性由来の普遍的なものを実例化しているからです。ジェンドリンが、IOFI原理を「頂点に立つ原理 (the

191

top principle)」「私たちの研究全体の原理（The principle of our whole study)」[260] としていることは既に述べましたが、「応答的秩序」を合わせて見ると、その意味が一層明確になります。

　ジェンドリンの主張に従うならば、量的研究も、手法（手続き）を異にする質的研究も、複数の研究を、相互に作用させなければなりません。真理の解明は、その相互作用の中でのみ進んでいきます。

　一つ一つの研究における応答的秩序、すなわち、手続きと結果の整合性はないがしろにされてはなりません。研究はしかるべき手順をふんで系統的におこなわれるべきです。しかし重要なことは、ある研究から導かれた結果は、その研究が真摯に真実に向かおうとしているものである限り、研究の手続きを離れても保持されるということです。それは、他の手続きで行われる研究でも、真理の探求を助けるものとして用いられます。科学は常にこのような道筋で、時に試行錯誤を含みながら発展してきたというのがジェンドリンの主張です。

　TAE ステップは、この真理探究の継続的相互作用に、誰もが、今、生きているその場所から参加することを援助する、具体的方法の一つの実例です。

付録　THINKING AT THE EDGE (TAE) STEPS

Eugene T. Gendlin, Ph.D. and Mary Hendricks, Ph.D., May 10, 2004

（翻訳：得丸さと子、木田満里代）

ステップ1－5：フェルトセンスから語る	
<u>主要なインストラクション</u>	<u>役立つヒント</u>
ステップ1：フェルトセンスに形を得させる	
知っているけれどもうまく言えない何か、そして言われたがっている何かを選んでください。**「この知っている感じ」をフェルトセンス（輪郭〈エッジ〉はぼんやりしているけれども、身体的にはっきりと区別して感じられるもの）として、**いつでもそこに戻ってくることができるように、つかまえておきましょう。 そのフェルトセンスから、ごく大雑把に少し何か書いてみましょう。	これから作業するために選ぶものは、よく知っていて経験のある分野の中のことにしてください。疑問を取り扱うのではなく、あなたが知っている何かにしてください。長年にわたる経験から濃密に知っているけれども、それについて話そうとすると難しくて、非論理的で、取るに足らないもので、非常識で、風変わりで…、あるいは、通常の言葉ではうまく言えないような、そんな**何か**がきっとあるでしょう。もしフェルトセンスをつかむことに慣れていない人は、フォーカシングを学んでみてください（http://www.focusing.org）。
そのフェルトセンスにとどまって、そこからその中核を**短い一つの文にして**書いてください。その文は、キーとなる語または句を一つ（訳者注：キーワード1とする）含むようにしてください。この段階ではまだその文が十分にあなたのフェルトセンスを言えていなくてもかまいません。	中核をみつけるために、**この中の**、言葉にしたいものは何なのかなあ？、そして、**この中で**、今自分にとって大事なポイントは何だろう？と自問してみましょう。 その文は単なるスタート点にすぎません。ここで時間をかけて考える必要はありません。そうはいうものの、その文は瞬間、あなたが追い求めているものの核心を告げているはずです。
今書いた文における**キーワード**に下線を引いてください。	キーワードを見つけるために、もしもその言葉が何らかの理論の全体を表しているのだと感じてみるとすれば、それは何についての理論だろうかと自問してみま

193

	しょう。
	最初に、具体的な例をみつけてから、文を書くやりかたもあります。
実例を一つ書いてください。	そのようなフェルトセンスが実際に感じられた具体的な例、出来事あるいは時を一つ思い起こしてみてください。

ステップ2：あなたのフェルトセンスの中の論理以上のものを見つけましょう。	
通常の論理では意味をなさないものを見つけて、非論理的な文を書きましょう。	非論理的に思えるものは、最も価値のあるものかもしれません。それを取りこぼしてしまわないように十分気をつけてください。
もしも非論理的な文を書くのが難しければ、パラドクスを書いてみてもよいでしょう。	パラドクスでは、Aは"Xであり、またXではない"、というふうに表現されます。

ステップ3：キーワードを通常の定義で使っているのではないことに気づきましょう。	
ステップ1で下線を引いた語(訳注：キーワード1をさす)の通常の（辞書的な）定義を書きましょう。そしてそれがあなたが意味したいことではないことに注意を向けましょう。	あなたは、"それは私が言いたいことではない"と認識するでしょう。この語では、少し違ったことが伝わってしまうかもしれません。何か新しいことを言おうとしているからには、通常の公的な意味で使う限り、それを正確に言える語はないのです。
あなたの文から下線を引いた語を取り除き、その部分を空所にしてあなたの文を書いてください。	
あなたが、今、扱っているフェルトセンスに戻りましょう。そうすると、あなたが言いたいことを表す、別の語がもう一つ出てくることでしょう。	別の語が単なる同義語ではなく、いくらか異なる意味をもつ語になるように気をつけましょう。
今、出てきた語をキーワード2として、その語の通常の定義を書きましょう。	キーワード2の既にある公的な意味を確認してみると、それがぴったりではないことがわかるでしょう。

付録　THINKING AT THE EDGE (TAE) STEPS

今、扱っているフェルトセンスに戻りましょう。そうすれば、さらに別の語、つまり、キーワード３がでてくることでしょう。 キーワード３の語の通常の定義を書きましょう。 「この知っている感じ」のための定まった語はないのだという事実を受け入れましょう。	キーワード３の公的な意味もあなたが言いたいことではありません。 どの語もぴったりではありません。「この知っている感じ」が新しいならば、ぴったりではないのは当然なのです。

ステップ４：あなたが３つのキーワードそれぞれに意味させたいことを言う文、または新鮮な句を書きましょう。

ステップ１で書いたあなたの文の空所に、もともとあったキーワード１を戻してください。 あなたは公的な言語を変えることはできないけれども、あなたがその語に意味させたかったことを言う全く新鮮な文あるいは句を書くことはできます。あなたがキーワード１に意味させたかったことを書きましょう。それは、キーワード１がフェルトセンスから引き出す意味であって、キーワード２、３は引き出さない意味です。 次にキーワード２を空所に入れてください。その語がフェルトセンスから引き出すものを言う句または文を書いてください。 キーワード３についても同じようにしてください。	ここでは、あなたの感覚をあきらめないでください。あなたの文があなたのフェルトセンスから語るように、こだわってください。その語に通常言うことを言わせないようにしてください。多くの人にとっては難しいかもしれませんが、<u>この文全体があなたのフェルトセンスから語っていると感じるまで待っていてください。</u> あなたには、その文の中であなたがその語に意味させたかったことを言う新鮮で新しい句が必要なのです。おおざっぱな公的な語ではなく、新しい句があなたのフェルトセンスからストレートにやってくるようにしましょう。

ステップ5：新鮮で言語学的には通常ではないような文を書くことによって、あなたが各キーワードに意味させたかったことを拡張しましょう。

ここでは、ステップ4で書いた語や句の中の重要なものを使います。今、あなたがその語句によって意味したいことをさらに拡張するために、一つか二つの少し奇妙な文を書きましょう。 新しい各文の新しくて重要な箇所に下線を引きましょう。	ステップ4でありふれた公的な語を使っていないかどうかチェックしましょう。もし使っているならば、新鮮な句を作ってそれらと置き換えましょう。新鮮な言い回しの言葉の中に、フェルトセンスの新しく独自のものが表れるようにしましょう。それらの文は、あなたの意図どおりに理解されないと、意味をなさないかもしれません。言語学的に通常ではない文の例をあげましょう。"ルールを知ることは、そこから新しい方法が開ける容器である""定義は細胞の成長を止める""持ちつつあることは、それが持っているものを示す"。もしフェルトセンスに直接的に語らせるならば、言語学的に通常ではない何かがやってくるでしょう。
ステップ1で作った文の下線を引いて空所にしたところに、ステップ3で選んだ3つのキーワードと、ステップ4で選びステップ5でチェックした重要な新鮮な語句を"ひとつながり"になるように並べて書きましょう。そのつながりの最後に、"…"を付け加えましょう。今や、あなたが言おうとしていることが1文に精妙に込められました。	文法や語句の順序を工夫してみましょう。気に入った1文になるように、余分な語句を取り除きましょう。 "…"は、あなたがフェルトセンスをこれらすべての語と照合しているしるしです。

ステップ6-8　側面（実例）からパターンをみつけましょう

ステップ6：側面を集めましょう

このステップでは、側面、すなわち、実際に起こった実例を集めます。	一つの側面が必ずしも、今扱っているフェルトセンスのすべてを描写する必要はありません。一つの側面は、そのフェルトセンスを感じたとき、誰かが言ったこと、なぜ関係がありそうなのかあなた自身がわからないようなこと等、その

付録　THINKING AT THE EDGE (TAE) STEPS

今、扱っているフェルトセンスに関係のある出来事（側面）を3つ選び、関係する細部を落とさないように、その出来事を書いてください。今、書いた文章の中で、あなたがキープしたい何かにつながりそうな具体的語句に下線を引いておきましょう。 ステップ1からあなたのもともとの実例をここに写しましょう。これで側面が4つ集まりました（訳注：側面1、2、3、4とする）。	フェルトセンスに関係あればどんなことでもかまいません。"歯医者が…と言ったとき"というような、些細で個人的なことでもいいのです。ここでは、このフェルトセンスと何か関係がありそうな出来事がなかったかなあ、と自問してみましょう。 世間一般の考えや比喩は側面ではありません。"それは火に油を注ぐようなものだ"というのは、実際に起こった出来事ではありません。 どんな実例でも、高次の一般化のさらに上をいくのです。なぜならば、実例というものは内的な独自性をもっているからです。どんな実生活の出来事の中にも、そこには実際に、何らかの複雑な構造を発見することができるのです。

ステップ7：集めた側面に、詳細な構造を見せてもらいましょう。

それぞれの側面について： 　細部間には多くの入り組んだ関係があることに気づきましょう。フェルトセンスに関係のある細部間の関係を一つみつけましょう。 　この関係をまったく違った種類の状況に適用しましょう。 　そして、この関係を、他の多くの状況に合うパターンになるように、一般的な用語で言い直しましょう。	現実に起こる経験には、新しい精妙さを作る、細部間の関係があります。それぞれの側面が、これまで気づいていなかった一つの独自のパターンをあなたに見せてくれることでしょう。 例：その歯医者は、親指を私の口に入れ脱脂綿を押さえながら、政治の話をしました。子ども、従業員、囚人には言い返す力がありません。そのパターンは：言い返せない人に向かって物を言うことは侵入的になりかねない。

ステップ8：側面を交差させましょう

こう尋ねてもよいでしょう："側面2から見ると、側面1の中に、側面1からだけでは見えないような、どんなものが見えてくるだろうか？"	これはすでにやっていることかもしれません。"交差"とは、一つの側面のポイントを他の側面にもあるとすることを意味します。側面1が側面2と同じパターンをもつと言おうとすると、側面1の新しい局面が見えてくるかもしれません。

キープしておきたい新しいパターンをつかまえておく文を一つ書いておきましょう。	
	二つの事を"交差"することは、一方が他方の実例であると考えることです。同様に、他方が一方の実例であると考えると、さらに何か得られるでしょう。
	フェルトセンスの核心全体がどの側面にもおさまりきらない場合でも、それは、各側面を交差することによって見出されるでしょう。

ステップ9：自由に書きましょう。

ここであなたが今、考えていることを自由に書いてみましょう。	ここまでのあなたの到達点として、わかったことやおもしろいと思うことを書く、自由なスペースです。

ステップ10－14：理論構築

TAEの一つの目的が今や達成されようとしています。暗在的な知（「この知っている感じ」）を明瞭かつ伝達可能なものにします。もしあなたが望めば、形式的、論理的理論を構築することへ、進むことができます。

ステップ10：タームを選択し、相互に関係づけましょう

3つの語または句を現時点での主要タームになるように選びましょう。それらをタームA、B、Cと呼びましょう。	タームは文ではありません。例えば、"内側から動きだす何か"はタームです。文には常に、主語と述語となる少なくとも2つのタームがあります。
	今までのすべてのステップの語、句、そしてパターンをみてください。主要なタームの候補リストを作ってください。最も重要だと感じられるものを選んでください。
	3つのタームをつなぐ三角形をイメージしてください。三角形の内部に、あなたのフェルトセンスの領分のほとんどとその中心的な核が入るように、タームを選んでください。ここで選ばなかった残り

付録　THINKING AT THE EDGE (TAE) STEPS

さて、AをBの観点から定義してみましょう。次に、Cの観点から定義してみましょう。まず、それぞれの等式を空っぽの公式として書いてみましょう："A=B." "A =C".
イコールの記号（=）を"は"で置き換えて、"…である"で結んでみましょう＊。A、B、Cに、先ほど選んだ3つのタームを当てはめてください。今や、完全にあっているか、まったく間違っている二つの文ができました。
(＊訳注：原文では、イコール（=）を"IS"に置き換える。)

必要であれば、文を修正してください。新しいパターンが表れる場を見失わないように"は…である"はそのままにしておいてください。お馴染みのつながりで、ターム間の関係を満たしてしまわないよう気をつけましょう。あなたのフェルトセンスの中核は確実にキープしてください。

タームを関係づけるたくさんの文を作り、自由に遊んでみてもいいでしょう。A=Bで、かつA=Cなのだから、Bはある種のCである、もしくは、Cはある種のBである、もしくはその中にAをもつBは特別なありかたでのCかもしれない…というふうに、開かれていて固

の候補は、この後、ステップ12で取り入れることができます。
2つのタームは、両方とも同一のフェルトセンスから出てきたものですから、このイコールのつながりが真実であるようなありかたが、きっとあるはずです。

もし文が文法的に正しく真実で、かつフェルトセンスから語られているならば、それでよしとしましょう。もしそうでなければ、"〜は…である"はそのままにして、内容が真実で、かつフェルトセンスから語るように、最小限の追加または変更を加えましょう。例えば、"AがBを生み出す"の代わりに、"AはBを生み出す何かである"とすることもできます。もし文が包括的すぎるようならば、"あるAは"、"Aは少なくとも"、"Aは一種のBである"とある程度、限定させることができます。

今や、AとBをつなぐ一つの真実の文、そしてAとCをつなぐ一つの真実の文ができました。

ペアを組んでおこなっている時は、パートナーにタームを関係づける文を提案してもらうと、あなたは、もっと正確にフェルトセンスから応答することができるでしょう。

199

定されていない論理と遊んでみましょう。

論理にこだわらずに、タームを分割したり、組み合わせたり、新しいタームを1つか2つ入れて文を作るのも自由です。

目盛りをあわせるように微調整しながら、タームの間の"は"がフェルトセンスの中心を表現していくようにしましょう。

間に"は"のある2～3のタームでフェルトセンスの中核の中心的なところが表現されたら、ステップ10は終了です。もしも、この過程でタームが変わってきていたら、中心となるべきタームをあらためて選び直し、A、B、Cとしましょう。

選び直したときは、選んだタームを、"AはBである""AはCである"と書いておきましょう。

ステップ11：ターム間の本来的関係を探求しましょう。

二つの文のそれぞれの"は"の後に"本来"を加えましょう。Aは本来Bである、Aは本来Cである、となります。この文がこの先、何を意味するようになるか、あなたにもまだわからないでしょう。

"A"と"B"は同一のフェルトセンスから出てくるのですから、"A"は偶然"B"であるだけではなく、"A"は**本来**"B"だということになります。

この本来的関係は、公的な場で既によく知られているような何かではありません。むしろそれは、あなたの"A"の意味であって、その"A"は既に"B"である何かなのです。例えば："それが本来新しい成長を可能にするものだとして、待つ能力とは何だろうか？"において、本来的関係とは、待つことは時間をとり、成長には時間が必要であるという明らかな公的事実**ではありません**。この例の中で見出された本来的関係は、"待つことは気持ちを込めて配慮を与えることであり、その配慮の贈り物が新しい成長を生

付録　THINKING AT THE EDGE (TAE) STEPS

さあ、なぜ "A" が本来 "B" なのかをみつけるために、フェルトセンスの精妙さの中へと入っていきましょう。これらの二つの事は**本来**どのようにつながっているのだろうか？　まさしく B **でなければならない**ような、もしくは、B **とこの関係でなければならない**ような、A の**ほかならぬ性質**は何だろうか？　気づいたことを書いておきましょう。本来的なつながりに名前をつけましょう。今や、A と B の関係がわかりました。その関係を新しいタームにしましょう。

"A は本来 C である" についても同じようにやってみましょう。

み出す" ということでした。この場合、"配慮の贈り物" が新しいタームということになります。

これには、2つのタームの背後のフェルトセンスの中へと入っていくことが必要です。"A は何であるか？" "B は何であるか？" と自問しましょう。あなたの A の意味が既にあなたの B の意味の中にあるというような発見があるでしょう。"**そうだ、もちろん！**　A ってもともと B 以外のものではあり得なかったんだ。"

あるいは、"A は X なんだ、ああ、だから、B も X なんだ" と気づくかもしれません。このように A も B も X だという事実を通じて、A と B は本来的に互いに関係づけられているのです。この時、X は、A と B の本来的関係です。

TAE 理論は、論理的かつ経験的です。イコールの記号で結んだからといって、それぞれのタームの異なった精妙さが打ち消されてしまうわけではありません。だから、イコールの記号で結ぶことは思いもよらない発見をもたらし得るのです。形式論理的な側からみると、2つのタームは相互に入れ換え可能ですが、経験的な側からみたときには、本来的な等式は一つの理解といえます。それは、実際、1 ＝（イコール）1 といったまったく等しい二つの単一体からなる等式とは違うのです。

ステップ12：恒久的なタームを選んで相互に組み込みましょう。

新たに "非論理的な中核" を構築しましょう。その中核を、ステップ11でみつけたいくつかのタームと、本来的なつながりを使って、どのように明確に表現できるか自問しましょう。その中核を明確

3〜4個の主要なタームを選びましょう。この後もタームを付け加えることができます。

に表現するために、一つの主要なターム
を"は"の前にして、他のタームが後に
続くような形式の文を作りましょう。

次に、上記の表現の"は"に続くターム
の中から一つ選びましょう。そして同様
に、その選んだ2番目のタームが"は"
の前になり、残りのすべてのタームが後
に続くような中核の表現を書いてみま
しょう。

3番目のターム以下についても、同様に
やってみましょう。今、各タームは、残
りのタームがすべて入った明確な表現に
よって定義されました。

一つ一つの文をこんなふうに確認してみ
ましょう：この文は本当にそのタームの
自分の意味を言い得ているのだろうか？
と、自問してみましょう。それらの文は
同じことを単に違う順序で言っているだ
けのようにみえるかもしれません。しか
し、よく見ると、もっと独自性があれば、
より本来的なリンク・タームを作り出し、
あなたの意味を表現できる文があること
に、気づくでしょう。

ある文で独自性をさらに展開したなら
ば、残りの文に戻って、追加したリンク・
タームを組み込みましょう。このように
していくと、どの一つのタームの変更や
追加も、おのずと残りのタームの定義に
反映されていきます。これは、理論がさ
らに展開する一つの道です。

これがタームを"相互に組み込む"とい
うことです。つまり、非論理的中核は、
単にタームとタームの間ではなく、それ
ぞれのタームの中へと定義されるのです。この作業の終わりには、次のような
形式の文ができます。
　　[A]は[B]である[C]である
　　[B]は[C]である[A]である
　　[C]は[B]である[A]である
等々。

次のように自問することも必要です：こ
の文は本当にあのタームの定義としてふ
さわしいだろうか？　こう自問すること
で、より独自の意味とリンク・タームが
みつかるでしょう。

Aは「CであるB」なのだから、Cを定
義するにあたってDを付け加えると、
そのときAは今や、CとDであるBによっ
て定義されます。この文がAとBのフェ
ルトセンスにぴったりであることを確か
めましょう。もしそれがぴったりでない
時は、何かを変更したり追加したりしま
しょう。あなたは今、新しいタームの間
の新しい論理的な関係を作っているので
すから、通常の関係にこだわる必要はあ
りません。

付録　THINKING AT THE EDGE (TAE) STEPS

ここで、これまでのステップにもどって自問してみましょう：この理論が自分の言いたいことを言い得るために、次にどんな語句を必要としているのだろうか？　必要な語句を一つずつ追加してください。それぞれの語句は先ほど定義したタームから"導出"してください。"導出する"とは、新しいタームと以前のタームの間の本来的関係を見出すことです。見出した関係を説明し、書きましょう。

ようやく、タームが、あなたの奇妙なパターンによって、論理的にも経験的にもつなげられました。ここで、次のようにタームを相互に置き換えて、おもしろい文が作り出せます。置き換えの方法は以下の通りです：F＝AかつA＝Bならば、F＝Bである。ここではF＝Bは新しい文です。あるいは、F＝[Gを含むA]で、かつA＝Bならば、F＝[Gを含むB]である。

置き換えによって、形式的文配列の結論に向かっていく論理的推進力＊を展開することができます。その結論はフェルトセンスに受け入れられるかもしれないし、受け入れられないかもしれません。受け入れられない場合は、フェルトセンスにもう一度浸って、違いを見極めます。このように、論理と経験の力に助けられ

一旦タームを定義したら、そのタームが出てくるときはいつも、タームの意味を同じにキープしましょう。論理的なパワーは、タームが同じであり続けることにかかっています。そうすれば後に、手紙、文書、会話などにおいて、種々に言い方を変えてバージョンを創り出していくことができます。

理論的中核から次々と新しいタームを導出し定義できることがわかるので、わくわくしてくるでしょう。あなたの理論のパターンがそれぞれの新しいタームの中へと入っていき、理論を内側から説明するでしょう。

論理的なつながりを通じて、すべての新しいタームは、他のタームと相互に、本来的に関係するようになります。これがあなたのフェルトセンスにぴったりかどうかチェックしましょう。

置き換えによっては、あなたを驚かせ、理論を拡張するものもあるでしょう。新しい文を得たもののそれが大胆で間違っているように思える時には、そこに照準をあわせ、**新しいと感じたところを見失わないように気をつけながら文を修正し**ましょう。たとえば、置き換えによって、F＝Bであるという文を得たとしましょ

203

て、あなたの理論は精緻化するのです。
(*訳注：形式論理的推論をさす)

このインストラクションを必要なだけ繰り返して、これまでのステップからあなたが必要とするタームをもれなく入れてください。

厳密な形式に従わなくても、まだ使っていないいくつかの語句を、いずれかの主要なタームの下にほぼイコールであるとして分類してもよいでしょう。同じ分類のターム同士を奇妙なパターンの中で置き換えると、論理の展開に従って次々と文が産出されていきます。このようにして、あなたの新しいパターンは、即座に多くの明確な表現を生み出せるのです。

う。この文は非文法的で間違っているように思えるかもしれませんが、"B"の性質をもう一度考える上では刺激となるでしょう。"B"はもしかするとこの奇妙なパターンを示すかもしれない。だとすると、それはどんなふうに"B"に当てはまるだろうか？ すると、突然、ああ！ 本当にそうだ、という感じが現われるでしょう。それは"B"について一般的に知られている以上のことを言い得ているでしょう。

一旦、論理システムができあがると、そこから出てくる推論は"形式論理的"です。"形式論理的"とは、意味内容ではなく論理的な連結から推論が生じることを意味します。もしタームが、あなたのフェルトセンスが受け入れがたいような、論理的に窮屈な推論を導いてしまったときには、少し変える必要があります。この時点での小さな変更やタームの付加は大抵、論理システムを補正するように働くものです。もし補正するように働かないときには、論理システムをもう一度開き、タームを組み込み直さなければなりません。それ以外の場合は、閉じたままにしておけば、論理システムはおのずと稼動していきます。論理システムが論理的**かつ**フェルトセンスにぴったりと合うように働くとき、そこからさらに導かれる"形式論理的な"推論はパワーに満ち、予想だにしなかった、しかし、意味深いものになるのです。

ステップ13：あなたの理論を自分のフィールドの外に適用してみましょう。

ここは、一休みのステップです。

あなたのパターンを適用すれば、人間の性質、社会、国家、集団、国際関係、自

あなたの諸タームの中の新しいパターンは、モデルとして役立ちます。そのパターンを、芸術、宗教、教育、詩作といった一つないし複数の大きな領域に適用してみましょう。

次のような形式の文を書いてみてください。
＿＿＿＿＿についてのあること（何らかのトピックの一つの局面）に関する何かが＿＿＿＿＿（自分のパターン）のようである。その文をフェルトセンスに合うように完成させるような何かが浮かび上がってくるのを待ちましょう。そして、気づいたことを書いてみましょう。

どんな小さなトピックや出来事も、あなたの理論を通せば、面白くて新しい方法で理解できるようになるでしょう。

然科学、真実、美、倫理、著作、性、言語等、大きな概念について、どんなことが言えそうでしょうか？

ステップ7の歯医者の例のパターンを教育に適用するならば：非侵入的教育は学生に能動的な役割を要求する、となるでしょう。

例えば、"学ぶこと（トピック）についてのある局面は、二つの外側をもつ内側（パターン）のようなものだ" となります。

あなたが取り出して明確にしたそのパターンはあなたの側面でほんとうに起こったからには、人間の経験において起こり<u>得る</u>ということなのです。あなたの理論を適用することが真実である、もしくは真実であるべき何かをみせてくれるかもしれないのです。

ステップ14：あなたの理論を自分のフィールドのなかで拡張し、適用しましょう。

ここはあなたの理論の本格的な展開になります。それは何年も続くかもしれません。あなたの理論を拡張するために、次のように自問することができるでしょう：次にどんな問いが生ずるだろうか？またはこの理論からどんなさらなる理解が導き出されるだろうか？　密接に関係する要因でもれているものはないだろうか？

あなたの理論が自分の意図していないことを含意してしまっている場合には、どんなさらなるタームあるいは区別があれば、それを修正できるでしょうか？

実際の例を一つ思い出すことが、新しい区別を定式化することに役立つでしょう。

一旦、ある理論が展開すると、さらなる区別や含意は、あなたが発明しなくても、

必要であれば、追加したそのタームが導出されるように、本来的なつながりを付け加えましょう。

新しいタームを1つつなげるごとに、その新しいタームについて他のタームによって何が言えるかを、置き換えによって調べてみましょう。

このようにして、あなたの理論はさらに先へと拡張できるのです。

その理論を、あなたのフィールドの中で説明し明確化したい領域や関心事に、適用してみましょう。自分の理論はどこに意味ある違いをもたらすだろうか？ その違いを自分の理論の中のタームで新鮮に定義してみましょう。

おのずと続くでしょう。そのときには、"これは何だろう？"と自問しましょう。そうすれば、それ以前には思ってもみなかった重要なことが導出されたことに、突然気づくことでしょう。

あなたの理論が当然視されたり美しく整っているものを拒むこともあるでしょう。あなたの理論はフェルトセンスに暗在する精妙なつながりから表れてくるものなので、理論が"反論してくる"ときには、きっと理由があるのです。

あなたのみつけた新奇なパターンは、あなたのフィールドの特定の局面を再構築することができます。

あなたは新しい概念群を創造しつつあるのです。たとえ今、扱っているトピックが十分確立された見方に基づく大きな分類に属するとしても、あなたの言おうとしていることが、固定化された定義や古い思考法に制限されないようにしてください。ステップ13の広い領域で行なったように、あなたのトピックを再構築することをためらわないでください。このような再構築を、通常の方法の「逆転」と呼びます。通常の方法では、新しく特異なものは、より大きなトピックに関する既存の仮説の下に容易に埋没してしまいがちです。しかし、"逆転"して再構築すれば、埋没するどころか、たとえば猿に関する一つの特定の概念であっても、動物学全体の再構築を要求するかもしれないのです。

人は、新しく理論を作ったとき、先行する既存理論の"ほんとうに言わんとする"ことを、正しい理解によって、導き出せた"のだ"と信じがちです。しかし、

	古い理論に依拠するだけでは、めざすところの精確な理解には到達できないのです。 理論は社会的な機能をもっています。フェルトセンスから精確に語れることこそが、個人の理解を私達の世界に打ちたてるのです。

（Eugene T. Gendlin, Ph.D. と Mary Hendricks, Ph.D. の許可を得て翻訳掲載）

※『Folio』Vol.19(2004) による

注

1　やまだようこ (2007)『質的研究の方法』新曜社 , p.2.
2　ウィリッグ (2007)『質的心理学入門』春秋社 , p.11.
3　戈クレイグヒル滋子 (2006)『グラウンデッド・セオリー・アプローチ』新曜社 , p.2.
4　西條剛央 (2004)『ライブ講義・質的研究とは何か』新曜社 , p.23.
5　Gendlin, E. T.(2004), What is TAE? Introduction to "Thinking At the Edge" (以下、Introduction to TAE と省略), The Folio, 2000-2004. vol.19. No.1. http://www.focusing.org/tae-intro.html
6　真島伸一郎 (2002)『働くフリーターお助けガイド』日本実業出版社
7　厚生労働省発表資料 (2002)「働く若者のための福祉シンポジウム」の開催について～フリーターとキャリア形成支援～」. http://www.mhlw.go.jp/houdou/2002/11/h1111-1a.html
8　フリック, ウヴェ (1995), 小田博也他訳（2002)『質的研究入門』春秋社 , p.5.
9　Gendlin, E. T.(1962), Experience and the Creation of Meaning.(以下、ECM と省略)p.63 ～ 67, New York: Free Press, p.20. 筒井健雄 (1993)『体験過程と意味の創造』ぶっく東京
10　ECM, p.20.
11　Introduction to TAE.
12　ECM, p.20.
13　戈木クレイグヒル滋子 (2006)『グラウンデッド・セオリー・アプローチ』新曜社 , p.33 .
14　ECM, p.20.
15　Gendlin, E.T. (1997). The responsive order: A new empiricism.(以下、RO と省略)Man and World, 30 (3), 383-411. http://www.focusing.org/gendlin/docs/gol_2157.html. 斎藤浩文訳（1998)「応答の秩序」『現代思想』vol.26. No.1.
16　ECM, p.20.
17　Introduction to TAE.
18　ECM, p.269.
19　Introduction to TAE.
20　ECM, p.17.
21　Ibid., p.8.
22　Gendlin, E. T.(1997), A Process Model.(以下、PM. と省略), New York: Focusing Institute, p.188.
23　Introduction to TAE.
24　ECM, p.10.
25　Ibid., p.2.
26　Ibid., p.3.
27　RO.
28　ECM, p.66.
29　Ibid., p.162.
30　PM, p.140.
31　ECM, p.201.
32　Introduction to TAE.
33　Ibid.
34　ECM, p.238.
35　PM, p.140.
36　ECM, p.198.
37　Ibid., p.25.
38　Ibid., p.15.
39　Ibid., p.238.
40　Gendlin, E.T. (1991). Thinking beyond patterns: body, language and situations.(以下、TBP と省略), p126. In :B. den Ouden & M. Moen (Eds.), The presence of feeling in thought. New York: Peter Lang.
41　ECM, p.162.
42　PM, p.140.
43　ECM, p.201.
44　ECM, p.66.

45　Ibid., p.95.
46　Ibid.,p.104 注.
47　PM, p.261.
48　TBP, p.104.
49　Gendlin, E.T. (1965/66). Experiential explication and truth. Journal of Existentialism, 6, p.131-146. http://www.focusing.org/gendlin/docs/gol_2028.html
50　ECM, p.95.
51　Ibid., p.116 注.
52　Introduction to TAE.
53　PM, p.227.
54　Ibid., p.179.
55　PM, p.235.
56　Gendlin, E.T.(2009). What First and Third Person Processes Really Are. Journal of Consciousness Studies, 16, No. 10-12, p. 332-362.
57　ECM, p.239.
58　PM, p.227.
59　Gendlin, E.T. (2009). What First and Third Person Processes Really Are. Journal of Consciousness Studies, 16, No. 10-12, p. 332-362.
60　ECM, p.90
61　Ibid., p.120.
62　Gendlin, E.T. (2009). A changed ground for precise cognition. Unpublished manuscript (35 pp).
63　Gendlin, E.T.(2009). What First and Third Person Processes Really Are. Journal of Consciousness Studies, 16, No. 10-12, p. 332-362.
64　Ibid.
65　ECM, p.159.
66　Ibid., p.123.
67　Ibid., p.123.
68　Ibid., p.116.
69　Ibid., p.119.
70　PM, p.272.
71　ECM, p.66.
72　Ibid., p.159.
73　TBP, p.114
74　ECM, p.121-122.
75　PM, p.57.
76　ECM, p.216.
77　TBP, p.98.
78　Ibid., p.98.
79　Ibid., p.99.
80　Ibid., p.98.
81　Ibid., p.114 〜 115.
82　ECM, p.166.
83　Ibid., p.217.
84　PM, p.186.
85　ECM, p.217.
86　Ibid., p.217.
87　Gendlin, E.T. (2009). A changed ground for precise cognition. Unpublished manuscript (35 pp.).
88　ECM, p.66.
89　Ibid., p.160.
90　PM, p.209.
91　Gendlin, E.T. (2009). A changed ground for precise cognition. Unpublished manuscript (35 pp.).
92　PM,179.
93　Ibid., p.235.
94　ECM, p.217 〜 p.218.
95　Ibid., p.214.
96　Ibid., p.217.
97　Ibid., p.141.
98　Ibid., p.214.
99　PM, p.248.
100　得丸さと子、中根育子、陳淑娟(2009)豪台日の授業連係によるウェブ掲示板を活用した日本語教育の実践―さくぶん org―、日本語教育国際研究大会 JSAA-ICJLE2009, 2009 年 7 月
101　得丸さと子(2010)日本語母語話者が日本語学習者と共に学ぶ言語教育活動―さくぶん org―、『言語教育における異文化コミュニケーション能力再考(仮題)』、2010 年 10 月刊行予定
102　ECM, p.218.
103　Ibid., p.218.
104　Ibid., p.214.
105　Ibid., p.214.

106　Ibid., p.218.
107　Ibid., p.213.
108　Ibid., p.218.
109　Ibid., p.141.
110　Ibid., p.217.
111　Ibid., p.218.
112　Ibid.,116 注.
113　Ibid., p.238.
114　Ibid., p.22.
115　TBP, p.108.
116　Gendlin, E.T.(2009). What First and Third Person Processes Really Are. Journal of Consciousness Studies, 16, No. 10-12, p. 332-362.
117　Introduction to TAE.
118　PM, p.1.
119　Ibid., p.38.
120　Ibid., p.90, 133..
121　ECM, p.24.
122　Gendlin, E.T.(2009). What First and Third Person Processes Really Are. Journal of Consciousness Studies, 16, No. 10-12, p. 332-362.
123　Gendlin, E.T. (2009). A changed ground for precise cognition. Unpublished manuscript (35 pp.).
124　PM, p.38.
125　TBP, p.110.
126　Ibid., p.108.
127　Gendlin, E.T. (2009). A changed ground for precise cognition. Unpublished manuscript (35 pp.).
128　TBP, p.115.
129　ECM, p.25.
130　Ibid., p.15 .
131　Ibid., p.27.
132　Gendlin, E.T. (2009). A changed ground for precise cognition. Unpublished manuscript (35 pp.).
133　Gendlin, E.T.(2009). What First and Third Person Processes Really Are. Journal of Consciousness Studies, 16, No. 10-12, p. 332-362.
134　Ibid.

135　Gendlin, E.T. (2009). A changed ground for precise cognition. Unpublished manuscript (35 pp.).
136　Gendlin, E.T.(2009) .What First and Third Person Processes Really Are. Journal of Consciousness Studies, 16, No. 10-12, p. 332-362.
137　PM, p.145.
138　ECM, p.98.
139　PM, p.125.
140　Gendlin, E.T. (2009). A changed ground for precise cognition. Unpublished manuscript (35 pp.).
141　Ibid.
142　Gendlin, E.T.(2009). What First and Third Person Processes Really Are. Journal of Consciousness Studies, 16, No. 10-12, p. 332-362.
143　ECM, p.238.
144　Ibid., p.198.
145　Introduction to TAE.
146　ECM, p.14.
147　TBP, p.115.
148　Ibid., p.114.
149　Ibid., p.114.
150　Ibid., p.114.
151　PM., p.130.
152　Ibid., p.139.
153　Ibid.,p.131.
154　TBP, p.114.
155　PM, p.137.
156　Ibid.,p.139.
157　Ibid.,p.136.
158　PM., p.143.
159　Ibid., p.128
160　Gendlin, E.T.(2009). What First and Third Person Processes Really Are. Journal of Consciousness Studies, 16, No. 10-12, p. 332-362.
161　PM, p.122.
162　Ibid., p.141.
163　TBP, p.107.
164　Ibid., p.138.
165　Ibid., p.111.

166 Ibid., p.115.
167 Ibid., p.114.
168 PM, p.143.
169 Ibid.,p.141.
170 Ibid.,p.41
171 Ibid., p.151.
172 Ibid., p.152.
173 Ibid., p.152.
174 Ibid., p.152.
175 Ibid., p.155.
176 Ibid., p.154.
177 Ibid., p.157.
178 Ibid., p.140.
179 Ibid., p.131.
180 Ibid., p.183
181 Ibid., p.176.
182 Ibid., p.128.
183 Ibid., p.128.
184 Ibid., p.132.
185 Ibid., p.169.
186 Ibid., p.169.
187 Ibid., p.184.
188 Ibid., p.180.
189 TBP,. p.116.
190 PM, p.187.
191 Ibid., p.186.
192 Ibid., p.213.
193 Ibid., p.221.
194 Ibid., p.210.
195 Ibid., p.143.
196 Ibid., p.213.
197 Ibid., p.214.
198 Ibid., p.214.
199 Ibid., p.181.
200 Ibid., p.182.
201 Ibid., p.213.
202 Ibid., p.213.
203 Ibid., p.212.
204 Ibid., p.188.
205 ECM, p.96.
206 Ibid., p.103.
207 Ibid., p.107.
208 Ibid., p.116.
209 Ibid., p.141.

210 Ibid., p.115.
211 Ibid., p.114.
212 Ibid., p.115.
213 Ibid., p.115 ～ 116.
214 PM, p.143.
215 ECM, p.145.
216 Ibid., p.120.
217 Ibid., p.117.
218 Ibid., p.119.
219 Ibid., p.123.
220 Ibid., p.119.
221 Ibid., p.119.
222 Ibid., p.124.
223 Ibid., p.139.
224 Ibid., p.131.
225 Ibid., p.127.
226 Ibid., p.130.
227 Ibid., p.132.
228 Ibid., p.135.
229 Ibid., p.130.
230 Ibid., p.136.
231 Ibid., p.129.
232 Ibid., p.219.
233 Ibid., p.136.
234 PM, p.223.
235 Ibid., p.227.
236 ECM, p.193.
237 PM, p.249.
238 ECM, p.221
239 PM, p.225.
240 Ibid., p.225.
241 Ibid., p.237.
242 Ibid., p.271.
243 Ibid., p.271.
244 Ibid., p.246.
245 Ibid., p.267.
246 Ibid., p.248.
247 Ibid., p.266.
248 Ibid., p.258.
249 Ibid., p.272.
250 Ibid., p.246.
251 Ibid., p.250.
252 Ibid., p.274.
253 Ibid., p.268.

注

254 Ibid., p.268.
255 Ibid., p.267.
256 ECM, p.194.
257 PM, p.268.
258 Ibid., p.274
259 RO.
260 ECM, p.204.
261 Gendlin, E.T. (1997). How philosophy cannot appel to experience.(以下、APM と省略), In David Michel Levin (eds.), Language beyond Postmodernism, 3- 41. Evanston, Illinois: Northwestern University Press, p.41.
262 PM, p. 269.
263 Gendlin, E.T. (1964). A theory of personality change. In P. Worchel &D. Byrne (eds.), Personality change, 100-148. New York: John Wiley & Sons. From http://www.focusing.org/gendlin/docs/gol_2145.html.
264 TBP, p.5
265 Gendlin, E.T. (1997). What happens when Wittgenstein asks "What happens when ...?" The Philosophical Forum, 28(3), 268-281. http://www.focusing.org/gendlin/docs/gol_2170.html.
266 Gendlin, E.T. (2009). We can think with the implicit, as well as with fully formed concepts. In Karl Leidlmair(Ed.), After cognitivism: A reassessment of cognitive science and philosophy. Springer. 147-161.
267 Gendlin, E.T. (2009). A changed ground for precise cognition. Unpublished manuscript (35 pp.).
268 APM, p.35.
269 Gendlin, E.T. (1992). The wider role of bodily sense in thought and language. In M. Sheets-Johnstone (Ed.), Giving the body its due, p. 192-207. Albany: State University of New York Press. http://www.focusing.org/gendlin/docs/gol_2067.html
270 TBP, p.12
271 Ibid., p.12
272 APM, p.39
273 Ibid., p.39
274 ECM, p.14.
275 PM, p.185
276 PM, p.178
277 PM, p.185
278 PM, p.199
279 PM, p.251

参考文献

ボルノウ,フリードリヒ、高橋義人(訳)(1986)ディルタイとフッサール ―20世紀哲学の源流、岩波書店

Cornell,A.W.（1996）The Power of Focusing. New Harbinger Publications. Inc. 大澤美枝子,日笠摩子訳（1999）やさしいフォーカシング、コスモス・ライブラリー

近田輝行,日笠摩子　日本・精神技術研究所（2005）フォーカシングワークブック　楽しく、やさしい、カウンセリングトレーニング、金子書房

デリダ,ジャック、林好雄（訳）（2005）声と現象、筑摩書房

デンジン，ノーマン、リンカーン，イボンナ、岡野一郎（訳）（2006）質的研究ハンドブック〈1巻〉、北大路書房

デンジン，ノーマン、リンカーン，イボンナ、藤原顕（訳）（2006）質的研究ハンドブック〈2巻〉、北大路書房

デンジン，ノーマン、リンカーン，イボンナ、大谷尚（訳）（2006）質的研究ハンドブック〈3巻〉、北大路書房

福盛英明,森川友子（2005）マンガで学ぶフォーカシング入門、誠信書房

フロイト、ジークムント、高橋義孝,下坂幸三訳（1999）精神分析入門、新潮社

フリック,ウヴェ,小田博志,山本則子,春日常,宮地尚子（訳）（2002）質的研究入門―「人間の科学」のための方法論、春秋社

Gendlin, E.T. (1986). Let your body interpret your deams. Chiron Publications.　村山正治訳（1998）夢とフォーカシング、福村出版

Gendlin, E.T. (1962). Experiencing and the creation of meaning : a philosophical and psychological approach to the subjective. Free Press of Glencoe.　筒井健雄訳（1993）体験過程と意味の創造、ぶっく東京

Gendlin, E.T. (1963). Experiencing and the nature of concepts. The Christian Scholar, 46(3), 245-255.

Gendlin, E.T. (1964) A theory of personality change. In P. Worchel & D. Byrne (Eds.).Personarity chage. 100-148. John Wiley and Sons.　村瀬孝雄訳（1981）体験過程と心理療法、ナツメ社

Gendlin, E.T. (1965). What are the grounds of explication?: A basic problem in linguistic analysis and in phenomenology. The Monist, 49(1), 137-164.

Gendlin, E.T. (1965/66). Experiential explication and truth. Journal of Existentialism, 6, 131-146.

Gendlin, E.T. (1978) Focusing. Bantam Books 村山正治,都留春夫,村瀬孝雄訳（1982）フォーカシング、福村出版

Gendlin, E.T. (1997) A Process Model. The Focusing Institute.

Gendlin, E.T. (2004) Whtat is TAE? Introdcution to Thinking At the Edge, The Folio, 19. 1 ,1-8.

Gendlin, E.T. (2004) TAE Steps, The Folio, 19. 1 ,12-24.

Gendlin, E.T. (1967). An analysis of What is a thing? In M. Heidegger, What is a thing? (W.B. Barton & V. Deutsch, Trans.), 247-296. Chicago: Henry Regnery. http://www.focusing.org/gendlin/docs/gol_2041.html

Gendlin, E.T. (1978/79). Befind1-

lichkeit: Heidegger and the philosophy of psychology. Review of Existential Psychology and Psychiatry, 16 (1-3), 43-71. http://www.focusing.org/gendlin/docs/gol_2147.html

Gendlin, E.T. (1988). Dwelling. In H.J. Silverman, A. Mickunas, T. Kisiel, & A. Lingis (Eds.), The horizons of continental philosophy: Essays on Husserl, Heidegger and Merleau-Ponty, 133-152. Dordrecht: Kluwer Academic Publishers. http://www.focusing.org/gendlin/docs/gol_2127.html

Gendlin, E.T. (1963). Experiencing and the nature of concepts. The Christian Scholar, 46(3), 245-255. http://www.focusing.org/gendlin/docs/gol_2046.html

Gendlin, E.T. (1973). Experiential phenomenology. In M. Natanson (Ed.), Phenomenology and the social sciences. Vol. I, 281-319. Evanston: Northwestern University Press. http://www.focusing.org/gendlin/docs/gol_2101.html

Gendlin, E.T. (1973). Experiential psychotherapy. In R. Corsini (Ed.), Current psychotherapies , 317-352. Itasca, IL: Peacock. http://www.focusing.org/gendlin/docs/gol_2029.html

Gendlin, E.T. (1962). Need for a new type of concept: Current trends and needs in psychotherapy research on schizophrenia. Review of Existential Psychology and Psychiatry, 2(1), 37-46. http://www.focusing.org/gendlin/docs/gol_2073.html

Gendlin, E.T. (1997, November). On cultural crossing. Paper presented at the Conference on After Postmodernism, University of Chicago, Chicago, IL. http://www.focusing.org/gendlin/docs/gol_2151.html

Gendlin, E.T. (1989). Phenomenology as non-logical steps. In E.F. Kaelin & C.O. Schrag (Eds.), Analecta Husserliana: Vol. 26. American phenomenology: Origins and developments. 404-410. Dordrecht, Netherlands: Kluwer. http://www.focusing.org/gendlin/docs/gol_2165.html

Gendlin, E.T. (1966). The discovery of felt meaning. In J.B. McDonald & R.R. Leeper (Eds.), Language and meaning. Papers from the ASCD Conference, The Curriculum Research Institute (Nov. 21-24, 1964 & March 20-23, 1965), 45-62. Washington, DC: Association for Supervision and Curriculum Development. http://www.focusing.org/gendlin/docs/gol_2039.html

Gendlin, E.T. (1968). The experiential response. In E. Hammer (Ed.), Use of interpretation in treatment, 208-227. New York: Grune & Stratton. http://www.focusing.org/gendlin/docs/gol_2156.html

Gendlin, E.T. (1997). The responsive order: A new empiricism. Man and World, 30 (3), 383-411. http://www.focusing.org/gendlin/docs/gol_2157.html

Gendlin, E.T. (1991). Thinking beyond patterns: body, language and situations. In :B. den Ouden & M. Moen (Eds.), The presence of feeling in thought. New York: Peter Lang.

Gendlin, E.T. (1992). The wider role of bodily sense in thought and language. In M. Sheets-Johnstone (Ed.), Giving the body its due, 192-207. Albany: State University of New York Press. http://www.focusing.org/gendlin/docs/gol_2067.html

Gendlin, E.T. (1997). What happens when Wittgenstein asks "What happens when ...?" The Philosophical Forum, 28(3), 268-281. http://www.focusing.org/gendlin/docs/gol_2170.html

Gendlin, E.T. (2009). We can think with the implicit, as well as with fully formed concepts. In Karl Leidlmair (Ed.), After cognitivism: A reassessment of cognitive science and philosophy. Springer. 147-161.

Gendlin, E.T.(2009). What First and Third Person Processes Really Are. Journal of Consciousness Studies, 16, No. 10-12, p. 332-362.

Gendlin, E.T. (2009). A changed ground for precise cognition. Unpublished manuscript (35 pp.).

ユング、カール、林道義（訳）（1999）元型論、紀伊國屋書店

川端康成（1970）伊豆の踊子、新潮社

木下康仁（1999）グラウンデッド・セオリー・アプローチ―質的実証研究の再生、弘文堂

木下康仁（2007）ライブ講義M―GTA―実践的質的研究法　修正版グラウンデッド・セオリー・アプローチのすべて、弘文堂

川喜田二郎（1986）ＫＪ法―渾沌をして語らしめる、中央公論新社

村里忠之（2005）ＴＡＥあるいは言葉の欠けるところ、フォーカシングの展開、ナカニシヤ出版

マクレオッド,ジョン、下山晴彦(監修)谷口明子,原田杏子（訳）（2007）臨床実践のための質的研究法入門、金剛出版

諸富祥彦、村里忠之, 末武康弘（編著）（2009）ジェンドリン哲学入門―フォーカシングの根底にあるもの、コスモス・ライブラリー

内藤哲雄（2002）ＰＡＣ分析実施法入門―「個」を科学する新技法への招待、ナカニシヤ出版

波平恵美子,道信良子（2005）質的研究 Step by Step―すぐれた論文作成をめざして、医学書院

大倉得史（2008）語り合う質的心理学―体験に寄り添う知を求めて、ナカニシヤ出版

大久保功子（2005）解釈学的現象学による看護研究―インタビュー事例を用いた実践ガイド、日本看護協会出版会

パートン、キャンベル、日笠摩子（2006）パーソン・センタード・セラピー―フォーカシング指向の観点から、金剛出版

ロドリゲス、ノーリー、ライヴ、アラン、川浦康至, 田中敦（訳）（2006）自己観察の技法―質的研究法としてのアプローチ、誠信書房

ライプニッツ、ウィルヘルム、清水富雄, 竹田篤司, 飯塚勝（訳）（2005）モノアドロジー・形而上学叙説、中央公論新社

戈木クレイグヒル滋子（2006）グラウンデッド・セオリー・アプローチ―理論を生みだすまで、新曜社

戈木クレイグヒル滋子（2008）質的研究方法ゼミナール - グラウンデッドセオリーアプローチを学ぶ 医学書院

シュトラウス、アンセルム、コービン、ジュリエット、操華子（訳）（2004）質的研究の基礎―グラウンデッド・セオリー開発の技法と手順、医学書院

得丸さと子（2008）ＴＡＥによる文章表現ワークブック　図書文化社

ウィリッグ、カーラ、上淵寿, 大家まゆみ, 小松孝至（共訳）（2003）心理学のための質的研究法入門―創造的な探求に向けて、培風館

おわりに

　私がはじめてTAE（Thinking At the Edge）の存在を知ったのは2003年の秋です。フォーカシングの勉強会で、私のフォーカシングの師である大澤美枝子さんに「あなたは文章表現を教えているから、興味をもつかもしれませんよ」と紹介されたのがきっかけでした。まさにそのとおりで、以来、村里忠之さんのTAEワークショップ、カイ・ネルソンの来日TAEワークショップ、ニューヨークのジェンドリンのTAEワークショップなど、出られる限りのTAEワークショップに参加し、夢中になって学んできました。その後、村里忠之さん、末武康弘さん、山田みょうえさんと勉強会を重ね、ジェンドリンの理論にも触れてきました。最近の私の一日は、「TAEとジェンドリン理論」一色に染まっています。

　TAEステップが質的研究のデータ分析法に使えるという直感は、TAEと出会ったときからずっともっていました。この方法を多くの人に紹介することができれば、日常的実践での当事者の気づきを、社会的に共有できるに違いないと感じていました。この本の構想も早くからありましたが、先に文章表現教育への応用に取り組んだため、後回しになっていました。

　それが、昨年7月、突然、この本を書き始めることになりました。シドニーの学会にでかけたとき、旅先で取り組むつもりだった別の本の作業に変更が生じたために時間ができたのです。わずか数日でしたが、実際にとりかかったことで弾みがつきました。

　しかし、書き進めていくうちに理解の不足に気づくことも度々で、ジェンドリンの著作の読み直しに膨大な時間が必要でした。そんな中、なんとか最後まで書き上げられたのは、この本を待っていてくれる人の顔が、確実に浮かんだからです。少なくともその方たちには、この本を届けなければならないという思いで書きました。山口美香さん、清水寿子さん、白田千晶さん、そして、台湾の陳淑娟先生の助言と声援に感謝します。

　イラストレーターの成谷美加さん、海鳴社の辻信行・和子ご夫妻には、大変なご苦労をかけました。ありがとうございました。

そして、著作からの引用を快く許可してくださったジェンドリン夫妻、特にメアリー夫人の温かい励ましに、心から感謝します。
　最後に、いつも私を支えてくれる夫と二人の娘に感謝します。私がささやかな仕事を積み重ねていけるのは、家族のお陰です。どうもありがとう。
　2010年5月15日

得丸さと子

索　引

also 推進　173
IOFI 原理　27, 16
Occuring into Implying　158
sbs　83
TAE(Thinking At the Edge)　2, 5, 15

暗在的複雑性　159, 169
暗在的理解（IU）　160
言い回し　49, 129, 183
イブイブイング（eveving）　158
意味の創造　165, 178, 182
隠喩　56, 67, 138, 182, 181
ウィトゲンシュタイン , ルートビッヒ　69, 103
エッジ　31
応答的秩序　190
多スキーマ的　91, 93
多対多　103
置き換え　123
オノマトペ的　174

ガイド　11
概念　94, 108, 110
概念化　111
解明　180
会話　184
家族的類似性　103
カテゴリー　175, 179
仮マイセンテンス　54
観察　111
感受概念　4
関連　129, 183
共通組織　83, 93
クラスター　172
形式　159
芸術　175

原型　178
検証　137
公共言語の壁　61, 63
交差　70, 87, 174
語ユニット　176

再認　180
細部　82, 91
サルトル , ジャン＝ポール　161
ジェスチャー　174
ジェル化　165
思考　30
自己組織プロセス　168
システム　95, 121, 138
自然　191
実体化（意味の実体化）　29, 31, 51
収集的交差　175
熟考　186
使用　177, 179
自律的に有意味　31, 92
身体―環境（B-EN）　158
身体環境プロセス　169
身体知（知性）　159
身体的見え　171
身体見え推進　173
シンボル　181
シンボル的行為　158
シンボル的媒体　182
相互定義文　109
相互定義文セット　113, 122
創造的退行　50, 160, 165, 186
側面的交差　175

ターム　96
ダイアフィル (diafil)　188
第一の普遍性　52, 108, 161

体験過程　29
体験された意味　19, 161, 164, 165
体験的応答　23
第三の普遍性　178, 182
第二の普遍性　52, 108, 161, 165, 169
タイプa暗在　138, 161, 169 187
タイプb暗在　169, 187
ダンス　179
単独推進　173
直接照合　30, 49, 130, 163, 179
直接照合体　165, 187
ディルタイ　24
デリダ，ジャック　161
同一　171
道具としての一貫性　94
跳び出す（fall out）　52

七つの機能的関係　49, 158, 179
内外の区別　167
二重化（doublig）　29, 51, 160, 163, 166, 171, 186
ノンパラレル　179

バージョニング（versioning）　51, 163, 172
ハイデガー，マルティン　161
橋渡しの手順　131
派生物　172, 174
パターン　69, 74, 82, 91, 93, 158, 165 166, 169
バタイユ，ジョルジュ　160
バフチン，ミハイル　160
パラレル　179
万事連関（evev）　158, 170
フェルトセンス　5, 13, 29, 31, 164
フェルトミーニング　165
フォーカシング　7
縁飾り　102
フッサール，エトムント　161
普遍化　29, 31, 51
普遍的なもの（X）　16

フロイト，ジークムント　160
文化　178
本来的関係　107

マイセンテンス　64
メッシュ　170
メルロ＝ポンティ，モーリス　161
モナド（monad）　188

ライブニッツ，ゴットフリート　188
理解　56, 181
リサーチクエスチョン　18
理論　108, 138, 138
類似（類似性、類似関係）　67, 79, 181
論理形式　94, 95, 137
論理的関係　132

著者：得丸　さと子（とくまる　さとこ）
　　　1959年生まれ。日本女子体育大学教授。明治大学ならびに亜細亜大学兼任講師。
　　　京都大学教育学部教育心理学科卒業。京都大学大学院文学研究科博士後期課程国語学国文学専攻単位取得満期退学。博士（人文科学）。
　　　著書に『TAEによる文章表現ワークブック』（図書文化社）、『外国語としての日本語教育』（分担執筆、くろしお出版）、『江戸小説と漢文学』（分担執筆、汲古書院）ほか。
　　　日本と台湾で、TAEの研修会やワークショップをおこなっている。
　　　　　　　　　　　　　　　　　　　tokumarusatoko@yahoo.co.jp

ステップ式質的研究法
　　──TAEの理論と応用
2010年 7月5日　第1刷発行

発行所：㈱海鳴社　　http://www.kaimeisha.com/
〒101-0065　東京都千代田区西神田2-4-6
Eメール：kaimei@d8.dion.ne.jp
電話：03-3262-1967　ファックス：03-3234-3643

発行人：辻　信行
組　版：海鳴社
印刷・製本：シナノ印刷

JPCA
本書は日本出版著作権協会（JPCA）が委託管理する著作物です．本書の無断複写などは著作権法上での例外を除き禁じられています．複写（コピー）・複製、その他著作物の利用については事前に日本出版著作権協会（電話03-3812-9424, e-mail:info@e-jpca.com）の許諾を得てください．

出版社コード：1097　　　　　　　　　© 2010 in Japan by Kaimeisha
ISBN 978-4-87525-269-6
落丁・乱丁本はお買い上げの書店でお取替えください

━━━━ 海鳴社 ━━━━

心はどこまで脳にあるか　脳科学の最前線 <87525-253-5>

大谷　悟／眉唾ものの超常現象の中にも、説明できない不思議な現象が確かに存在し、研究・観察されている。脳と心の問題を根底から追った第一線からの報告。46判264頁、1800円

ウォームービー・ガイド　映画で知る　戦争と平和

田中昭成／あらゆる角度から戦争映画を分析。映画を通して戦争を体験し、そこから何を学ぶか…読者に問いかける。46判420頁、2800円 <87525-246-7>

STOP! 自殺　世界と日本の取り組み <87525-231-3>

本橋豊・高橋祥友・中山健夫・川上憲人・金子善博／秋田の6町で自殺を半減させた著者。世界の取り組みを探り、社会と個人の両面からの働きかけを力説する。46判296頁、2400円

第3の年齢を生きる <87525-221-4>

────高齢化社会・フェミニズムの先進国スウェーデンから────

P・チューダー＝サンダール著、訓覇法子訳／人生は余裕のできた50歳から！この最高であるはずの日々にあなたは何に怯え引っ込みがちなのか。評判のサードエイジ論。46判254頁、1800円

ことばは味を超える　美味しい表現の探求

瀬戸賢一編著／味を伝えることばは少ない。そこで人は、触覚・嗅覚・視覚などあらゆる手段を用いて美味しさを伝えようと知恵を絞る。味の言語学入門。46判316頁、2500円 <87525-212-2>

有機畑の生態系　家庭菜園をはじめよう <87525-199-6>

三井和子／有機の野菜はなぜおいしいのか。有機畑は雑草が多いが、その役割は？　数々の疑問を胸に大学に入りなおして解き明かしていく「畑の科学」。46判214頁、1400円

EU野菜事情　ホウレンソウを中心に <87525-254-2>

三井和子／EUではレタスとホウレンソウについて硝酸イオン濃度の上限を設定。実は野菜の硝酸イオン濃度は、おいしさと環境への優しさのバロメーターだった。46判208頁、1800円

━━━━ 本体価格 ━━━━